Queimando livros

Richard Ovenden

Queimando livros

Uma história sobre o ataque ao conhecimento

Tradução: Santiago Nazarian

GLOBOLIVROS

Copyright © Richard Ovenden 2020

Copyright © 2022 by Editora Globo S.A. para a presente edição

Todos os direitos reservados. Nenhuma parte desta edição pode ser utilizada ou reproduzida — em qualquer meio ou forma, seja mecânico ou eletrônico, fotocópia, gravação etc. — nem apropriada ou estocada em sistema de banco de dados sem a expressa autorização da editora.

Texto fixado conforme as regras do Acordo Ortográfico da Língua Portuguesa (Decreto Legislativo nº 54, de 1995).

Título original: *Burning the Books*

Editora responsável: Amanda Orlando
Assistente editorial: Isis Batista
Preparação de originais: Aline Canejo
Revisão: Daiane Cardoso, Marcela Isensee e Carolina Rodrigues
Diagramação: Abreu's System
Capa: Studio DelRey

1ª edição, 2022

CIP-BRASIL. CATALOGAÇÃO NA PUBLICAÇÃO
SINDICATO NACIONAL DOS EDITORES DE LIVROS, RJ

O98q   Ovenden, Richard
Queimando livros : uma história sobre o ataque ao conhecimento / Richard Ovenden ; tradução Santiago Nazarian. - 1. ed.
- Rio de Janeiro : Globo Livros, 2022.
296 p. ; 23 cm.

Tradução de: Burning the books
ISBN 978-65-88016-22-0

1. Livros - História - Século XX. 2. Bibliotecas - Aspectos sociais. 3. Livros - Aspectos sociais - História. 4. Bibliotecas
- Censura. 5. Bibliotecas e sociedade - História. I. Nazarian, Santiago. II. Título.

22-80012   CDD: 002.075
                                  CDU: 027(091)

Gabriela Faray Ferreira Lopes - Bibliotecária - CRB-7/6643

Direitos exclusivos de edição em língua portuguesa para o Brasil adquiridos por Editora Globo S.A.
Rua Marquês de Pombal, 25 — 20230-240 — Rio de Janeiro — RJ
www.globolivros.com.br

Para Lyn

Sumário

Introdução 11

1. Argila partida sob os morros 25
2. Uma pira de papiros 37
3. Quando os livros eram ninharia 55
4. Uma arca para salvar o conhecimento 73
5. O espólio do conquistador 87
6. Como desobedecer a Kafka 99
7. Uma biblioteca queimada duas vezes 113
8. A Brigada de Papel 125
9. Queimado sem ter sido lido 147
10. Sarajevo, *mon amour* 159
11. Chamas do Império 173
12. Uma obsessão com arquivos 187
13. O dilúvio digital 201
14. Paraíso perdido? 221

Conclusão: Por que sempre precisaremos de bibliotecas
e arquivos 229

AGRADECIMENTOS 239

NOTAS 243

BIBLIOGRAFIA 265

"Onde quer que queimem livros, no fim também
sempre queimarão seres humanos."

HEINRICH HEINE, 1823

"Aqueles que não se lembram do passado
estão condenados a repeti-lo."

GEORGE SANTAYANA, 1905

Introdução

Em 10 de maio de 1933, em Berlim, fez-se uma fogueira em Unter den Linden, a via mais importante da capital. Era um local de grande ressonância simbólica, em frente à universidade e adjacente à Catedral de Santa Edwiges, à Casa de Ópera de Berlim, ao Palácio Real e ao belo memorial de guerra de Karl Friedrich Schinkel. Observado por uma multidão de quase 40 mil que comemorava, um grupo de estudantes marchou em cerimônia até a fogueira carregando o busto de um intelectual judeu, Magnus Hirschfeld (fundador do vanguardista Instituto de Ciências Sexuais). Entoando os *Feuersprüche*, uma série de hinos ao fogo, eles jogaram o busto sobre milhares de volumes da biblioteca do instituto, que reunia livros de judeus e de outros autores "não alemães" (principalmente gays e comunistas) apreendidos em livrarias e bibliotecas. Ao redor da fogueira, havia fileiras de jovens em uniformes nazistas fazendo a saudação *Heil, Hitler*. Os estudantes queriam conquistar agrados com o novo governo, e essa queima de livros foi um golpe publicitário cuidadosamente planejado.[1] Em Berlim, Joseph Goebbels, o novo ministro da propaganda de Hitler, fez um discurso provocador que foi divulgado amplamente pelo mundo:

> Não à decadência e à corrupção moral! Sim à decência e à moralidade na família
> e no Estado! [...] O homem da futura Alemanha não será apenas um homem de

livros, mas um homem de caráter. É para esse fim que queremos educar vocês... Fazem bem em entregar às chamas o maligno espírito do passado. Este é um feito forte, grandioso e simbólico.

Cenas similares ocorreram em outras noventa localidades pelo país naquela noite. Apesar de muitas bibliotecas e arquivos na Alemanha terem permanecido intocados, as fogueiras foram um claro sinal de ataque ao conhecimento, prestes a ser deflagrado pelo regime nazista.

O conhecimento ainda está sob ataque. Órgãos relacionados ao saber estão sendo atacados hoje, como foram durante a história. Com o tempo, a sociedade confiou a preservação do conhecimento às bibliotecas e aos arquivos, mas hoje essas instituições se deparam com múltiplas ameaças. São alvos de indivíduos, grupos e até Estados motivados a negar a verdade e erradicar o passado. Ao mesmo tempo, bibliotecas e arquivos estão vivenciando níveis decrescentes de investimento. Esse declínio contínuo em recursos alia-se ao crescimento de empresas de tecnologia, que tiveram sucesso em privatizar o armazenamento e a transmissão de conhecimento na forma digital, desviando algumas das funções de bibliotecas e arquivos públicos para o campo comercial. Essas empresas são levadas por motivos diferentes daqueles das instituições que tradicionalmente tornavam o conhecimento disponível para a sociedade. Quando empresas como o Google digitalizaram bilhões de páginas de livros e as tornaram acessíveis on-line, e quando esse armazenamento gratuito é fornecido por empresas como o Flickr, de que serve uma biblioteca?

Bem na época em que o financiamento público se encontra sob pressão extrema, descobrimos que instituições democráticas, o Estado de Direito e a sociedade livre também estão sob ameaça. A verdade em si está sob ataque. Isso não é novidade, claro. George Orwell já apontava isso em seu romance *1984*, e suas palavras ressoam verdadeiras de modo desconcertante hoje, quando pensamos sobre o papel que bibliotecas e arquivos devem desempenhar em defesa de sociedades abertas: "Há verdade e inverdade, e se apegar à verdade, ainda que contra o mundo inteiro, não o tornava louco".[2]

Bibliotecas e arquivos tornam-se centrais na sustentação da democracia, do Estado de Direito e da sociedade aberta, pois são corpos que existem para "se prender à verdade".

A noção de que poderiam existir "fatos alternativos" foi celebremente sugerida por Kellyanne Conway, conselheira do presidente dos EUA, em janeiro de 2017. Ela respondia às críticas à declaração de Trump de que a multidão que havia participado de sua cerimônia de posse fora maior do que a de Barack Obama, cinco anos antes, quando imagens e dados mostravam que ocorrera o oposto.[3] O episódio foi um lembrete oportuno de que a preservação da informação continua a ser uma ferramenta-chave na defesa de sociedades livres. Defender a verdade contra o levante de "fatos alternativos" significa capturar essas verdades e as declarações que as negam para que possamos ter pontos de referência em que sociedades possam confiar e se apoiar.

As bibliotecas são fundamentais para o funcionamento saudável da sociedade. Ainda que eu tenha trabalhado em bibliotecas por mais de 35 anos, tenho sido frequentador delas por muito mais tempo e sei o valor que carregam. Este livro foi motivado por minha própria raiva em fracassos pelo mundo (tanto os deliberados como os acidentais) em garantir que a sociedade possa confiar em bibliotecas e arquivos para preservar o conhecimento. Os repetidos ataques contra elas no decorrer dos séculos precisam ser examinados como uma tendência preocupante na história humana, e os incríveis esforços feitos para se proteger o conhecimento que as bibliotecas guardam devem ser celebrados.

A revelação de que cartões de imigração que documentavam a chegada ao Reino Unido da "geração *Windrush*" foram intencionalmente destruídos pelo Ministério do Interior em 2010 mostra a importância dos arquivos. O governo também começou a adotar uma política de imigração de "ambiente hostil", que exigia que imigrantes que tinham chegado no navio *Windrush* provassem a residência contínua no país, ou seriam deportados.[4] Ainda assim, tiveram cidadania garantida sob o Ato de Nacionalidade Britânica de 1948 e foram de boa-fé para o Reino Unido, que se deparava com severas baixas na força de trabalho após a Segunda Guerra Mundial. Na primavera de 2018, o Ministério do Interior admitiu ter deportado erroneamente pelo menos 83 desses cidadãos, 11 dos quais morreram a partir daí, despertando um clamor público.

Fiquei surpreso com o absurdo de uma política, instigada e agressivamente promulgada por um departamento do governo (sob a liderança de Theresa May, que tinha se tornado primeira-ministra na época em que essa situação veio à tona), que havia destruído a evidência principal que permitiria a muita gente provar sua cidadania.[5] Apesar de a decisão de destruir os registros ter sido tomada antes da implementação da política, e, provavelmente, sem malícia, a motivação do Ministério do Interior para persistir com um tratamento hostil pode ter sido. Escrevi uma coluna de opinião no *Financial Times*[6] apontando que a preservação do conhecimento desse tipo era vital para uma sociedade livre e saudável, como de fato havia sido feito desde o começo de nossa civilização.

Desde que os humanos se reuniram em comunidades organizadas com a necessidade de se comunicar uns com os outros, o conhecimento foi criado e a informação, registrada. Nas primeiras comunidades, até onde sabemos isso se dava pela comunicação oral, e o único registro permanente que sobrevive está na forma de imagens: pinturas feitas nas paredes de cavernas ou símbolos rabiscados em pedras. Não sabemos nada sobre a motivação por trás da criação dessas marcas: antropólogos e arqueólogos só podem dar opiniões de acordo com estudos.

Na Era de Bronze, as comunidades tornavam-se mais organizadas e sofisticadas. Enquanto grupos de nômades se estabeleciam e começavam a fixar comunidades envolvidas em agricultura e um princípio de indústria eles também começaram a desenvolver hierarquias de organizações, sendo governados por chefes tribais e outros que conduziam o resto do grupo.

Essas comunidades formadas por volta de 3000 a.C. em diante começaram a manter registros escritos. Por esses primeiros arquivos, e pelos documentos encontrados neles, ficamos sabendo de uma quantidade surpreendente de detalhes sobre como essas sociedades funcionavam.[7] Em outros documentos, as pessoas começaram a registrar seus pensamentos, suas ideias, observações e histórias, que foram preservados nas primeiras bibliotecas. O processo de organizar o conhecimento logo exigiu o desenvolvimento de talentos especializados, que incluíam o registro de conhecimento e técnicas para copiar. Com o tempo, essas tarefas resultaram na criação de cargos profissionais, levemente similares àqueles do bibliotecário ou arquivista.

Librarian ["bibliotecário", em português] vem da palavra em latim *librarius*, de *liber*, que significa "livro". O termo "arquivista" vem do latim *archivum*, que se refere tanto aos registros escritos como ao local onde são mantidos. As origens dessa palavra derivam do grego *archeia*, que significa "registros públicos". Bibliotecas e arquivos não foram criados ou gerenciados com a mesma motivação do mundo moderno, e é traiçoeiro fazer analogias entre essas antigas coleções e as de hoje em dia. Mesmo assim, essas civilizações criaram órgãos relacionados ao conhecimento e desenvolveram habilidades para organizá-los, muitas das quais reconhecemos hoje, como catálogos e metadados.[8]

Os papéis de bibliotecário e arquivista frequentemente eram ligados a outros, como o de sacerdote ou administrador, tornando-se mais distintos e visíveis na Grécia e na Roma antigas, onde bibliotecas eram mais próximas do público, e a crença de que o acesso ao conhecimento é um elemento essencial de uma sociedade saudável começou a se estabelecer.[9] Uma lista de nomes de homens que mantiveram o posto de bibliotecário-chefe da Grande Biblioteca de Alexandria durante os séculos III e II a.C. sobreviveu — muitas dessas figuras também eram reconhecidas como eruditos importantes de sua época, como Apolônio de Rodes (cujo poema épico sobre Jasão e o Velo de Ouro inspirou a *Eneida*) e Aristófanes de Bizâncio (inventor de uma das primeiras formas de pontuação).[10]

Armazéns de conhecimento estiveram no cerne do desenvolvimento de sociedades desde o seu princípio. Apesar de as tecnologias para criarem conhecimento e as técnicas de preservação terem se alterado de modo radical, suas funções básicas mudaram surpreendentemente pouco.

A princípio, bibliotecas e arquivos coletavam, organizavam e preservavam conhecimento. Por meio de doações, transferências e compras, eles acumulavam tábuas, pergaminhos, livros, diários, manuscritos, fotografias e muitos outros métodos de documentar a civilização. Hoje, esses formatos são expandidos por meio da mídia digital, de arquivos de processamento de texto a e-mails, páginas da web e mídias sociais. Na Antiguidade e no período medieval, o trabalho de organizar bibliotecas tinha conotações sagradas: os arquivos de antigos reinos da Mesopotâmia com frequência eram mantidos em templos, e o rei Filipe Augusto (também conhecido como Filipe II) da França estabeleceu o *Trésor des Chartes* ("o tesouro de mapas"). Essa era, inicialmente, uma coleção "móvel", mas em 1254 foi guardada em um conjunto de salas construído com esse propósito na sagrada Sainte-Chapelle, em Paris.[11]

Desenvolvendo e publicando seus catálogos, fornecendo salas de leitura, financiando estudos, publicando livros, promovendo exibições e, mais recentemente, com a digitalização, as bibliotecas e os arquivos fizeram parte de uma história mais ampla da disseminação de ideias. A criação de bibliotecas nacionais no século XVIII e de bibliotecas públicas do século XIX em diante expandiu bastante o papel que essas instituições cumpriam para transformar a sociedade.

No cerne disso, há a ideia de preservação. O conhecimento pode ser vulnerável, frágil e instável. Papiros, papel e pergaminho são altamente inflamáveis. Água pode igualmente danificá-los, assim como o mofo, por meio da alta umidade. Livros e documentos podem ser roubados, deteriorados e alterados. A existência de arquivos digitais pode ser ainda mais fugaz devido à obsolescência tecnológica, à falta de permanência da mídia de armazenamento magnético e à vulnerabilidade de todo o conhecimento colocado on--line. Como todos que se depararam com um link quebrado já descobriram, não pode haver acesso sem preservação.

Os arquivos diferem de bibliotecas. Estas são acúmulos de conhecimento, feitos com um livro de cada vez, frequentemente com grandes propósitos estratégicos, enquanto os arquivos documentam diretamente as ações e os processos de tomadas de decisões de instituições e administrações — até os de governos. Com frequência, as bibliotecas também apresentam alguns desses materiais — os Diários da Câmara dos Comuns, por exemplo —, mas os arquivos são por natureza cheios de materiais, normalmente de caráter mundano, que não devem ser lidos pela audiência de massa.

No entanto, enquanto as bibliotecas lidam com ideias, ambições, descobertas e imaginações, os arquivos detalham o que rotineiramente é mais vital no dia a dia: propriedades de terras, importações e exportações, minutas de comitês e impostos. Com frequência, as listas são um item importante. Sejam as de cidadãos registrados em um censo ou aquelas de imigrantes que chegam de barco, os arquivos estão no cerne da história, registrando a implementação de ideias e pensamentos que podem ser capturados em um livro.

16 *Richard Ovenden*

Evidentemente, o outro lado dessa moeda é que a importância de livros e material de arquivo é reconhecida não apenas por aqueles que querem proteger o conhecimento, mas também pelos que desejam destruí-lo. Ao longo da história, bibliotecas e arquivos foram alvo de ataques. Por vezes, bibliotecários arriscaram e perderam suas vidas para a preservação do conhecimento.

Quero explorar vários episódios fundamentais da história para delinear diferentes motivações para a destruição de armazéns de conhecimento e as respostas desenvolvidas pela profissão para resistir. Os casos individuais focalizados por mim (e eu poderia ter escolhido dezenas de outros) nos dizem algo sobre o período no qual os acontecimentos se dão e são fascinantes por si sós.

A motivação dos Estados para continuar a apagar a história será considerada no contexto dos arquivos. Com o conhecimento cada vez mais produzido em formato digital, convém examinar os desafios que essa realidade traz para sua preservação e para a saúde de sociedades livres. O livro terminará com algumas sugestões sobre como as bibliotecas e os arquivos podem ser mais bem balizados nos contextos políticos e econômicos atuais. Encerrando, vou sugerir cinco funções que essas instituições têm para a sociedade, a fim de enfatizar seu valor, em benefício dos detentores do poder.

As próprias bibliotecas e arquivos destroem diariamente conhecimento. Desfazem-se rotineiramente de livros duplicados quando só uma cópia é necessária. Bibliotecas menores com frequência são incorporadas a uma unidade maior, um processo que resulta, sobretudo, no conhecimento ser mantido pela biblioteca maior. No entanto, às vezes, por acidente ou planejamento, materiais únicos são perdidos. Arquivos são criados em torno de um processo chamado "apreciação", um sistema de descarte e retenção. Nem tudo pode ou deve ser guardado. Apesar de isso às vezes parecer ultrajante e incompreensível para os historiadores, a ideia de que todo documento deve ser mantido é economicamente inviável. Muito do que se destrói em tal processo é informação que pode já estar guardada em outro lugar.

Os processos de seleção, aquisição e catalogação, assim como de descarte e retenção, nunca são atos neutros. São feitos por seres humanos, trabalhando em seus contextos sociais e temporais. Os livros e diários que ficam nas prateleiras das bibliotecas hoje, ou que ficam disponíveis em bibliotecas digitais, ou os documentos e registros que estão em nossos arquivos, estão lá devido à ação humana. O comportamento passado dos humanos envolvido na criação de coleções era, portanto, enviesado, sujeito a parcialidades, preconceitos e personalidades.

A maioria das bibliotecas e dos arquivos tem grandes omissões em suas coleções, "silêncios" que, em geral, limitaram severamente como os registros históricos tratam, por exemplo, pessoas negras ou mulheres. Qualquer um que faça uso dessas coleções hoje deve ter ciência desses contextos. Do mesmo modo, os leitores deste livro são incentivados a manterem esses contextos históricos em mente e se lembrarem de que no passado as pessoas agiam de maneira diferente.

Ao examinarmos a história das bibliotecas e a forma como suas coleções evoluíram com o tempo, estamos, de vários modos, contando a história da sobrevivência do conhecimento. Cada livro individual que existe hoje nessas instituições e todas as coleções que, juntas, formam maiores grupos de conhecimento são sobreviventes.

Até o advento da informação digital, bibliotecas e arquivos tiveram uma estratégia bem desenvolvida para preservar suas coleções: papel. As instituições compartilhavam a responsabilidade com seus leitores. Todos os novos usuários da Bodleiana, por exemplo, ainda devem jurar formalmente "não trazer nem acender na Biblioteca qualquer tipo de chama ou fogo", como fazem há mais de quatrocentos anos.

Níveis estáveis de temperatura e umidade relativa, prevenção de incêndio e inundação e arquivamento bem-organizado estão no cerne das estratégias de preservação. As informações digitais são, de modo inerente, menos estáveis e requerem um planejamento muito mais proativo, não apenas em questão da tecnologia (como nos formatos dos arquivos, sistemas operacionais e softwares). Tais desafios foram ampliados pela vasta adoção de serviços on-line fornecidos por grandes empresas de tecnologia, especialmente aquelas no mundo das mídias sociais, para as quais a preservação de conhecimento é uma consideração puramente comercial.

Com mais e mais da memória do mundo sendo colocada on-line, estamos efetivamente terceirizando essa memória para grandes empresas de tecnologia que agora controlam a internet. A frase "dê uma pesquisada" costumava significar buscar no índice de um livro impresso ou ir direto ao termo em ordem alfabética em uma enciclopédia ou um dicionário. Agora, apenas significa digitar uma palavra, um termo ou uma pergunta em uma caixa de pesquisa e deixar o computador fazer o resto. A sociedade costumava valorizar o treinamento da memória individual, normalmente criando exercícios sofisticados para melhorar o ato de guardar lembranças. Foram-se tais dias. Esses são os perigos da conveniência da internet, uma vez que o controle exercido pelas maiores empresas de tecnologia é imensamente maior do que nossa memória. Algumas organizações, como bibliotecas e arquivos, agora se esforçam para retomar o controle por meio de websites de preservação independente, postagens de blog, mídia social e até e-mail e outras coleções digitais pessoais.

"Estamos mergulhados em informação, mas famintos por conhecimento", apontou John Naisbitt, já em 1982, em seu livro *Megatrends*.[12] Um conceito de "abundância digital" foi cunhado a partir daí para ajudar a entender um aspecto importante do mundo digital, um que minha vida diária como bibliotecário me leva a considerar com frequência.[13] A quantidade de informação disponível a qualquer usuário com um computador e uma conexão de internet é esmagadora, grande demais para se poder contemplar. Bibliotecários e arquivistas agora estão profundamente preocupados em como buscar efetivamente por massas de conhecimento disponível.[14] O mundo digital é cheio de dicotomias. Por um lado, a criação de conhecimento nunca foi tão fácil, nem copiar textos, imagens e outras categorias de informação. Armazenar informação digital em vasta escala agora não é apenas possível, mas surpreendentemente barato. Ainda assim, armazenar não é a mesma coisa que preservar. O conhecimento armazenado por plataformas on-line está em risco de ser perdido, pois a informação digital é muito vulnerável tanto ao descuido como à destruição intencional. Há também o problema de que o conhecimento que criamos por meio de nossas interações diárias é invisível para a maioria de nós, mas pode ser manipulado e usado contra a sociedade para ganhos comerciais e políticos. Tê-lo destruído pode ser um fim desejável a curto prazo para muita gente preocupada com invasão de privacidade, porém isso pode acabar gerando perdas para a sociedade.

Tenho a sorte de trabalhar em uma das maiores bibliotecas do mundo. Formalmente fundada em 1600 e aberta pela primeira vez aos leitores em 1602, a Bodleiana de Oxford continua desde essa época. Trabalhar em uma instituição dessas é um lembrete constante das conquistas de antigos bibliotecários. A Bodleiana hoje tem mais de 13 milhões de volumes impressos em sua coleção, além de quilômetros e quilômetros de manuscritos e arquivos. Construiu uma ampla coleção, com milhões de mapas, partituras musicais, fotografias, panfletos e uma miríade de outras coisas. Isso inclui pentabytes de informação digital como diários, *datasets*, imagens, textos, e-mails. As coleções são abrigadas em quarenta prédios datados do século xv ao xxi, os quais têm uma história fascinante.

A coleção Bodleiana inclui o *First folio* de Shakespeare (1623) e a Bíblia de Gutenberg (c.1450), assim como manuscritos de documentos do mundo todo — o Mapa de Selden da China do último período Ming ou a obra-prima repleta de iluminuras *Romance de Alexandre,* do século xiv, por exemplo. Esses itens têm histórias fascinantes que contam como passaram pelo tempo e agora estão nas prateleiras da Bodleiana. A Bodleiana é, na verdade, uma coleção de coleções, e as histórias de como tais coleções chegaram à biblioteca e ajudaram a construir sua fama nos últimos quatrocentos anos.[15]

Minha própria educação, até os dezoito anos, foi transformada por ser capaz de usar a biblioteca pública de Deal, minha cidade natal. Naquele prédio, descobri os prazeres da leitura.

Inicialmente, isso foi uma fuga por meio de ficção científica (em especial, Isaac Asimov, Brian Aldiss e Ursula K. Le Guin). Depois, li Thomas Hardy e D. H. Lawrence, mas também autores de fora da Grã-Bretanha: Herman Hesse, Gogol, Colette e muitos outros. Descobri que era possível pegar emprestados discos de vinil e que havia mais música clássica do que a *Abertura de 1812,* de Tchaikovsky: Beethoven, Vaughan Williams, Mozart. Eu podia ler os jornais "sérios" e o "Suplemento Literário" do *Times*. Tudo de graça — o que era fundamental, pois minha família não era rica e sobrava pouco dinheiro para comprar livros.

A biblioteca era (e ainda é) administrada pelo governo local, com a maioria de seus serviços gratuitos para os usuários, e financiada por impostos locais sob provisões legais estabelecidas pela Lei das Bibliotecas Públicas de

1850. Houve oposição política à ideia na época. Enquanto o projeto de lei seguia pelo Parlamento, o parlamentar conservador coronel Sibthorp estava cético quanto à importância da leitura para as classes trabalhadoras, baseado no fato de que ele mesmo "não gostava nada de ler e havia odiado quando estava em Oxford".[16]

O sistema de bibliotecas públicas que o ato inaugurou substituiu um remendo de bibliotecas de doações, bibliotecas de paróquia, coleções em cafés e salas de leitura, assim como clubes de assinatura e clubes do livro, que eram produtos da "era de melhorias" e do conceito de "conhecimento útil". Esse termo surgiu da efervescência de ideias do século XVIII. A American Philosophical Society foi iniciada por um grupo de indivíduos importantes, como Benjamin Franklin, em 1767, para "promover conhecimento útil". Em 1799, a Royal Institution foi fundada para "difundir o conhecimento e facilitar a introdução generalizada de invenções mecânicas úteis e de melhorias". Ambas as organizações tinham bibliotecas para sustentar seus trabalhos.

As bibliotecas foram essenciais em um movimento mais amplo para desenvolver a educação, para o benefício do indivíduo, mas também para a sociedade na totalidade. Um século e meio depois, Sylvia Pankhurst, a inspiradora militante dos direitos das mulheres, escreveu ao diretor do British Museum solicitando sua admissão à Sala de Leitura da biblioteca: "Já que desejo consultar várias publicações do governo e outras obras a que não tenho acesso de outra maneira". No fim da carta de solicitação, ela citou seu objeto de estudo: "Para obter informações sobre o mercado de trabalho feminino".[17]

A Lei das Bibliotecas Públicas tornou possível para as autoridades locais instituir bibliotecas públicas e pagar por elas por meio de taxas, porém esse sistema era totalmente voluntário. Somente em 1964, a Lei de Bibliotecas e Museus Públicos consolidou as bibliotecas como um dever para autoridades locais, e o sistema hoje tem uma forte presença na consciência geral como um serviço estimado, parte da infraestrutura nacional para o ensino público.[18]

Apesar disso, as bibliotecas públicas no Reino Unido têm sofrido muito a pressão que sucessivos governos colocaram em orçamentos disponíveis para as autoridades locais.[19] Estas têm de tomar decisões bem difíceis para administrar, muitas delas mirando em bibliotecas e escritórios municipais de registros. Entre 2018 e 2019, havia 3.583 bibliotecas públicas no Reino Unido, em comparação com 4.356 em 2009–2010: 773 foram fechadas. Em muitas comunidades, as bibliotecas também se tornaram cada vez mais dependentes de voluntários para permanecerem abertas, pois o número de gente empregada no setor caiu para menos de 16 mil pessoas.[20]

A preservação do conhecimento é uma luta crítica em todo o mundo. Na África do Sul, seguindo o colapso do regime de Apartheid, a tática tomada para ajudar a curar uma sociedade despedaçada pela violência e pela opressão do século anterior foi "registrar fielmente as dores do passado, para que uma nação unificada pudesse apelar para ele como uma força galvanizadora na grande tarefa de reconstrução".[21] Uma Comissão de Verdade e Reconciliação foi estabelecida como uma maneira de "tratar do passado problemático".[22] A comissão estava lá para apoiar a transição da sociedade de forma pacífica, enquanto, ao mesmo tempo, aceitava (e confrontava) a história recente e seu impacto na sociedade e nos indivíduos. Havia aspectos políticos e legais nas comissões, mas também objetivos históricos, morais e psicológicos. Um dos objetivos era estabelecer "o retrato mais completo possível da natureza, causas e extensão de violações graves de direitos humanos". Isso foi feito em parceria com os Arquivos Nacionais da África do Sul, cuja equipe acabou envolvida em garantir que o passado fosse devidamente tratado e que os registros estivessem disponíveis às pessoas. No entanto, a ênfase na África do Sul não era abrir arquivos do Estado para encontrar "a natureza, as causas e a extensão" do que deu errado, como foi o caso na Alemanha Oriental após o colapso do comunismo em 1989, mas sobretudo ouvir a si mesmos, com depoimentos que criavam uma profunda história oral, que formou um novo arquivo.

Oficiais no regime de Apartheid da África do Sul destruíam documentos em grande escala. Com isso, a Comissão de Verdade e Reconciliação sempre encontrou obstáculos. Em seu relatório final, eles dedicaram uma seção inteira à destruição dos registros. Colocaram de forma explícita: "A história do Apartheid é, entre outras coisas, a história da eliminação sistemática de milhares de vozes que deveriam ser parte da memória da nação".

O relatório colocava a culpa no governo: "A tragédia é que o antigo governo destruiu de modo deliberado e sistemático um grande conjunto de registros e documentos públicos em uma tentativa de remover provas incriminatórias e, assim, esterilizar a história do governo opressor". A destruição enfatizava o papel crítico que esses registros tinham: "A destruição em massa de registros [...] teve um severo impacto na memória social da África do Sul. Pilhas de memória documental oficial, particularmente por volta da época dos trabalhos internos do aparato de segurança de estado do Apartheid, foram apagadas".[23]

No Iraque, como veremos no capítulo 12, muitos dos registros-chave não foram destruídos, mas transferidos para os Estados Unidos, onde alguns ainda permanecem. Seu retorno pode formar parte de outro processo de "verdade e reconciliação" natural em um país tão devastado pela guerra civil.

Bibliotecas e arquivos compartilham a responsabilidade de preservar o conhecimento para a sociedade. Este livro foi escrito para chamar atenção para a destruição dessas instituições no passado e também para reconhecer e celebrar as formas com que bibliotecários e arquivistas combateram isso. É por meio do trabalho deles que o conhecimento foi passado de uma geração para outra, preservado para que as pessoas e a sociedade possam se desenvolver e buscar inspiração nesse conhecimento.

Em uma famosa carta de 1813, Thomas Jefferson comparou a disseminação do conhecimento com a forma como uma vela é acesa por outra. "Aquele que recebe uma ideia de mim recebe instrução sem diminuir a minha, da mesma forma que aquele que acende sua vela com a minha recebe luz sem me deixar no escuro", escreveu Jefferson.[24] Bibliotecas e arquivos são instituições que cumprem a promessa da vela de Jefferson: um ponto de referência essencial para fatos e verdade. A história de como encararam desafios e mantiveram a chama do conhecimento, tornando possível iluminar outros, é complexa.

As histórias individuais neste livro ilustram as várias formas como o conhecimento foi atacado durante a história. A vela de Jefferson permanece acesa hoje graças aos esforços extraordinários desses preservadores do conhecimento: colecionadores, acadêmicos, escritores e, especialmente, os bibliotecários e arquivistas que são a outra metade desta história.

QUEIMANDO LIVROS 23

I
ARGILA PARTIDA SOB OS MORROS

O ANTIGO GENERAL E HISTORIADOR GREGO XENOFONTE, ao escrever sua obra mais famosa, *Anábase: a expedição dos dez mil*, relatou a dramática história de como ele conduziu um exército perdido de mil mercenários gregos para fora da Mesopotâmia e de volta à Grécia. Xenofonte descreveu a passagem do exército pelo centro do que hoje é o Iraque e a parada em um ponto às margens do rio Tigre, em um local referido por ele como Larissa.[1] Vasculhando a paisagem, Xenofonte notou uma cidade deserta imensa com muros imponentes. De lá, marcharam para outra cidade, Mespila, que Xenofonte declarou que "foi outrora habitada pelos medos". Foi ali, de acordo com ele, que Medeia, a esposa do rei, havia buscado refúgio enquanto os persas cercavam seu império. Xenofonte relata que o rei persa não conseguiu tomar a cidade até Zeus "deixar os habitantes aturdidos".[2]

O que Xenofonte buscava nesse antigo cenário eram os restos de Nimrud (Larissa) e Nínive (Mespila). Essas cidades ficavam no cerne do grande Império Assírio e floresceram sob o reinado do célebre e formidável rei Assurbanípal. Após a morte de Assurbanípal, Nínive foi destruída por uma aliança de babilônios, medos e citas em 612 a.C. Xenofonte confundiu os assírios (que habitaram a cidade) e os medos (que a tomaram) com os medos e os persas, o maior poder oriental na época em que ele escreveu.[3]

Acho espantoso pensar que Xenofonte viu esses grandes morros mais de 2 mil anos atrás; que as ruínas já tinham vários séculos de idade quando ele as contemplou, com os acontecimentos que destruíram as cidades já obscurecidos até para o grande historiador. Os gregos viam-se como os pioneiros das bibliotecas, e, na época em que Xenofonte escrevia, o mundo grego tinha uma vibrante cultura de livros, na qual bibliotecas cumpriam um papel importante. Com certeza, Xenofonte ficaria empolgado em ter aprendido sobre a magnífica biblioteca preservada no fundo do solo, que um dia iria revelar a história de seu antigo fundador, Assurbanípal.

Demoraria mais 22 séculos para a grande Biblioteca de Assurbanípal ser descoberta, e toda a história de seu império (e de seus antecessores e vizinhos), revelada, tanto pela arqueologia de vários locais assírios escavados a partir daí como, especialmente, pelos documentos encontrados nessas escavações.

A escrita parece uma tecnologia tão recente na longa história da humanidade que é tentador supor que nossas civilizações mais antigas confiavam primariamente na comunicação oral para passar o conhecimento. Tais civilizações, centradas ao redor da área que conhecemos hoje como Turquia, Síria, Iraque e Irã, deixaram restos físicos grandes e impressionantes, prédios e objetos acima do solo e descobertos em escavações arqueológicas. No entanto, também deixaram para trás documentos que nos dão a clara evidência de que o registro escrito existia junto com a comunicação oral nos séculos antes das civilizações do Egito, da Messênia, da Pérsia e, enfim, da Grécia e de Roma. Esse registro escrito é altamente revelador dessas culturas. Os povos da Assíria e suas civilizações vizinhas têm uma cultura bem desenvolvida e passaram-nos uma rica herança intelectual.

Em meados do século XIX, as terras que Xenofonte descreveu na virada dos séculos V e IV a.C. tornaram-se objeto de grande interesse para o poder imperial europeu. O interesse era o de ajudar a recuperar as culturas de conhecimento desenvolvidas nessas civilizações, revelando não apenas algumas das primeiras bibliotecas e arquivos do planeta, mas também provas de antigos ataques contra esse conhecimento.

A presença britânica nessa região devia-se originalmente às atividades da Companhia Britânica das Índias Orientais, máquina de expansão imperial que misturava comércio com o reforço do poder militar e diplomático. Um de seus empregadores-chave na região era Claudius James Rich, um talentoso conhecedor de línguas orientais e antiguidades, considerado por seus contemporâneos como o homem mais poderoso de Bagdá, sem contar o comandante otomano local, o paxá: "E alguns até questionavam se o próprio paxá não acabaria moldando sua conduta de acordo com as sugestões e o conselho do sr. Rich, em vez do que seu próprio conselho desejaria".[4] Empenhado em satisfazer sua "sede insaciável de buscar novos países",[5] Rich até conseguiu entrar disfarçado na Grande Mesquita em Damasco, o que seria absurdo para um visitante ocidental na época.[6] Rich viajou extensamente pela região e fez estudos detalhados de sua história e suas antiguidades, construindo uma coleção de manuscritos, que foram comprados pelo Museu Britânico após sua morte. Entre 1820 e 1821, visitou pela primeira vez o local de Nínive e o grande morro de Kouyunjik (como era chamado em turco-otomano), que estava no coração da cidade assíria. Durante sua visita, Rich desencavou uma tábua cuneiforme que havia sido preservada do palácio de Assurbanípal, a qual foi a primeira de milhares de descobertas no local.

Rich vendeu sua coleção de artefatos escavados de forma amadora ao Museu Britânico, e a chegada das primeiras tábuas cuneiformes em Londres despertou uma onda de interesse na região e especulações sobre quais tesouros poderiam haver em seu solo. A coleção foi vista em Londres por Julius Mohl, secretário da Sociedade Franco-asiática, que também leu os relatos publicados de Rich. Mohl logo encorajou o governo francês a mandar sua própria expedição à Mesopotâmia para que eles pudessem competir com a Grã-Bretanha pela glória acadêmica. Um estudioso francês, Paul-Émile Botta, foi enviado a Mosul como cônsul, com fundos suficientes para fazer suas próprias escavações, começando em 1842. Essas foram as primeiras escavações sérias feitas na área, e sua publicação em Paris, no livro *Monument de Ninive* (1849), suntuosamente ilustrado pelo artista Eugène Flandin, tornou-as famosas entre a elite europeia. Não sabemos exatamente onde e quando, porém suas páginas foram em algum momento folheadas com grande encanto por um jovem aventureiro bretão chamado Austen Henry Layard.

Layard cresceu na Europa em uma família abastada e passou seus primeiros anos na Itália, onde lia avidamente, sendo bastante influenciado por

As mil e uma noites.[7] Ele desenvolveu um amor por antiguidades, belas-artes e viagens, e, logo que teve idade suficiente, embarcou em uma extensa jornada pelo Mediterrâneo, ao longo do Império Otomano, chegando a visitar o país que agora chamamos de Iraque, inicialmente com um homem inglês mais velho chamado Edward Mitford, depois sozinho. Tendo chegado à cidade de Mosul, Layard encontrou Botta, que contou a ele sobre suas próprias descobertas no morro de Kouyunjik, e pode ter sido lá que ele viu uma cópia do Monumento de Nínive.[8] Assim, Layard foi inspirado a começar a escavar, usando uma força de trabalho constituída de gente local que chegou a 130 pessoas em seu pico. Apesar de a arqueologia científica estar no início nessa época, seus esforços foram incrivelmente profissionais e produtivos. As escavações de Layard foram a princípio financiadas de forma privada por Stratford Canning, o embaixador britânico em Constantinopla. Desse modo, tornaram-se alvo de rivalidade entre a França e a Grã-Bretanha. Em apenas seis anos, uma equipe de trabalhadores composta por locais foi supervisionada e auxiliada por Hormuzd Rassam, um cristão caldeu de Mosul, irmão do vice-cônsul britânico. Os dois tornaram-se amigos próximos, além de colegas. A partir de 1846, Rassam serviu de secretário e tesoureiro das escavações de Layard, mas também estava intelectualmente interessado no empreendimento. O papel de Rassam nessas sensacionais escavações recebeu menos atenção do que merecia, pois por um lado faltou-lhe a esperteza de se promover com publicações imediatas do que ele encontrava e, por outro, porque alguns de seus sucessos foram minados por detratores racistas. Além disso, seus últimos anos foram maculados por disputas jurídicas e desilusões. Rassam permitiu que as escavações de Layard fossem um grande sucesso por meio de suas habilidades organizacionais, porém também contribuiu com a interpretação da escrita cuneiforme. Depois que Layard retornou à Grã-Bretanha para seguir carreira política, Rassam continuou a supervisionar grandes escavações arqueológicas no Iraque financiadas pelo Museu Britânico.[9]

Conforme as escavações progrediam, descobriram enormes câmaras tomadas com tábuas de argila. Layard e sua equipe encontraram não apenas fragmentos de conhecimento do Império Assírio, mas a instituição em seu cerne: a grande Biblioteca de Assurbanípal. Cerca de 28 mil tábuas foram levadas ao Museu Britânico e milhares de outras agora estão em diferentes instituições.[10]

Com até trinta centímetros de altura, as tábuas de argila tomavam as câmaras. Algumas estavam quebradas em fragmentos, porém outras milagrosamente permaneceram intactas por milênios. Uma câmara "guardada por deuses-peixe continha os decretos de reis assírios, assim como os arquivos do império", escreveu Layard.[11] Muitos eram registros históricos de guerras, ele resumiu, assim como "algumas parecem ser decretos reais e estão carimbadas com o nome de um rei, o filho de Assaradão; outras ainda, divididas em colunas paralelas por linhas horizontais, continham listas de deuses e provavelmente um registro de oferendas feitas em seus templos".[12]

Particularmente notáveis eram dois selos fragmentários de argila que apresentavam o carimbo real de um rei egípcio, Xabaca, e de um monarca assírio (provavelmente Senaqueribe). Layard sugeriu que eles podem ter adornado um tratado de paz. Descobertas como essas começariam a fundamentar eventos lendários com provas documentais. Investigações sobre línguas, literatura, crenças e organização dessas antigas civilizações continuam até hoje.

Tive sorte suficiente de manipular algumas tábuas mesopotâmicas e ver por mim mesmo as formas pioneiras como antigas comunidades registravam o conhecimento. Examinei várias tábuas de argila preservadas no museu Ashmolean em Oxford, que mostram a sofisticação desenvolvida por essas culturas. As primeiras a saírem das gavetas de armazenamento da instituição eram pequenas tábuas ovais encontradas em Jemdet-Nasr, no sul do Iraque. As tábuas eram muito práticas, com um formato criado para se encaixar facilmente na palma da mão. As informações foram rabiscadas na argila enquanto ela ainda estava úmida. É provável que essas tábuas, que continham informações administrativas principalmente sobre quantidades de produtos comercializados (uma tábua apresentava imagens de burros, precedidos do número sete, por exemplo, que indicava "sete burros"), teriam sido descartadas depois do uso, pois foram encontradas como fragmentos empilhados no canto de um cômodo. Outras tábuas foram encontradas como material de descarte, sendo usadas para tapar uma parede ou outra parte de uma construção que precisasse de reparos. Com frequência durante a história, preservaram-se registros históricos desse tipo apenas por acidente. A Mesopotâmia antiga não era exceção.

Muito mais empolgantes eram as tábuas de argila que não haviam sido descartadas, e, sim, preservadas e usadas novamente. Eu me maravilhava com tábuas levemente maiores com inscrições mais densas. Estas são conhecidas como documentos de "biblioteca", já que contêm textos literários ou culturais sobre temas que vão de religião a astrologia, e foram criadas para se manterem legíveis por longos períodos. Uma das tábuas literárias tem até um colofão, que é a seção em que o escriba registra os detalhes do documento, o que era o texto, quem era o escriba e onde e quando ele trabalhava (eram quase sempre homens que faziam tal registro). Esses detalhes, parecidos com a folha de rosto dos livros modernos, mostram que as tábuas eram feitas para serem mantidas com outras, uma vez que o colofão específico ajudava a distinguir os conteúdos de uma tábua de outra. É o modelo mais antigo de metadados.

As tábuas remanescentes mostram que também havia outros tipos de documentos de arquivamento, registros de atividade administrativa e burocrática. Um conjunto de tábuas bem pequenas, que se pareciam um pouco com uma barra de cereal quadrada, era documento de "mensageiros". Serviam como prova de identidade para o mensageiro que havia ido coletar ou entregar algum tipo de mercadoria. Eram pequenas porque precisavam ser portáteis, já que eram mantidas em um bolso ou uma bolsa e entregues na chegada. Não se sabe ao certo por que essas foram guardadas, e não usadas para reparos em construções, mas pode ter sido para referência futura.

Graças a quase dois séculos de arqueologia, agora sabemos que esses antigos povos tinham uma cultura sofisticada, cultivando bibliotecas, arquivos e escribas. Assim como as primeiras civilizações se formaram, indo do nomadismo ao sedentarismo, também houve a noção de que uma comunicação de registros permanentes e arquivo de conhecimento era necessária. Quando a Biblioteca de Assurbanípal estava em operação, as tábuas usadas na época — pesadas e desajeitadas — requeriam câmaras de armazenagem como as que Layard descobriu, de modo que fosse possível fazer cópias ou buscar informação. Com o tempo, estudiosos descobriram nas tábuas evidências de catalogação e arranjo.

Em 1846, Layard começou a enviar material de volta à Grã-Bretanha, e suas descobertas tornaram-se uma sensação instantânea quando foram reveladas em Londres. A pressão popular, motivada pelo noticiário, ajudou a mudar a visão do conselho do Museu Britânico, que concordou em financiar mais expedições, em parte incentivado por políticos que viram o sucesso da escavação como uma vitória sobre seus rivais franceses. Layard tornou-se herói nacional — apelidado de "Leão de Nínive" — e pôde construir uma carreira como escritor e político graças a essa sua nova fama. A descoberta da Biblioteca de Assurbanípal foi, talvez, seu feito mais importante. As esculturas, a cerâmica, as joias e as estátuas (agora à mostra nos grandes museus de Londres, Berlim, Nova York e Paris) eram esteticamente deslumbrantes, mas decifrar o conhecimento contido nas coleções era, de fato, transformar nossa compreensão do mundo antigo.

Por estudar essas tábuas escavadas, agora compreendemos que a Biblioteca Real de Assurbanípal fora, talvez, a primeira tentativa de reunir sob apenas um teto todo o corpo de conhecimento que poderia ser coletado na época. A Biblioteca de Assurbanípal consistia em três grupos principais: textos literários e acadêmicos; questões oraculares e registros de profecias; e cartas, relatos, pesquisas de censo, contratos e outros tipos de documentação administrativa. A maior parte de material aqui (como em muitas das outras antigas bibliotecas descobertas na Mesopotâmia) tratava da previsão do futuro. Assurbanípal queria que o conhecimento em sua biblioteca o ajudasse a decidir quando seria a melhor hora de ir para a guerra, casar-se, ter um filho, cultivar uma plantação ou fazer qualquer coisa essencial na vida. As bibliotecas eram necessárias para o futuro devido ao conhecimento que juntavam do passado, colocando-o nas mãos de tomadores de decisão. E Assurbanípal era o mais importante tomador de decisão em Nínive.[13]

Os textos literários tratavam de muitos assuntos — de religiosos, médicos e mágicos aos históricos e mitológicos — e eram altamente organizados, arranjados em uma sequência de assuntos, com etiquetas presas a eles, que hoje podemos ver como registros de catálogo ou mesmo metadados. Estes eram mantidos como recursos permanentes de referência, enquanto os materiais de arquivo eram retidos em uma base mais temporária como uma forma de estabelecer disputas legais sobre terra e propriedade.[14] Entre as descobertas mais

QUEIMANDO LIVROS 31

importantes feitas por Layard e Rassam em Nínive estava uma série de tábuas que contém o texto de uma das obras de literatura mais antigas sobreviventes, o *Épico de Gilgamesh*. Várias séries de tábuas foram encontradas em Nínive mostrando a posse desse mesmo texto-chave por múltiplas gerações, todas preservadas juntas, passadas de uma geração de reis para a próxima, até com um colofão afirmando que havia sido escrito pela própria mão de Assurbanípal.

Dos achados arqueológicos dos conteúdos de arquivos mesopotâmicos e bibliotecas e do estudo de textos em tábuas desencavadas, podemos identificar uma distinta tradição de organizar o conhecimento e até a identidade dos profissionais responsáveis por essas coleções. Diferentemente de hoje, quando a função de arquivistas e bibliotecários é bem distinta, essas linhas são menos fáceis de serem observadas em comunidades antigas. As bibliotecas como as de Assurbanípal revelam um desejo de administrar informações e nos proporcionam uma noção do quão valioso o conhecimento era para governantes e como eles estavam determinados a adquiri-lo por quaisquer meios.

O aprendizado dos últimos quarenta anos sobre a Biblioteca Real de Assurbanípal determinou que ela foi construída não apenas pela cópia de escribas, mas também tomando conhecimento de Estados vizinhos. Nossa compreensão disso vem de várias fontes escavadas nas décadas recentes e não era algo aparente para Layard ou os pioneiros dos estudos da escrita cuneiforme. As tábuas que revelam esses atos de coleção forçada são, talvez, uma primeira amostra do que atualmente chamamos de arquivos deslocados ou migrados (que veremos com mais detalhes no capítulo 11), uma prática milenar. Um grande número de tábuas sobreviventes da Biblioteca de Assurbanípal veio por essa rota.[15]

Nossa compreensão dessa prática foi expandida por meio da descoberta de tábuas escavadas em vários outros lugares na região, como Borsipa, no que agora é o sul do Iraque. No primeiro milênio a.C., Borsipa era parte do Império Babilônico, subjugada por Assurbanípal. Tábuas escavadas lá preservaram cópias posteriores de uma carta originalmente enviada de Nínive a um agente, Xadunu, que foi encarregado de visitar um grupo de estudiosos em seus lares e "coletar quaisquer tábuas armazenadas no templo Ezida" (o templo de Nabu, especialmente dedicado ao estudo, em Borsipa).[16] O desiderato é nomeado bem especificamente, o que sugere que Assurbanípal sabia o que podia estar disponível nas coleções de pesquisadores particulares.[17] As instruções de Assurbanípal são claras e inflexíveis:

> [...] o que for necessário para o palácio, o que houver, e tábuas raras que são conhecidas por você e não existam em Assíria, busque-as e traga a mim! [...] E se encontrar alguma tábua ou instrução de ritual que eu não tenha escrito a você que seja bom para o palácio, pegue também e envie a mim [...].[18]

A carta corrobora evidências de outras tábuas do Museu Britânico de que Assurbanípal pagava estudiosos para que entregassem ou copiassem suas tábuas e as de outros para a famosa coleção de Borsipa, bem conhecida por sua sofisticada tradição escribal.

Um pequeno grupo de registros de entrada de catálogo sobreviveu, o que nos dá uma noção maior da forma como essas apropriações ajudaram a construir a grande Biblioteca de Assurbanípal em Nínive (e também confirma a noção de que a biblioteca foi cuidadosamente organizada e administrada). Os números são o que surpreende de imediato. Das 30 mil tábuas que se sabe que sobreviveram à Biblioteca de Assurbanípal, o grupo de registros de entrada de catálogo sugere uma tomada de cerca de 2 mil tábuas e trezentas placas escritas em marfim ou madeira. Isso foi uma imensa entrada única, e os materiais abrangiam trinta gêneros, de previsões astrológicas a receitas médicas. A procedência do material não é registrada em todos os casos, mas, evidentemente, as tábuas vieram de bibliotecas particulares da Babilônia. Muitas delas parecem ter sido "presenteadas" por estudiosos que as possuíam, talvez para conseguir favores com as autoridades reais em Nínive, talvez para entregar parte do material para que o resto das bibliotecas não fosse levado. As únicas datas identificáveis apontam para 647 a.C., poucos meses depois da queda da Babilônia, durante a guerra civil entre Assurbanípal e seu irmão, Samassumauquim. A conclusão é clara: ele usou a vitória militar como uma oportunidade de aumentar a própria biblioteca por meio do sequestro de conhecimento.[19]

A Biblioteca de Assurbanípal, contudo, logo sofreria um destino similar. Sua vitória sobre a Babilônia provocaria um fervoroso desejo de vingança, e isso foi descarregado no neto de Assurbanípal, Sinsariscum, que sucedeu o pai em 631 a.C. Os babilônios aliaram-se aos seus vizinhos medos, cujas forças cercaram Nínive em 612 a.C., e acabaram tomando a cidade e liberando uma onda de destruição que iria tomar as coleções de conhecimento, como a Biblioteca de Assurbanípal. Apesar de a obra de Layard descobrir feitos notáveis de preservação e aquisição, por todo lado que ele escavou também havia evidências de incêndio e violência. As escavações revelaram camadas de cinzas e objetos intencionalmente quebrados dentro de cômodos, e algumas das descobertas de restos humanos foram particularmente terríveis para os arqueólogos posteriores perto de Nimrud, que encontraram corpos com membros ainda acorrentados, jogados em um poço.[20]

Enquanto a destruição da Biblioteca de Assurbanípal, na queda de Nínive, foi um ato catastrófico, os detalhes do que aconteceu são imprecisos. As maiores coleções da biblioteca e dos arquivos podem simplesmente ter sido levados na destruição geral do complexo do palácio.

Incêndios e pilhagens eram bem disseminados pelo local, e não podemos dizer se a biblioteca foi um alvo específico, apesar de haver evidências da destruição de certas tábuas (como as de tratados diplomáticos).[21] No templo de Nabu em Nimrud, por exemplo, tábuas seladas de tratados de vassalagem a Assaradão, pai de Assurbanípal, foram encontradas destroçadas no chão, deixadas lá enquanto batalhas ocorriam ao redor da grande cidade, sendo encontradas apenas 2,5 mil anos depois.[22]

A Biblioteca Real de Nínive é a coleção mais celebrada da categoria em civilizações mesopotâmias, porém não é a primeira. Mais de 5 mil tábuas foram encontradas em Uruk, no sul do Iraque, e datam do quarto milênio a.C., tratando principalmente da economia, mas também de como nomear coisas. Mil anos depois, temos evidências na Síria, no antigo local de Ebla (no sul da moderna cidade de Alepo), de que havia cômodos de escritório e biblioteca/arquivos, como bancos de tijolo, para ajudar a manusear as tábuas. Apesar de não haver expressão arquitetônica específica de bibliotecas, como prédios separados, há uma evidência crescente nesse período da emergência de técnicas curatoriais para administrar informações, incluindo diferentes modos de armazenamento. Aí se incluem mecanismos como prateleiras ou escaninhos de madeira encontrados na sala de arquivo do templo de Nabu em Corsabade (antiga capital da Assíria, até ser transferida para Nínive) e prateleiras no templo de Shamash na cidade babilônica de Sipar, que foram usados para ajudar a organizar coleções de tábuas. Isso sugere que a quantidade havia se tornado tão numerosa que técnicas especiais foram necessárias para ajudar a administrar a coleção.[23] O uso de metadados (na forma de etiquetas e outros modos de descrever os conteúdos das tábuas) para ajudar a recuperar informação e cópia dos escribas junto com o armazenamento dos textos também foi um traço inovador nas civilizações da Mesopotâmia. A necessidade de manter o conhecimento seguro e permitir seu compartilhamento por meio de cópias tem raízes bem antigas, coincidentes com a própria civilização.

As evidências diretas das bibliotecas e dos arquivos do mundo antigo são escassas, e a natureza das sociedades que desenvolveram essas coleções é tão diferente da nossa que se mostra perigoso fazer paralelos muito próximos. Apesar dessas ressalvas, é possível sugerir alguns padrões amplos.

As bibliotecas e os arquivos da Mesopotâmia, especialmente a Biblioteca de Assurbanípal, mostram que o mundo antigo entendeu a importância de acumular e preservar o conhecimento. Essas civilizações desenvolveram métodos sofisticados organizando tábuas de argila e acrescentando metadados para ajudar no armazenamento e na recuperação conforme o tamanho das coleções crescia. A cópia dos textos também foi incentivada para a disseminação entre os pequenos grupos de elite das casas reais que podiam ter acesso a eles.

Essas coleções frequentemente eram formadas por comandantes que supunham que a aquisição do conhecimento aumentava o poder deles. A coleção forçada de tábuas de argila de Estados vizinhos e inimigos privava esses inimigos do conhecimento e os tornava mais fracos. Como muitos dos textos tratavam da previsão do futuro, capturar tábuas ajudaria não só a fazer previsões melhores, como também significaria que seu inimigo seria pior em entender o futuro.

Pela Biblioteca de Assurbanípal, temos uma noção do que é preservado para o benefício de sucessivas gerações, pois as tábuas foram passadas de pai para filho, como a do *Épico de Gilgamesh*. Mesmo aí havia uma compreensão de que a preservação do conhecimento tinha um valor não apenas para o presente, mas para o futuro. A sobrevivência das coleções é acidental. As civilizações desabavam e não perduravam. Suas bibliotecas e seus arquivos, mesmo aqueles criados para durar, só foram descobertos em séculos recentes e apenas por pesquisadores na aurora da arqueologia.

2
UMA PIRA DE PAPIROS

ENQUANTO PENSAMOS SOBRE O LEGADO DE antigas bibliotecas na consciência pública, há uma biblioteca lendária cuja fama superou todas as outras: a de Alexandria. Apesar de ser muito anterior a outras bibliotecas da Mesopotâmia e de não haver evidências de sua construção de fato, Alexandria é a biblioteca arquetípica da imaginação ocidental e ainda hoje continua a ser citada como a maior já reunida pela grande civilização do mundo antigo.

Embora nosso conhecimento sobre ela seja fragmentado, para dizer o mínimo, e as fontes primárias sejam poucas, a maioria repetindo outras fontes agora perdidas ou distantes demais para serem verificadas, a ideia de uma biblioteca realmente universal, um local único onde todo o conhecimento do mundo foi armazenado, inspirou escritores e bibliotecários ao longo da história. Sabemos que, de fato, houve duas bibliotecas na antiga Alexandria, a Mouseion e a Serapeum, ou as Bibliotecas Interna e Externa. A Mouseion era um templo para as musas — nove deusas gregas irmãs que presidiam a criatividade e o conhecimento humanos, tudo, de história à poesia da época e à astronomia — e é de onde se deriva o termo "museu". Contudo, a Mouseion estava longe de ser um museu; era uma biblioteca viva, cheia de livros (pergaminhos) e obras acadêmicas.

A Mouseion era um grande armazém de conhecimento, um local para os acadêmicos estudarem. O prédio estava localizado no Quarteirão Real, a Broucheion, perto do palácio, o que dava clara indicação de sua importância.[1] Estrabo, o historiador e geógrafo grego que escreveu nos primeiros anos da era cristã, sublinhou a importância do patrocínio real para a biblioteca. Ele descreveu que nela havia um local para jantar onde o rei, às vezes, costumava se juntar aos estudiosos.[2] Esses intelectuais eram discípulos dos grandes pensadores do antigo mundo, como Euclides (o pai da geometria), Arquimedes (o pai da engenharia) e Eratóstenes, a primeira pessoa a calcular a circunferência da Terra com notável precisão. Muitas das conquistas intelectuais em que a civilização moderna se baseia podem ser atribuídas às obras deles.

Um desdobramento da biblioteca era mantido em Serapeum, um templo ao deus "inventado" Serapis. Antigos escritores discutem se Ptolomeu I ou II introduziu o culto de Serapis no Egito, porém evidências arqueológicas demonstram que o templo foi fundado por Ptolomeu III Evérgeta I (246–221 a.C.).[3] A fundação dessa biblioteca legitima ainda mais essas evidências. Como a Mouseion foi construída para impressionar, o historiador romano Amiano Marcelino descreveu-a como "tão adornada, com seus saguões de colunas, com estátuas que só faltam respirar e um grande número de obras de arte, que ao lado do Capitólio (templo central romano) com o qual a reverenciada Roma se eleva à eternidade, o mundo todo não contempla nada mais magnífico".[4]

A Biblioteca de Alexandria cresceu de forma constante seguindo sua fundação, de acordo com um curioso documento conhecido como *Carta de Aristeas*, escrito por volta de 100 a.C. Esse texto nos conta que, dentro de um curto período depois da sua fundação, a biblioteca cresceu para 500 mil pergaminhos, e que a adição da Serapeum proporcionou uma capacidade adicional. O historiador romano Aulo Gélio, em seu compêndio *Noites áticas*, indicou o número de 700 mil volumes divididos nas duas bibliotecas. João Tzetzes foi um pouco mais preciso — bibliotecários tendem a se sentir bem mais felizes com contagens precisas de suas coleções —, declarando que a Mouseion tinha 490 volumes, e a Serapeum, 42.800. Precisamos tratar de estimativas antigas sobre o tamanho de coleções com extrema cautela. Dada a extensão da literatura sobrevivente do mundo antigo, os números citados não podem ser realistas. Enquanto essas estimativas precisam ser vistas com ceticismo, elas deixam claro que a biblioteca era enorme, muito maior do que qualquer coleção da época.[5]

O que pode ser dito em relação ao papel que a Biblioteca de Alexandria desempenhava no mundo antigo? Era mais do que apenas um armazém de conhecimento? Enquanto não sabemos praticamente nada sobre como a biblioteca operava, parece que, junto com a evidente ambição de adquirir e preservar conhecimento, havia também um desejo de incentivar o aprendizado. Aftônio, ao escrever no século IV d.C., fala de "armazéns [...] abertos àqueles ávidos em estudar, um encorajamento para a cidade toda adquirir sabedoria".[6] Pode ser que a "lenda" de Alexandria tenha tanto a ver com a acessibilidade de conhecimento que continha como com o tamanho de sua coleção. Sabemos pelo historiador romano Suetônio que o imperador Domiciano, no fim do século I d.C., enviou escribas para Alexandria para copiar textos que haviam sido perdidos em vários incêndios de bibliotecas romanas.[7] O grande tamanho das duas bibliotecas, a comunidade residente de acadêmicos da Mouseion e a política de acesso liberal se uniram para criar uma aura ao redor da biblioteca que a colocou no centro do estudo e do aprendizado.

Quando se discute a Biblioteca de Alexandria, com frequência é a história fatídica de sua destruição que se invoca; aquela biblioteca imensa, que diziam conter um vasto oceano de conhecimento, indo ao chão em chamas. De certa forma, a destruição da biblioteca tornou-se tão importante para seu legado quanto sua existência (ou mais). Isso fica claro quando percebemos que a história clássica de Alexandria, consumida por um inferno catastrófico, é um mito. Na verdade, é uma coleção de mitos e lendas (os quais frequentemente se contradizem) a que a imaginação popular continua a se prender.

Um relato, talvez o mais conhecido, é contado por Amiano Marcelino, que em sua obra *História* (escrito por volta de 380-390 d.C.) declarou que "o testemunho unânime de registros antigos declara que 700 mil livros, reunidos por perseverante energia de reis ptolomaicos, foram queimados na Guerra Alexandrina, quando a cidade foi saqueada pelo ditador César".[8] Outro antigo escritor, Plutarco, nos dá mais detalhes sobre a queima. Depois de uma massa de alexandrinos se virar contra os romanos, César foi forçado a se trancar no quartel do palácio perto das docas. Fez-se uma tentativa de "cortá-lo de sua Marinha", e ele "foi forçado a afastar o perigo com fogo, que, espalhando-se das docas, destruiu a grande biblioteca". Temos uma versão levemente diferente de Dião Cássio. Em sua obra *História romana* (escrito por volta de 230 d.C.), ele nos diz que, "apesar de muitos lugares terem sido incendiados", foram os armazéns nas docas, mais do que a Mouseion (biblioteca), tanto os de "grãos e livros, que dizem ser de grande quantidade e qualidade", os destruídos.[9]

Esse mito de que César foi responsável pela destruição de alguma maneira teve de competir pela história com outros. Em 391 d.C., Alexandria tornou-se uma cidade cristã, e seu líder religioso, o patriarca Teófilo, perdeu a paciência com os ocupantes pagãos da Serapeum e destruiu o templo. Em 642 d.C., a ocupação muçulmana do Egito viu a ocupação de Alexandria pela primeira vez, e um relato da destruição da biblioteca atribuiu seu fim à destruição intencional por Amr (o militar árabe que conquistou a cidade) por ordem do califa Omar. Esse relato infere um perverso uso de lógica por parte do califa: "Se esses escritos dos gregos concordam com o livro de Deus, são inúteis e não precisam ser preservados" — é o que a declaração nos diz. "Se discordam, são perniciosos e precisam ser destruídos."

Essa lenda descreve as ordens do califa sendo executadas com "obediência cega", com os pergaminhos sendo distribuídos para os 4 mil banhos de Alexandria, onde foram usados como combustível para aquecer as águas, levando seis meses para consumir o suprimento.[10]

No que todos os antigos historiadores concordam é que a biblioteca foi destruída. O peso de suas opiniões ajudou a propagar o mito. Essa propulsão foi muito acelerada no fim do século XVIII com a publicação do volume III do grande épico de Edward Gibbon, *Declínio e queda do Império Romano*, que inclui a mais vívida passagem sobre a destruição da biblioteca já surgida em língua inglesa. Esse relato tornaria a perda de Alexandria um poderoso símbolo de barbaridade que se mantém hoje. "A valiosa Biblioteca de Alexandria foi pilhada e destruída; e, quase vinte anos depois, a aparição de prateleiras vazias atiçou o arrependimento e a indignação de cada espectador cuja mente não tenha sido totalmente obscurecida por preconceitos religiosos", escreveu ele, enfatizando a perda das "composições de antigos gênios" e lamentando que tantas obras tenham "perecido de forma irreparável".[11]

O que todos esses mitos têm em comum é que lamentam a biblioteca como uma vítima da barbárie triunfando sobre o conhecimento. Tais histórias encorajaram o simbolismo de Alexandria: a repetição do mito fez com que seu nome quase sempre invocasse uma metáfora, fosse para capturar o desejo de reunir conhecimento universal, fosse para transmitir a perda abundante dele. Mas o que realmente aconteceu com a Biblioteca de Alexandria? E há mais que possamos aprender por sua destruição e sua existência, além do mito?

O fato de que a biblioteca deixou de existir além do período clássico é inquestionável. Exatamente por que é menos claro. O próprio César relatou a queima de Alexandria como uma consequência acidental de sua guerra contra a grande rival Pompeia, em 48–47 a.C. Navios trazendo tropas inimigas foram recebidos no porto, perto de uma série de armazéns, e as tropas de César incendiou-os. Na conflagração que se seguiu, vários armazéns próximos foram destruídos. Seguindo as instruções da cidade, de que todos os navios que chegassem deveriam ser inspecionados em busca de livros, que eram necessários para serem copiados para a biblioteca, é factível que essas obras tomadas tenham sido temporariamente abrigadas nos armazéns das docas. Houve dano material às coleções da biblioteca, mas não foi o fim. Isso se encaixa com o relato do geógrafo Estrabo, que fez muito de sua própria pesquisa, algumas décadas após o evento de 48–47 a.C., usando fontes da biblioteca.[12]

Ambas as bibliotecas eram bem frágeis. A Serapeum parece ter sofrido um incêndio em algum ponto por volta de 181 d.C. e, novamente, em 217 d.C., porém foi reconstruída, apesar de não haver indicação se o fogo afetou a biblioteca ou apenas o complexo do templo.[13]

Em 273 d.C., o imperador Aureliano recapturou Alexandria após ela ter sido ocupada pelo levante da rebelião de Palmira, destruindo o complexo do palácio e quase certamente provocando danos à biblioteca (apesar de nenhum escrito antigo confirmar isso explicitamente). No entanto, se isso for um registro verdadeiro (e mais de um século depois a área ainda não ter sido reconstruída), então é possível que a Biblioteca do Serapeum tenha sobrevivido por mais tempo do que a Mouseion.[14]

A declaração profunda de Gibbon sobre a perda da biblioteca foi resultado de muita leitura cuidadosa acerca do tema e seu julgamento quanto à causa provável do incêndio pode nos iluminar. Ele desprezou a ideia de que a destruição da biblioteca possa ser culpa dos conquistadores muçulmanos do Egito e da ordem do califa Omar. Essa versão dos acontecimentos foi relatada por alguns autores cristãos pioneiros (como Abulpharagius), especialmente a evocativa história dos pergaminhos servindo como combustível para os milhares de banhos quentes na cidade. Gibbon sabia que esse relato havia evocado uma forte resposta em estudiosos que "lastimaram o irreparável naufrágio do aprendizado, das artes e do gênio da Antiguidade".[15] O esclarecido cético lamentou em sua análise sobre esse caso: é pouco lógico que o califa queimasse livros religiosos judaicos e cristãos, considerados textos sagrados no Islã. Mais do que isso, a história é pouco plausível em termos práticos, uma vez que a "queima teria expirado rapidamente pela deficiência dos materiais".[16]

Para Gibbon, a Biblioteca de Alexandria foi uma das maiores conquistas do mundo clássico, e sua destruição — que ele concluiu que foi devido a um longo e gradual processo de negligência e ignorância crescentes — mostrou-se um símbolo da barbaridade que oprimiu o Império Romano. Assim, possibilitou que a civilização desse espaço ao que estava sendo revisitado e apreciado em sua própria época. Os incêndios (quer tenham sido acidentais ou intencionais) foram grandes incidentes nos quais muitos livros foram perdidos, mas a instituição da biblioteca desapareceu mais gradualmente por um desprezo sistemático e pela própria obsolescência progressiva dos papiros.

Um manuscrito do cientista da medicina Galeno, encontrado relativamente há pouco tempo na biblioteca de um mosteiro na Grécia, contém um relato previamente desconhecido de um incêndio em 192 d.C. na biblioteca imperial de Roma. A biblioteca, conhecida como *Domus Tiberiana*, ficava no monte Palatino, no coração da cidade. O fogo destruiu os papiros originais que continham a famosa edição acadêmica grega das obras de Homero, um dos autores mais influentes do mundo clássico (e talvez de todos os tempos).[17] O importante é que esses pergaminhos foram trazidos à Roma da Biblioteca de Alexandria como espólio. Tomados por Lúcio Emílio Paulo Macedônio, pai do famoso general romano Cipião, do derrotado rei

Perseu da Macedônia em 168 d.C., essa foi a primeira grande coleção de papiros levada de volta a Roma e teve um efeito profundo na vida literária da cidade.[18]

O papiro foi usado inicialmente no Egito como material de escrita. Era derivado do junco de papiro, do qual o miolo podia ser extraído do caule. Camadas de miolo eram colocadas umas sobre as outras, fundidas usando-se água, secas ao sol e, depois, alisadas para que a superfície se tornasse sedosa. Em geral, as folhas de papiros eram reunidas e envolvidas em um bastão de madeira formando um pergaminho — denominado de *liber*, em latim, do qual deriva a palavra *library* (biblioteca). O papiro seria substituído por uma tecnologia mais durável: o pergaminho, desenvolvido no mediterrâneo ocidental, depois por toda a Europa, e em seguida pelo papel, levado ao ocidente da Ásia por meio da ação de artesãos e mercadores árabes. Contudo, por quatro séculos o papiro foi o meio de escrita dominante.

Um dos problemas com o papiro era o quão facilmente poderia ser queimado. Feito de matéria orgânica seca, enrolado firmemente em um bastão de madeira, é inerentemente inflamável, e, quando colocado em uma biblioteca com materiais similares, essas fraquezas tornam-se potencialmente desastrosas. A maioria dos papiros sobreviventes foi encontrada como lixo, em pilhas de entulho no Egito (como o famoso caso de Oxirrinco) ou como "cartonagem", material usado para envolver corpos mumificados. O número de bibliotecas sobreviventes de rolos de papiros é minúsculo, com a mais famosa sendo em Herculano, onde a "Vila dos Papiros" foi descoberta no meio do século XVIII selada sob o tsunami de cinzas vulcânicas expelidas perto do monte Vesúvio em 79 d.C. Mais de 1.700 pergaminhos acabaram sendo escavados de lá, a maioria chamuscada ou completamente queimada pelo calor da erupção. Há o suficiente deles ainda legível para sabermos que o colecionador por trás da biblioteca deve ter sido fascinado por filosofia grega (especialmente de Filodemo).[19] Os pergaminhos frágeis ainda estão sendo desenrolados e decifrados mais recentemente via radiografia: foi em 2018 que parte do famoso *Histórias*, perdido de Sêneca, havia sido descoberto em um deles.

O ambiente em que os papiros são armazenados é crucial para sua preservação em longo prazo. O clima do porto costeiro de Alexandria era úmido, o que iria afetar os pergaminhos mais antigos, gerando mofo e outras degradações orgânicas.[20] Outras grandes coleções de papiros (como as de Pérgamo, na Turquia dos dias de hoje) passaram por um processo de recopiar os textos de papiro para pergaminho, um material de escrita baseado em pele animal tratada. Isso foi uma categoria de migração tecnológica de conhecimento de um formato para outro.

Uma falta de visão, liderança e investimento que se alastrou ao longo dos anos parece ter sido a causa derradeira da destruição da Biblioteca de Alexandria. Em vez de destacar a natureza cataclísmica da ignorância bárbara triunfando sobre a verdade civilizada, Alexandria é um alerta do perigo do declínio lento, movido pela falta de investimento e prioridades e pelo desprezo generalizado pelas instituições que preservam e compartilham o conhecimento. Enquanto isso, Pérgamo, a grande rival de Alexandria, desenvolveu e manteve suas coleções.

Estudos modernos datam a fundação da Biblioteca de Pérgamo do fim do século III a.C., apesar de antigos escritores, como Estrabo, datarem-na no começo do século II a.C. e a atribuírem ao rei Eumenes II (197–160 a.C.), da dinastia Atálida.[21] Pérgamo era a biblioteca que mais ameaçava a reputação de Alexandria como a maior do mundo antigo, com sua rivalidade pautada não apenas pelo seu tamanho e o volume de sua coleção, mas pelo papel desempenhado pelos estudiosos que trabalharam na biblioteca.[22] De acordo com vários escritores antigos, a rivalidade tornou-se uma questão de status, provocando competições entre os reis Ptolomeu V (204–180 a.C.) e Eumenes.[23] Cada uma das duas bibliotecas contava com o próprio astro acadêmico: Alexandria tinha Aristarco, o famoso comentador das obras de Hesíodo. Ele tinha como rival na Pérgamo o brilhante Crates de Malo, comentador de Homero. Como Alexandria, nenhum resquício específico pode nos ajudar a localizar o lugar físico dessa biblioteca, e seu declínio parece ter sido bem relacionado com o declínio da dinastia Atálida, que havia ligado o prestígio da biblioteca a seu próprio status. Quando o reino Atálida foi tomado pelos romanos em 133 a.C., a biblioteca deixou de ser tão crucialmente ligada ao Estado, e seu declínio começou.

A Biblioteca de Alexandria nos ajuda a entender os ideais de uma biblioteca, pois ela criou um modelo, que muitas outras nos séculos seguintes buscaram emular (mesmo que os detalhes do que a biblioteca era exatamente sejam obscuros). Com Alexandria, aprendemos o poder de ligar uma grande coleção ao serviço de uma comunidade de acadêmicos que puderam compartilhar conhecimento e desenvolver novos saberes por meio de seus estudos. Estrabo fez sua pesquisa geográfica e referia-se aos bibliotecários e estudiosos como "sínodos", ou uma comunidade de trinta a cinquenta homens eruditos (aparentemente, mulheres não foram incluídas). A comunidade era internacional: muitos eram oriundos da Grécia, que governava Alexandria, mas intelectuais romanos copiavam e comentavam poesia grega e teatro no local.

A liderança da instituição foi muito importante para seu sucesso. Cinco dos primeiros seis bibliotecários estavam entre os mais importantes escritores do mundo clássico: Zenódoto de Éfeso, Apolônio de Rodes, Eratóstenes, Aristófanes e Aristarco.[24] Por volta de 270 d.C., a biblioteca passou para Apolônio de Rodes, que escreveu um grande épico, a *Argonáutica*, e supostamente encorajou um jovem acadêmico chamado Arquimedes de Siracusa a trabalhar na Mouseion. Durante sua época lá, Arquimedes observou a subida e a descida do nível do rio Nilo e inventou o mecanismo de engenharia conhecido como "bomba de parafuso", que ainda traz seu nome.[25] O matemático Euclides foi convidado a juntar-se à comunidade de Alexandria, e acreditam que lá ele compilou seu famoso *Elementos da geometria*, tido como a fundação da matemática moderna, e ele também pode ter ensinado seu seguidor, Apolônio de Perga. Os bibliotecários e intelectuais de Alexandria fizeram mais do que preservar conhecimento. Eles padronizaram os textos, acrescentando as próprias ideias para gerar novos conhecimentos. O que se criou em Alexandria foi o que não poderia ser destruído pelo fogo e pelo longo processo de negligência: um enfoque ao aprendizado que hoje chamamos de mundo acadêmico.

É difícil provar a ligação direta entre bibliotecas e o antigo mundo dessas gerações subsequentes, mas se pode detectar uma prática humana comum de organizar e preservar conhecimento. Não há linha direta de prática profissional para bibliotecários de Alexandria ou Nínive. Nenhum manual foi criado, nenhum grande lema foi passado. O que sobrevive é mais como um *ethos* — o *ethos* de que o conhecimento traz grande poder, de que a busca por coletá-lo e preservá-lo é uma tarefa valiosa e de que sua perda pode ser um primeiro sinal de alerta de uma civilização em decadência.

Quando ando pela Bodleiana hoje, há lembretes constantes da história da biblioteconomia. Nas 28 bibliotecas que formam a Bodleiana, é possível ver a evolução de métodos práticos de preservar e compartilhar conhecimento. Continuamos a usar essas construções, muitas criadas como bibliotecas há muito tempo (alguns com mais de seis séculos), um fato que continua a nos inspirar a trabalhar. Esses prédios agora têm luz elétrica, aquecimento central, computadores, wi-fi e outros auxílios ao aprendizado, porém o processo de inovação teve suas origens quase 2 mil anos antes da fundação da Biblioteca de Alexandria.

Quando examinamos o legado físico de antigas bibliotecas, é realmente notável o que sobreviveu. No fim dos anos 1940, por exemplo, um jovem pastor de cabras chamado Muhammed Edh-Dhib descobriu um grupo de jarros cerâmicos nas cavernas de Qumirán no deserto de Judeia. Dentro dessas cerâmicas, havia centenas de pergaminhos que compunham as cópias sobreviventes mais antigas de textos de quase todos os livros da Bíblia hebraica. Uma escavação arqueológica datou a ocupação do local que cerca o complexo de cavernas por volta de 100 a.C. e 70 d.C., enquanto os manuscritos foram escritos entre o século IV a.C. e 70 d.C. (data da destruição do segundo templo de Jerusalém). Conhecido como Manuscritos do Mar Morto, seu estado frágil e fragmentário demonstra uma sobrevivência notável. Não temos compreensão real de como exatamente esses documentos foram armazenados (ou talvez "escondidos") nas cavernas de Qumrán, mas o consenso é que foram intencionalmente escondidos por um grupo religioso judeu, o qual agora acredita-se serem os essênios, durante a supressão romana que seguiu a Primeira Revolta Judaica entre 66–73 d.C. A localização no deserto e o modo como esses arquivos foram guardados garantiram sua preservação. Muitos dos Manuscritos do Mar Morto foram compostos em pergaminhos, apesar de um pequeno número ser constituído por papiros. Os documentos em pergaminho são mais duráveis.

Uma lição-chave de Alexandria é que seu fim se tornaria um alerta para as sociedades seguintes. A visão comumente mantida, defendida por

Edward Gibbon, é de que "eras das trevas" seguiram o colapso do Império Romano. Os historiadores hoje estão certos de que não houve uma "era sombria" após a destruição da Biblioteca de Alexandria. Qualquer treva que ainda persista se deve a uma falta de evidência da preservação do conhecimento. O conhecimento continuou a ser reunido, e o aprendizado floresceu pela Europa, Ásia, África e pelo Oriente Médio, em continuação ao trabalho feito em Alexandria e outros centros. O aprendizado do mundo grego seria mais fortemente preservado pela cultura árabe e por meio da força da cópia e da tradução. Muitas comunidades em centros árabes, como Tabriz, no Iraque do mundo moderno, permitiriam a transmissão da cultura e da ciência gregas, muito do que iria voltar ao Ocidente por meio da retradução do latim e por meio da troca cultural em cidades cosmopolitas como Toledo, em Al-Andalus (como a Espanha muçulmana era chamada).[26]

Conforme a Biblioteca de Alexandria decaía durante os primeiros séculos do primeiro milênio d.C., o conhecimento do mundo antigo continuava a ser preservado pela ação das bibliotecas. Evidências dessas primeiras coleções de livros podem ser encontradas em um mosaico na tumba da imperatriz Gala Placídia em Ravena, na capela construída especificamente para abrigar o sepulcro em 450 d.C., que mostra um armário para guardar livros, contendo duas prateleiras, cada uma contendo volumes deitados, quatro volumes etiquetados para cada um dos evangelistas. O armário erguia-se sobre pés robustos, talvez para proteger o conteúdo de inundações.[27]

A Biblioteca Capitular em Verona, no norte da Itália, tem suas origens no escritório da catedral. O livro mais antigo associado a essa biblioteca data de 517 d.C. e foi escrito por um ursicino, que tinha um posto menor na catedral, porém a biblioteca abriga livros que são pelo menos um século mais antigos, quando é bem possível que Alexandria ainda tivesse algum resquício de sua antiga glória. É bem provável que esses livros tenham sido copiados em seu escritório de obras traduzidas com o propósito de construir sua coleção. No século VI, no deserto de Sinai, uma comunidade religiosa construiu um mosteiro dedicado à santa Catarina e formou uma biblioteca que abrigava manuscritos bíblicos de tremenda importância, especialmente o celebrado *Codex Sinaiticus*, o mais antigo e completo manuscrito da

Bíblia em grego, datado da primeira metade do século IV. A biblioteca continua a preservar manuscritos e livros impressos para o uso de sua própria comunidade e outros acadêmicos.

No entanto, muitas obras fundamentais foram perdidas durante o período que agora chamamos de "Antiguidade Tardia" (que vai mais ou menos do século III ao VIII). Sabemos isso por meio de ocasionais traços fantasmagóricos delas em livros posteriores ou por fragmentos de papiros achados ao acaso, nos quais textos anteriormente desconhecidos foram encontrados por escavações arqueológicas nos últimos 150 anos. Essas descobertas de papiros também revelaram melhores versões dos textos de autores clássicos que eram conhecidos na Idade Média. Johannes Lydus em Bizâncio, no século VI, tinha mais textos completos de Sêneca e Suetônio do que chegaram a nós. O bispo da África do Norte, são Fulgêncio, no século V, e são Martin, arcebispo de Braga, em Portugal, no século VI, citaram (ou, na verdade, plagiaram) textos de Petrônio e Sêneca que não sobreviveram para se juntar ao corpo de escritores do latim de hoje.[28]

O melhor exemplo de perda literária é a obra da poetisa grega Safo, que nasceu na ilha de Lesbos no século VII a.C. e foi uma figura cultural tão importante no antigo mundo que Platão se referia a ela como a "décima musa". Famosa por sua poesia amorosa dirigida às mulheres, os termos "sáfico" e "lésbica" derivaram do nome dela e de sua ilha natal. Citada por todos, de Horácio a Ovídio, e tão popular que os acadêmicos de Alexandria reuniram não uma, mas 29 edições críticas de seus poemas, sua obra só sobreviveu em fragmentos de textos. O único poema completo preservado vem de uma antologia de poemas líricos gregos, e o resto foi reunido de citações encontradas pintadas em cacos de louça e em papiros encontrados em pilhas de entulho, especialmente uma em Oxirrinco, no Egito. O poema 38 é um fragmento que diz apenas o seguinte: "Você me queima". Assim como na Biblioteca de Alexandria, há histórias que competem sobre o motivo pelos quais a obra de uma escritora tão fundamental não sobreviveu. O mais popular há muito tem a ver com a Igreja cristã, que a destruiu intencionalmente por questões morais. Escritores na Renascença alegaram que as obras de Safo foram queimadas em Roma e em Constantinopla em 1073 por ordem do papa Gregório VII. Na verdade, as obras de Safo (em um obscuro dialeto eólico difícil de ler) provavelmente foram perdidas quando a demanda não foi grande o suficiente para que fossem copiadas em pergaminhos quando os códices amarrados se sobrepuseram ao uso dos pergaminhos de papiro. A pilha de entulho em Oxorrinco, escavada em 1897 pela Sociedade Exploratória Egípcia, trouxe-nos mais de 70% dos papiros literários sobreviventes.

Conforme o cristianismo se estabeleceu, livros e bibliotecas espalharam-se pela Europa e pelo mundo mediterrâneo. Até na Grã-Bretanha, à beira do Império Romano, supomos, por meio de traços de provas, que havia bibliotecas (o poeta Marcial, que morreu cedo no século II, comentou sarcasticamente que suas obras eram lidas até na Bretanha). Em grandes centros como a Constantinopla (que era conhecida como Bizâncio até ser refundada em 330 d.C.), o espírito de Alexandria reviveu quando a Universidade Imperial foi reinstituída pelo Imperador Teodósio II em 425 d.C. e uma nova academia clerical, estabelecida.[29] No século VI, o intelectual e estadista Cassiodoro aposentou-se da corte do rei Teodoro da Itália para se tornar monge. Ele estabeleceu um mosteiro em Vivário, na Calábria, e construiu uma importante biblioteca. O *scriptorium* era uma fonte intelectual significativa, e pelo menos dois livros foram copiados e enviados para a antiga comunidade cristã na abadia de Monkwearmouth-Jarrow, no norte da Inglaterra. Um deles era uma explanação sobre os Salmos pelo próprio Cassiodoro (uma cópia do século VIII agora está na Biblioteca da Catedral em Durham) e o outro era uma cópia da Bíblia. Foi posteriormente copiada no *scriptorium* em Monkwearmouth-Jarrow, formando um livro agora conhecido como *Codex Amiatinus*, enviado de volta a Roma como um presente. Nunca chegou à cidade e agora está na Biblioteca Laurentina em Florença. O *Codex Amiatinus* até contém uma pintura de uma biblioteca, completa com estantes, livros e o profeta Esdras ocupado escrevendo.[30]

Durante esse período, o conhecimento era copiado e disseminado fora do mundo cristão por comunidades islâmicas e judaicas. Na fé judaica, a cópia do Antigo Testamento e outros textos sagrados eram tão importantes que as leis religiosas chegaram a ditar como o mundo escrito seria administrado.[31]

Nos territórios islâmicos, apesar de a tradição oral de memorizar o Alcorão ser dominante, o livro tornou-se um importante mecanismo intelectual para espalhar a palavra sagrada, assim como outras ideias. Comunidades islâmicas aprenderam a fazer papel com os chineses e, de acordo com Iacute, enciclopedista do século XIII, a primeira fábrica de papel em Bagdá foi estabelecida em 794–795 d.C. e produziu-se quantidade o suficiente para os burocratas substituírem seus registros em pergaminho e papiro.[32] Essa disponibilidade de papel em massa (menos frágil do que o papiro e muito mais barato do que o pergaminho) permitia que os muçulmanos desenvolvessem uma sofisticada cultura de livro. Como resultado, bibliotecas, vendedores de papel e de livros — homens tidos como eruditos — tornaram-se uma visão comum. Essa cultura logo se espalhou para outras cidades do mundo islâmico.

Da Espanha islâmica ao reino de Abasid no Iraque, as bibliotecas proliferaram. Havia grandes bibliotecas na Síria e no Egito, mais de 70 bibliotecas na Espanha islâmica e 36 só em Bagdá — a primeira coleção pública nessa grande cidade sendo reunida durante o reinado de al-Mansur (754–775), seu fundador, ou seu sucessor Harun al-Rashid (786 –809). O filho de Harun, o califa al-Mamun, estabeleceu a Casa da Sabedoria, fundada no século VIII como biblioteca, e um instituto dedicado a traduções, pesquisa e educação que atraiu estudiosos de todo o mundo, de muitas culturas e religiões. Nesse momento, o espírito de Alexandria dominava novamente e professores e estudantes trabalhavam em conjunto para traduzir manuscritos gregos, persas, siríacos e indianos. Sob a patronagem do califa, os acadêmicos da Casa de Sabedoria puderam estudar manuscritos gregos da Constantinopla, assim como traduzir obras de Aristóteles, Platão, Hipócrates, Euclides, Ptolomeu, Pitágoras, Brahmagupta e muitos outros. Construíram-se outras bibliotecas nos séculos seguintes, como a Casa do Conhecimento, erguida em 991 pelo persa Sabur ibn Ardashir. Continha mais de 10 mil volumes sobre assuntos científicos, mas foi destruída durante a invasão seljúcida em meados do século x.[33]

Um comentador, o enciclopedista egípcio al-Qalqashandī, relatou que "a biblioteca do califa Abasid em Bagdá [...] incluía muitos livros que eram mais valiosos do que tudo". Essas bibliotecas sofreriam danos, tantos intencionais quanto indiretos durante a invasão dos mongóis no século XIII.[34]

50 *Richard Ovenden*

Intelectuais islâmicos criaram sua própria academia sofisticada, especialmente em ciências, e a coleção islâmica de livros científicos conservada por bibliotecas europeias mais de mil anos depois ajudaria a estimular a criação de um novo enfoque para a ciência.[35]

No século VII, no norte da Europa, havia muitos mosteiros e muitos deles possuíam bibliotecas, porém suas coleções eram pequenas. Na Grã-Bretanha, as primeiras comunidades cristãs em Canterbury, Malmesbury, Monkwearmouth-Jarrow e York tinham livros suficientes para serem consideradas bibliotecas, mas poucos deles resistiram às invasões vikings.[36]

No começo do século IX, os monges de Iona, uma comunidade insular estabelecida em São Columba, foram massacrados pelos vikings e o importante *scriptorium* deles foi destruído. Uma teoria é que o famoso manuscrito iluminado conhecido como *Livro de Kells* foi, na verdade, escrito em Iona e levado a Kells por medo das invasões vikings.[37] Livro que sobreviveu a essas incursões, o mundialmente famoso *Evangelhos de Lindisfarne* (agora na Biblioteca Britânica) originou-se na comunidade cristã de Lindisfarne no século VIII. Por volta de 150 anos depois, deixou a ilha quando a comunidade se mudou para um local mais seguro no continente, levando o livro e o corpo de seu líder espiritual, são Cuteberto, com eles. A obra é hoje conhecida como uma obra de arte cristã pioneira, com pinturas de uma beleza e uma complexidade espetaculares, mas foi importante em seus dias como um símbolo poderoso da cristianização no norte da Europa.

Um século após deixar a ilha de Lindisfarne, o grande livro — encadernado luxuosamente com pedras e metais preciosos — foi descansar com sua comunidade religiosa em Durham. Lá, na metade do século X, Aldred, um monge posteriormente associado à comunidade-irmã de Durham, em Chester-le-Street, acrescentou um antigo brilho inglês ao texto em latim dos evangelhos, a mais antiga tradução do Novo Testamento em língua inglesa. Ele acrescentou um colofão que registra uma tradição sobre o livro: foi traduzido por Eadfrith, bispo de Lindisfarne (698–722 d.C.), encardernado por Aethilwald, o bispo sucessor (que morreu em 740), e Billfrith adornou a capa com ouro, prata e pedras preciosas. No século XII, o monge de Durham, Simeão, reconheceu que o livro "preservado nesta igreja" era um tesouro tão grande quanto o corpo do próprio são Cuteberto.[38]

QUEIMANDO LIVROS 51

A Bodleiana tem dois livros que estavam em uma biblioteca em Bizâncio nesse período, e eles são as mais antigas cópias sobreviventes dos *Elementos* de Euclides e dos *Diálogos* de Platão. Ambos estavam na biblioteca do bispo Aretas de Cesareia no fim do século IX.

Na época da invasão normanda em 1066, as maiores coleções, como as da Ely, tinham apenas algumas centenas de volumes, muito menos do que suas contrapartes no mundo islâmico. A maioria das bibliotecas na Inglaterra antes da conquista normanda era pequena o suficiente para ser mantida em poucos baús ou armários, e apenas uma pequena quantidade de casas monásticas tinha bibliotecas. A abadia de Peterborough, por exemplo, fundada no século VII, tem uma lista de livros sobreviventes doados pelo bispo Aethelwold de Winchester (que fundou novamente a abadia em 970). Ela lista apenas vinte livros.[39] O venerável Bede nos diz que o papa Gregório, o Grande, enviou vários livros para Agostinho em Canterbury no começo do século VII, mas eram missais e Bíblias, e a única referência explícita a uma biblioteca feita por Bede é aquela em Hexham, em Northumberland, que evidentemente consistia em histórias de paixões dos mártires, assim como outros livros religiosos.[40]

As bibliotecas continuaram a existir depois do fim de antigas civilizações, apesar de nenhuma das bibliotecas da Grécia, do Egito, da Pérsia ou de Roma continuarem em uma linha contínua.

Por meio das cópias, novas bibliotecas logo foram estabelecidas para abrigar novos livros. Algumas dessas novas bibliotecas cristãs, como a do mosteiro de Santa Catarina ou a Biblioteca Capitular, em Verona, continuaram desde sua criação, nos últimos anos do mundo antigo. Muitas outras estabelecidas nos séculos seguintes também perduraram. Elas criaram um padrão para que o conhecimento florescesse e engendraram uma rede de instituições que iriam sustentar as sociedades do Ocidente e do Oriente Médio durante a Idade Média.

A lenda de Alexandria gerou a ideia de que bibliotecas e arquivos eram locais onde o novo conhecimento poderia ser criado, que é o que vemos com a mistura de livros e acadêmicos da Museion. A fama de Alexandria espalhou-se pelo mundo antigo e foi passada durante a história, inspirando outros a emular a sua missão de reunir e organizar o conhecimento do mundo: o prefácio de *A vida de sir Thomas Bodley*, publicado em 1647, exaltava que a grande biblioteca que ele havia montado superava até o "orgulho da Biblioteca Egípcia".[41] O legado de Alexandria também inspiraria bibliotecários e arquivistas a lutarem para proteger e salvar o conhecimento.

3
Quando os livros eram ninharia

Na Inglaterra medieval, um homem viajava por todo o território, de mosteiro em mosteiro, em uma missão encomendada pelo rei Henrique VIII. Viajando sozinho a cavalo, John Leland era uma figura solitária do turbulento período Tudor, e suas jornadas dariam-nos o último vislumbre possível dos conteúdos de centenas de bibliotecas monásticas antes de serem destruídas em nome da Reforma.

Leland nasceu em um mundo em transformação. A educação e o conhecimento eram controlados pela Igreja Católica (sendo "católico" um termo que também significa "universal") de Roma por mais de um milênio. Uma rede de mosteiros e ordens religiosas mantinha as bibliotecas e escolas. A Inglaterra ainda se recuperava de uma longa guerra civil, uma nova família real — os Tudor — estava no trono e havia uma agitação crescente pela Europa sob a riqueza e o poder da Igreja. Um novo movimento intelectual, o humanismo, que encorajava o aprendizado de línguas e o estudo de autores clássicos, criou uma ebulição intelectual que ofereceu novas formas de ver o mundo. Um questionamento investigativo das fontes de ideias estava sendo enaltecido pelas elites da Europa. Os humanistas ingleses fundamentais (Thomas More, conselheiro do rei e autor de *Utopia*, e John Colet, o deão da Catedral de São Paulo) queriam ensinar uma nova geração de acadêmicos que iriam difundir essa mensagem. Apesar de Leland ter sido órfão, seu pai adotivo inscreveu-o como um dos primeiros pupilos na nova escola de John Colet, onde ele aprendeu latim e grego. Essas instituições eram muito diferentes daquelas que haviam surgido antes, já que incentivavam seus alunos a lerem os clássicos assim como as escrituras e os autores católicos. Após um período ensinando o filho de Thomas Howard, o segundo duque de Norfolk, Leland estudou em Cambridge e Oxford, onde talvez tenha se associado ao All Souls College*. Apesar de não ser rico ou ter sangue nobre, Leland era inteligente e ambicioso como seu patrono, o cardeal Wolsey, e com seu incentivo ele cruzou o Canal da Mancha até Paris para entrar nos círculos de alguns dos maiores intelectuais da época, como o culto Guillaume Budé, o bibliotecário real, e o brilhante François Du Bois, professor de retórica. Encorajado por esses homens, ele trabalhou em sua poesia e mergulhou no método humanista de estudo, buscando e analisando fontes em manuscritos.[1]

Quando Leland voltou da França em 1529, não estava mais nas graças de Wolsey; e, como seu novo patrono, Thomas Cromwell, ele teve de encontrar um meio de sobreviver no perigoso clima da corte de Henrique VIII, um local de intrigas, punhaladas pelas costas, condenação e execução.

Em sua época, Henrique VIII construía argumentos contra a Igreja Católica. A princípio, a ideia era encontrar uma maneira de se divorciar de sua rainha, Catarina de Aragão, e se casar com a bela cortesã Ana Bolena. Seus melhores conselheiros usaram argumentos teológicos para defender sua causa, mas o que começou com um pedido de divórcio cresceu para uma batalha mais fundamental sobre a autoridade do papa na Inglaterra. Os debates foram cada vez mais ofuscados por uma audaciosa noção de oportunismo. Se ele tivesse sucesso, Henrique poderia tomar controle não apenas da autoridade religiosa em seu reino, mas também da imensa riqueza que a Igreja Católica havia construído nos séculos anteriores. Essa era a versão inglesa do fenômeno que hoje chamamos de Reforma, que começou na Alemanha em 1517, com um poderoso movimento liderado por Martinho Lutero e que se espalhou pela Europa durante o século XVI. Leland e Cromwell estavam ambos determinados a ser parte central disso.

---

* Instituição de pós-graduação onde todos os alunos são bolsistas. Seu exame de ingresso é considerado até hoje um dos mais difíceis do mundo. (N. E.)

Henrique foi apenas o segundo governante da dinastia Tudor, e, sem um herdeiro homem, sua permanência no trono era frágil. Manipular o passado tornou-se uma arma vital nessas batalhas. Histórias de manuscritos e crônicas encontradas em bibliotecas das casas monásticas tornaram-se evidências muito valorizadas de antiga independência inglesa da autoridade papal, especialmente antes da conquista da Normandia. Até as histórias de figuras britânicas míticas, como o rei Artur, foram arrastadas para os debates. Os conteúdos dessas bibliotecas poderiam, portanto, manter a chave para abrir o futuro de Henrique. Leland aproveitou a chance para usar seus talentos acadêmicos com o objetivo de apoiar sua posição na corte. Tornou-se um especialista em rei Artur e escreveu duas obras provando sua veracidade histórica. Ele se tornou conhecido como o "antiquário", que não era uma posição oficial, mas um termo adequado para alguém que estava profundamente interessado no passado.

Aos poucos, os planos do rei deram frutos. Ana Bolena teve uma entrada triunfal em Londres, no 31 de maio de 1533, e foi coroada rainha na Abadia de Westminster no dia seguinte. Para esse evento luxuoso, brilhantemente dirigido por Thomas Cromwell, Leland até escreveu versos comemorativos oficiais em latim, que se referiam oito vezes à esperança do rei pela fertilidade de Ana. No entanto, não era por sua poesia que Henrique queria que Leland trabalhasse para ele. Seguindo a coroação, Leland lembrou-se de que recebeu "uma comissão bem graciosa [...] para examinar e buscar diligentemente informações úteis por todas as bibliotecas de mosteiros e faculdades" no país.[2] Por meio dessa comissão, Leland assumiu um papel ativo no "grande assunto do rei", os argumentos em apoio à anulação de seu casamento com Catarina de Aragão e a legitimação de sua nova esposa, Ana Bolena. Desses debates, viriam a separação formal da Inglaterra da autoridade papal e a asserção do rei, não do papa, como suprema autoridade da Igreja da Inglaterra.

No curso dessa extraordinária jornada, Leland debruçou-se sobre os livros que encontrou nas prateleiras de mais de 140 bibliotecas. Ele era um pesquisador fervoroso, registrando os livros que havia examinado e fazendo anotações do que havia encontrado ao final de cada viagem. Após sua morte, seus amigos tentaram colocar essas anotações em ordem. Isso não foi fácil. Em 1577, o historiador John Harrison relatou que elas estavam "comidas pelas traças, mofadas e podres" e que seus livros estavam "completamente danificados, destruídos pela umidade e pelo tempo". Sua frustração em tentar dar sentido a esse amontoado de material encerra-se assim: "Suas anotações são tantas e tão confusas que nenhum homem poderia dar algum sentido a elas".[3]

As anotações estavam bem encadernadas quando foram para Bodleiana (de forma bem conveniente para mim) no século XVIII, mas originalmente eram apenas uma massa de papéis cobertas com a letra manuscrita de Leland, cheios de riscos e correções, alguns mostrando sinais de terem sido dobrados, alguns manchados e danificados por umidade, outros rasgados e gastos. Apesar de Leland apenas listar os livros que achou particularmente interessantes, suas anotações revelam uma série de detalhes do que foi destruído, o que nos ajuda a identificar o lar original de muitas obras que sobreviveram, algumas vezes como resultado direto das atividades de Leland. Suas anotações também dão uma visão bem mais pessoal das bibliotecas que ele viajou para visitar, com frequência em longas jornadas, planejadas de antemão com listas ordenadas e, muitas vezes, até com rascunhos de mapas para ajudar a marcar sua rota.

Tomamos como natural que possamos usar um mapa para viajar, mas a jornada de Leland aconteceu trinta anos antes de Cristopher Saxton produzir os primeiros mapas impressos da Inglaterra. As notas mostram sinais de suas preparações detalhadas, listas de bibliotecas para consultar e até pequenos croqui de localidades para ajudar a organizar seu tempo com eficiência. Há um mapa do estuário de Humber, mostrando um conjunto de mosteiros em Lincolnshire e Yorkshire que ele visitou em 1534.[4]

O que Leland tentava mapear era a rica quantidade de conhecimento espalhada por quase seiscentas bibliotecas da Grã-Bretanha medieval, de onde há mais 8.600 volumes sobreviventes. Essas coleções iam de um punhado de livros de orações de posse de pequenas bibliotecas paroquiais até grandes coleções superorganizadas, com todo o tipo de publicações em bibliotecas de ordens religiosas. Uma das mais renomadas bibliotecas da Inglaterra medieval era a da Abadia Beneditina de Santo Agostinho em Canterbury, que continha quase 1.900 volumes quando o último dos catálogos medievais de seus conteúdos foi compilado (entre 1375 e 1420, com adições entre 1474 e 1497). Apenas 295 desses livros sobreviveram até hoje.[5]

Essa biblioteca era grande para os padrões medievais, e seu catálogo incluía livros que foram escritos na abadia ou para ela doados desde o fim do século x. A maioria eram obras de religião, fossem textos bíblicos ou comentários sobre a Bíblia de teólogos posteriores (por exemplo, o venerável Bede) ou obras dos Pais da Igreja. A biblioteca permitia que sua comunidade monástica lesse a respeito de uma gama de conhecimento humano: de história (tanto historiadores da antiguidade quanto os modernos) à ciência (inclusive astronomia, matemática, geometria e medicina), e há uma grande seção sobre as obras do grande sábio do mundo antigo, Aristóteles. O catálogo tinha seções menores sobre poesia, livros sobre a França, gramática, lei canônica, lógica, vidas de santos e cartas.

Glastonbury, no oeste da Inglaterra, como uma das maiores casas monásticas no país, era um destino avidamente cobiçado por Leland. Não apenas o rei Artur estava enterrado na abadia (de forma que aquele era um local de grande interesse político para Henrique viii), mas também uma das bibliotecas mais famosas do mundo. Leland descreveu vividamente sua primeira visita:

> Mal eu havia cruzado a soleira, quando a mera visão dos livros mais antigos me deixou pasmado, realmente estupefato, e por causa disso parei na mesma hora por um tempo. Então, tendo saudado o *genius loci*, examinei todas as prateleiras por alguns dias com maior curiosidade.[6]

As notas de Leland referem-se a apenas 44 livros, que eram mais consistentes com os alvos-chave de suas buscas de antiquário. Os grandes cronistas da história inglesa foram consultados: Guilherme de Malmesbury, Gerald de Gales, Godofredo de Monmouth e o dominicano Nicholas Trevet. Contudo, ele também olhou de perto vários manuscritos antigos: cópias das obras de Alcuíno, o venerável Bede, e Elfrico, assim como obras de Pais da Igreja como santo Agostinho ou Gregório de Nazianzo. Eles foram preservados em Glastonbury por séculos. Alguns desses livros eram de relevância central na campanha política de Henrique, porém outros eram de puro interesse dos próprios projetos antiquários de Leland, especialmente a grande obra *De uiris illustribus* ("Sobre homens ilustres"), uma compilação de relatos de todos os principais escritores da Grã-Bretanha. Sua anotação sobre Godofredo de Monmouth confirma que ele consultou os contratos de Henrique ii, assim como inscrições na pedra, mas foram manuscritos sobre *A vida de Merlim*, de Godofredo, que ele leu mais "avidamente" na biblioteca em Glastonbury.[7]

Nas palavras de Leland, Glastonbury era "a mais antiga e, ao mesmo tempo, mais famosa abadia em toda nossa ilha". Leland lembrou-se posteriormente de como "exausto pelo longo trabalho de pesquisa, eu refrescava meu espírito graças à bondade de Richard Whiting [o abade] [...], um homem muito correto e meu amigo pessoal".[8] Leland teve um acesso impressionante às bibliotecas e aos mosteiros que visitou e pode-se visualizar alguns de seus anfitriões desfrutando de conversas sobre o passado da Bretanha. Temos um vislumbre disso em Glastonbury por meio de uma anotação subsequente no *De uiris illustribus*, em que ele descreve ter visto um manuscrito de uma obra por John de Cornwall, enquanto Whiting o guiava pelas prateleiras: "O livro estava, de fato, em minhas mãos; e o primeiro gosto dele me agradou muito" [...] [quando o abade] "chamou minha atenção para outro canto". E Leland esqueceu-se "de procurar novamente".[9]

Alguns dos livros que Leland viu por lá sobreviveram, e a Bodleiana guarda alguns dos melhores. A mais famosa das obras de Glastonbury é conhecida como o *Classbook* de são Dunstano, um volume composto de partes que datam dos séculos IX, X e XI e que foram levadas para a Inglaterra pelas culturas celtas de Gales e da Bretanha.[10] O manuscrito é composto por quatro elementos distintos. Cada parte é muito diferente das outras, desde o estilo da escrita até o pergaminho de que é feita: algumas parecem camurça — macias, grossas e quase aveludadas ao toque —, enquanto outras são muito mais finas e quebradiças, revelando várias tradições na produção de pergaminhos do começo da Idade Média. Esse livro fornece um raro vislumbre de um período da história britânica do qual comparativamente poucos sinais de vida intelectual sobreviveram. A primeira e mais antiga parte é um livro sobre gramática de um escritor da antiguidade chamado Eutiques (um texto conhecido como *De verbo*), com comentários em latim e bretão dos séculos IX e X, mostrando suas conexões com ideias europeias. A segunda parte, escrita na segunda metade do século XI, é um sermão em inglês antigo sobre a descoberta da verdadeira cruz, e as terceiras e quartas partes escritas no País de Gales no século IX envolvem uma antologia de conhecimento útil e um famoso poema romano sobre a arte da sedução, o *Ars amatoria* de Ovídio,

60 *Richard Ovenden*

com notas em galês que ajudam a explicar o texto. Não podemos ter certeza de quando essas partes individuais foram reunidas, mas há uma ilustração que mostra são Dunstano, sucessivamente bispo de Worcester e Londres e, enfim, arcebispo de Canterbury de 959 e 988, na folha de abertura — ele se ajoelha aos pés de Cristo, implorando por sua proteção, o que, de acordo com uma inscrição posterior, era o trabalho do santo.[11] São Dunstano era uma das figuras mais influentes no começo da Igreja Anglicana, liderando-a por um período conhecido por sua influência de ideias monásticas europeias na Inglaterra, especialmente a reforma do movimento beneditino.

Graças à sobrevivência dos catálogos medievais de Glastonbury, sabemos que esse volume estava presente na biblioteca da abadia em 1248 e também sabemos que estava em custódia de um dos monges, o irmão Langley, no século xv. Foi também um dos quarenta livros que encantaram Leland quando ele visitou a biblioteca nos anos 1530 e que ele registrou em seu caderno como *A gramática de Eutiques: anteriormente de são Dunstano*. No entanto, os dias de residência do *Classbook* e de seus vizinhos nas prateleiras da biblioteca estavam contados. Em 1534, o Ato de Supremacia tornou Henrique VIII o chefe da Igreja Anglicana e marcou a separação oficial da autoridade do papa da vida religiosa da Inglaterra e do País de Gales. Desse ponto em diante, mosteiros começaram a ser dissolvidos de modo formal, mais significativamente após 1536 com a aprovação do Ato para o Corte de Acréscimos (que depois criou a base para lidar com antigas propriedades monásticas) e o Ato para a Dissolução de Mosteiros Inferiores. Após um curto intervalo, quando algumas das maiores ordens religiosas presumiram que escapariam das restrições, o esquema de Thomas Cromwell entrou em intensa atividade, e, em 1539, o Ato para a Dissolução de Mosteiros Superiores foi aprovado. Isso possibilitou que as grandes ordens fossem alvo de visitação e, ou se entregavam voluntariamente, ou eram suprimidas. Um dos "mosteiros superiores" era Glastonbury, que se tornaria local de um dos últimos e mais violentos atos da Reforma Inglesa.

Durante o verão de 1539, os registros financeiros sobreviventes da abadia registram o ritmo natural de sua grande comunidade, que continuou a seguir da mesma forma com a qual fora gerida por séculos: a comida era levada ao refeitório, as hortas eram cultivadas e os canais limpos, e o abade de setenta anos continuou a presidir a instituição.[12]

Talvez Whiting pensasse que essa abadia pudesse ser poupada devido à sua amizade com Leland e, como ele não se colocara no caminho da Reforma do Parlamento (Leland era membro da Câmara dos Lordes), se sujeitara ao juramento de aceitar a Supremacia Real, como muitos de seus colegas abades. Contudo, Glastonbury era uma abadia celebremente rica, e o apetite do rei em aumentar sua riqueza era prodigioso. Cromwell enviou representantes para a abadia em setembro de 1539, quando circulavam acusações de que Whiting não conhecia "nem Deus, nem seu príncipe, ou parte alguma de um cristão em sua religião". Ele foi examinado em sua casa em Sharpham Park em 19 de setembro, onde representantes declararam ter encontrado provas de seu "coração gangrenado e traidor". Entretanto, quando Whiting não entregou a abadia voluntariamente, os visitantes fizeram uma busca e "encontraram" documentos incriminatórios que condenavam o divórcio real, assim como dinheiro escondido. Isso era tudo do que os representantes precisavam. Whiting foi julgado na cidade vizinha de Wells em 14 de novembro de 1539, sendo que a acusação principal lançada contra ele foi de "roubar a igreja de Glastonbury." No dia seguinte, foi arrastado pelas ruas antes de ser levado para a forca, na qual "ele pediu misericórdia a Deus e ao rei por suas grandes ofensas" e foi executado. Seu corpo foi dilacerado, com um quarto dele exibido a todos em Wells, outro quarto, em Bath, e o resto em Ilchester e Bridgewater. Sua cabeça foi colocada no portão da própria abadia de Glastonbury.

Tal processo sangrento culminou na destruição da abadia. Em poucos dias, ela foi saqueada e cada canto, vasculhado.[13] Toda a propriedade foi colocada à venda: prataria como candelabros e cálices, vestimentas e equipamentos da igreja como órgãos, mas também itens mais mundanos: utensílios de cozinha, louças, talheres e até copos, camas, mesas e lajotas. O chumbo do telhado e o metal dos sinos eram especialmente valiosos.

Os livros foram-se rapidamente. As notas de Leland são nosso único relato da biblioteca às vésperas da Reforma. Todavia, com base nos primeiros catálogos e em uma representação mais ampla de perdas em outras abadias, podemos estimar que talvez mil manuscritos tenham sido destruídos. Só há cerca de sessenta identificados como de Glastonbury em trinta coleções contemporâneas ao redor do mundo, porém é muito provável que haja mais, pois muitos deles carecem de marcas que possam ligá-los a uma biblioteca medieval específica.

O que aconteceu na forca de Glastonbury foi apenas uma fração da violência e da destruição que a Reforma traria às Ilhas Britânicas e à Europa como um todo. Só na Grã-Bretanha, dezenas de milhares de livros foram queimados ou destruídos e vendidos como sucata. Nas palavras do escritor e historiador do século XVII Anthony Wood, "livros eram ninharia e bibliotecas inteiras podiam ser obtidas por praticamente nada".[14]

Na Europa, a Reforma afligiu bibliotecas de comunidades monásticas e outras comunidades religiosas. Na Baixa Saxônia, prédios monásticos foram derrubados, e todas as propriedades móveis, inclusive livros, foram levados por monges e padres católicos que fugiam. A Guerra dos Camponeses de 1525 teve muitas bibliotecas e arquivos como alvo de grupos de aldeões porque continham mapas feudais e registros de impostos pelos quais muitos deles haviam sido encarcerados devido a alegações de falta de pagamento. Aqui, a Reforma foi o gatilho para um movimento social mais amplo que seria deflagrado, com o passado documentado sendo um dos alvos. O historiador alemão do século XVI Johannes Letzner realizou uma pesquisa na cidade de Walkenried e lamentou a perda da biblioteca quando foi incendiada nos anos 1520. Volumes preciosos da biblioteca do mosteiro foram como degraus para trilhas lamacentas. Cyriakus Spangenberg descreveu manuscritos sendo jogados no poço do mosteiro em 1525. Em Calenburg, Letzner notou que cidadãos queimavam livros devido à associação deles com a velha religião.[15]

John Bale, sucessor de Leland, em seu relato publicado *The Laboryouse Journey* [A árdua jornada de Leland], entrou em mais detalhes:

> Destruir tudo sem consideração é e será para sempre a mais terrível infâmia para a Inglaterra. Vários daqueles que compraram essas mansões supersticiosas usaram os livros da biblioteca para limpar suas botas. Alguns os venderam para armazéns e fabricantes de sabão, e alguns os enviaram além-mar para encadernadores, não em pequeno número, mas às vezes navios cheios inteiros, para o espanto de nações estrangeiras. [...] O que pode trazer a nosso reino mais vergonha e repreensão do que saberem no estrangeiro que desprezamos o conhecimento?[16]

Uma evidência dessas perdas por meio de destruição deliberada pode ser encontrada em fragmentos de livros que sobreviveram com encadernações do período. Antes da mecanização da produção na metade do século XIX, os livros eram encadernados à mão. Essas encadernações manuais frequentemente eram reforçadas por papel de rascunho ou por pergaminhos na guarda, que costumava ser feita com material de reúso tirado de livros descartados.

A prática de reutilizar livros antigos de formas incomuns permaneceu na Idade Média, com alguns (tipicamente livros de orações — necessários a padres para celebrar missas) sendo partidos e vendidos ou reutilizados quando se tornavam ultrapassados ou muito gastos para o uso diário. Folhas de pergaminho eram usadas para reforçar mais do que livros. Um "manuscrito" islandês agora na Universidade de Copenhague foi encontrado sendo utilizado como reforço em uma mitra (o "chapéu" de um bispo).

A Reforma criou uma imensa quantidade de novos materiais para encadernadores que, em sua maior parte, estava concentrada nos grandes centros de produção de livros. Na Inglaterra, isso significava Londres, Cambridge e Oxford, onde estudou-se a prática de usar fragmentos de manuscritos em encadernações com grande apuro.[17] Entre 1530 e 1600, encadernadores usavam material de descarte de livros ultrapassados ou gastos, especialmente aqueles usados por estudantes universitários. Conforme a Reforma avançava com uma intensidade irrefreável, encontramos evidências disso nas encadernações de livros de fases posteriores, muitos dos quais permanecem nas prateleiras de bibliotecas de Oxford nos dias de hoje. Por lá, livros de orações raramente eram usados como guardas antes de 1540, mas desde os anos 1550 essa utilização se tornou frequente. Estudos feitos em exemplares sobreviventes desse período mostram devocionários, livros de leis canônicas e comentários bíblicos, obras de teólogos, biografias de santos e dos fundadores da Igreja e tratados de filosofia medieval transformados em sobras de encadernadores.

Graças à manutenção cuidadosa de relatos universitários de Oxford, temos inclusive alguns exemplos detalhados. Na All Souls College, uma famosa edição impressa da Bíblia feita na Antuérpia entre 1569 e 1573 foi doada à biblioteca da faculdade em 1581. A Bíblia Plantina é uma grande obra em oito volumes, e o encadernador de Oxford, Dominic Pinart, pago pela faculdade para repará-la, precisou de muitos pergaminhos para sustentar as estruturas de suas capas encadernadas em couro. Entre 36 e

40 folhas foram removidas de um grande comentário do século XIII sobre os livros do Levítico do século XIII, doado à faculdade no século XV. Porém, folhas dessa mesma obra também foram encontradas em um livro que Pinart manufaturou para a Winchester College. Bizarramente, não foram usadas outras folhas, e o manuscrito desfigurado permanece hoje na biblioteca da faculdade.[18]

Não só as bibliotecas de antigos mosteiros foram destruídas e dispersas. Outros tipos de livros também foram escolhidos para a destruição. Naquele momento, esses eram devocionários ilegais da Igreja Católica: missais, antifonários, breviários, manuais ritualísticos e outros que havia muito eram usados por padres e demais religiosos para a devida observação dos complexos ritos da adoração divina na igreja medieval não reformada. Esses livros começaram a ser destruídos em mosteiros e igrejas durante as primeiras fases da Reforma. Contudo, seguida a aprovação do Ato de 1549 para a abolição e o afastamento de diversos livros e imagens, o patrocínio dessa destruição pelo Estado se intensificou.

Isso não quer dizer que não houve resistência à destruição e à censura. Um antifonário (um grande livro de orações com anotações musicais utilizados por corais) feito para a paróquia de Santa Helena de Ranworth sobrevive até hoje. Foi cuidadosamente adaptado para atender às novas leis religiosas de censura que dominariam as vidas do padre da paróquia, dos religiosos e de outros oficiais de Santa Helena.

De acordo com o ato de 1534, referências ao santo inglês Tomás Becket (cujo martírio foi resultado de sua desobediência ao rei inglês) precisavam ser removidas do calendário, uma seção de todos os livros de oração que detalhavam as datas de quando cada santo e outros festivais religiosos deveriam ser celebrados (esses costumavam ser adaptados para incluir santos locais). O *Antifonário de Ranworth* "apagou" a nota sobre são Tomás com tênues linhas diagonais, que praticamente não ocultava as palavras. Quando Maria Tudor tomou o poder e reimpôs o catolicismo, a referência a são Tomás retornou ao antifonário.[19]

Enquanto as perdas durante a Reforma foram grandes, os casos de sobrevivência — apenas uns 5 mil livros são conhecidos como sobreviventes das bibliotecas dos mosteiros medievais das Ilhas Britânicas — são claras evidências de como os indivíduos podem resistir à destruição do conhecimento. Em alguns casos, eram monges, freiras, frades e cânones, forçados a deixar mosteiros e que ocasionalmente levavam os livros mais preciosos com eles. Em York, Richard Barwicke, um antigo monge da abadia beneditina, levou livros da biblioteca consigo, deixando-os como herança a um amigo secular. William Browne, o último monge de sua abadia Yorkshire, levou 148 livros consigo quando a casa beneditina foi dissolvida. Na época de sua morte, em 1557, Philip Hawford, o último abade da casa beneditina em Evesham em Worcestershire, tinha 75 livros, a maioria adquirida quando ele era monge.[20] Até o manuscrito medieval mais famoso de todos, *O livro de Kells*, atualmente o maior tesouro do Trinity College em Dublin, foi muito provavelmente removido da Abadia de Santa Maria em Kells por Richard Plunket, o último abade. Eram lembranças perigosas, sobretudo no período mais intensamente protestante da Reforma, quando decoração e cor, estátuas e iconografia religiosa foram removidas de igrejas pelo norte da Europa.

O *Classbook* de são Dunstano sobreviveu, tornando-se propriedade de Thomas Allen, colecionador da Renascença. Allen reuniu livros de bibliotecas monásticas dissolvidas através do Reino Unido. Um livreiro de Oxford parece ter adquirido vários manuscritos antigos. Segundo ele: "no reinado do Rei Eduardo VI havia uma carroça cheia de MSS [manuscritos] que foi levada para fora da biblioteca da Faculdade de Merton quando a religião foi reformada [...]. O sr. Allen disse a ele que o velho Garbrand, o livreiro [...] os comprou da Faculdade [...] O sr. Allen comprou alguns dele".

Supostamente, Garbrand Harkers (sabe-se que ele esteve em atividade dos anos 1530 até pelo menos os 1570) pode ter conseguido obter manuscritos de bem mais longe para seus clientes regulares.[21]

Outros manuscritos de Glastonbury estavam disponíveis no fim do século XVI ao alcance de colecionadores, mesmo em partes remotas do Reino Unido. Em 1639, James Ussher, o acadêmico arcebispo de Armagh, havia visto a enorme *Magna Tabula* da Abadia de Glastonbury, um vasto painel dobrável de madeira, que tinha folhas de pergaminho contendo textos colocados em suas placas, no Castelo de Naworth, em um canto remoto de Cúmbria, muito perto da Muralha de Adriano. A *Magna Tabula* contém lendas da fundação da Abadia de Glastonbury por José de Arimateia (o suposto tio de Jesus) e relatos de santos lá enterrados, e parece ter sido feita para ficar exposta na igreja da abadia, para os monges e outros fiéis verem e lerem. Mesmo fechado, mede mais de 69 centímetros e é um dos manuscritos mais pesados da Bodleiana (os encarregados de carregarem o livro soltam gemidos sempre que um pesquisador pede para vê-lo). Não pode ter sido fácil transportá-lo de Glastonbury a Naworth. Isso prova que o comércio de livros antigos do início da Inglaterra moderna não era apenas obstinado, mas muito eficiente.[22]

Uma figura significativa responsável por preservar alguns desses livros da destruição foi o mesmo homem que sustentava as exigências do rei, John Leland. Em seu *The Laboryouse Journey*, relatou como havia "conservado" livros monásticos e, em seu poema "Antiphilarchia", relata ter preparado as bibliotecas reais de Greenwich, Hampton Court e Westminster com novas prateleiras para acomodar coleções de mosteiros dissolvidos, algumas das quais ele havia encontrado. Vários livros, muitos agora vistos como tesouros culturais, foram identificados por Leland para a Biblioteca Real. Um evangelho do século IX, atualmente na Biblioteca Britânica, com fortes associações ao rei anglo-saxão Etelstano, por exemplo, veio de um grupo de livros que ele adquiriu da Abadia de Santo Agostinho, em Canterbury, para o rei.[23] As associações anglo-saxãs desse livro são claras, mas é difícil ver por que a cópia do século XII de um comentário obscuro dos evangelhos de Mateus escrito por Cláudio de Turim, que foi visto por Leland no Priorado de Llanthony entre 1533 e 1534, também foi adquirido para a biblioteca do rei em Westminster.[24]

Leland pode ter escolhido livros durante suas visitas e tê-los transferido quase imediatamente, porém é mais provável que tenham permanecido em seus locais até que encarregados visitassem os mosteiros. A maioria das obras que sobreviveram na Coleção Real (que se encontra atualmente em sua maior parte na Biblioteca Britânica em Londres) não deixa indicação específica do que passou pelas mãos de Leland, mas certamente ele teve um grande papel.[25] Há um vislumbre de como isso pode ter funcionado em uma carta a respeito da grande biblioteca da abadia beneditina em Bury St. Edmunds, no condado de Suffolk. Apenas cinco dias após a dissolução formal em 4 de novembro, Leland voltou a Bury para "ver quais livros permaneceriam na biblioteca de lá ou seriam transportados para outro canto do mosteiro dissolvido".[26] Também sabemos que pelo menos 176 volumes estavam na biblioteca pessoal de Leland quando ela foi vista por seu amigo e sucessor John Bale, que provavelmente listou apenas parte da coleção.

Apesar de Leland ser responsável por parte da dispersão, ele ficou horrorizado com a destruição. Escreveu para Thomas Cromwell, seu patrono, "considerando que agora os alemães, percebendo nossa [...] negligência, enviam diariamente jovens estudantes para cá, que tomam [os livros] e os arrancam das bibliotecas, voltando para casa e os colocando no exterior como monumentos de seu próprio país".[27] No entanto, o impacto completo da dissolução das bibliotecas e a percepção do quão logo Leland se afastou de suas raízes humanistas podem apenas ter ocorrido uma década ou mais após a intensa fase de suas jornadas e depois de ele ter perdido as graças da corte aos quarenta e poucos anos. Uma carta sobreviveu "lamentando dolorosamente sua queda repentina".[28]

Em 1547, John Leland enlouqueceu. Caiu em um estado de frenesi. Sua pequena casa no terreno do antigo Mosteiro Cartusiano em Londres, conhecida como Charterhouse, transformou-se em uma bagunça, com papéis espalhados por todos os lados. Amigos tentaram ajudá-lo, mas era tarde demais. Leland desabou rapidamente "na loucura ou na insanidade por um golpe repentino em sua mente, por uma imperfeição do cérebro, pelo frenesi da aflição, da melancolia ou por qualquer outra disposição moderada do espírito". Em 21 de fevereiro de 1547, poucas semanas após a morte de Henrique VIII, foi oficialmente declarado insano: "Naquele dia, ele se tornou demente e permaneceu assim a partir daí". Um documento oficial de 1551 registrou que ele estava "louco, insano, lunático, furioso, frenético".[29] Ele podia ser suscetível à doença mental. Não temos como reconstruir o declínio de seu estado psíquico, mas, para uma pessoa tão letrada, a compreensão de que sua própria obra teve um importante papel na destruição do conhecimento pode ter sido demais para que ele suportasse. Em abril de 1552, Leland morreu, porém, a Reforma seguia.[30]

A devastação não estava limitada apenas à destruição de textos da antiga religião e das instituições que os abrigavam. Os arquivos medievais das casas monásticas e outras instituições religiosas também sofreram.

Foram retidos principalmente pela facilidade legal e administrativa que ofereciam aos novos donos das propriedades que queriam muito coletar aluguel de seus locatários. A posse de títulos de propriedade era vital na organização da coleta de aluguel ou a subsequente venda de propriedades. Nos anos 1520, um precursor da Reforma foi a supressão de duas casas religiosas de Oxford: o mosteiro de Santa Fridesvida e a abadia augustiniana em Osney. Ambas estavam fechadas e algumas de suas propriedades foram transferidas para formar a Cardinal College, que começou a alterar velhos prédios e construir novos em 1522. A nova faculdade foi um "presente" de Henrique VIII para o cardeal Wolsey. Após o religioso ter perdido o poderio em 1529, a Cardinal College passou por um período de novas mudanças e em 1546 tornou-se um estabelecimento protestante, a Igreja de Cristo, e a velha igreja da abadia de Santa Fridesvida transformou-se na nova catedral da Igreja de Oxford. Os novos administradores da Igreja de Cristo estavam determinados a manter uma força organizacional sobre as extensas posses de terra que tinham naquele momento. Os conteúdos das salas de documentos das duas abadias devem ter sido transferidos para um armazém central de registros em algum ponto dos anos 1520, onde os títulos de propriedade e outros documentos começaram a ser reunidos. Tal processo resultou no acúmulo dos documentos em uma sala dos claustros da Igreja de Cristo, na qual eram consultados pelo antiquário Anthony Wood em meados do século XVII.

O processo de organizar títulos de propriedade e outros registros de posse de terra resultou em alguns documentos sendo deliberadamente desprezados: "E, por seus Membros não terem terras, o que as evidências mostram, eles não cuidavam das provas, mas as deixavam em um lugar exposto ao clima, fazendo com que muito se perdesse e se tornasse ilegível".[31]

Wood tinha carta branca para pegar os materiais que encontrasse por lá e, entre os documentos que preservou, havia pelo menos duas, possivelmente três, das cópias da *Magna Carta* original do século XIII, o documento político mais importante da Inglaterra medieval.

O acordo original selado no campo de Runnymede, depois da reunião final entre o rei João e os nobres ingleses em junho de 1215, não sobreviveu. O que chegou aos nossos dias foi uma série de cópias feitas por escribas oficiais na Royal Chancery (a administração legal dos monarcas ingleses), que tinham o selo do rei e carregavam o mesmo poder legal dos originais. Esses documentos foram emitidos periodicamente ao longo do século XIII, enviados aos condados para serem lidos em voz alta por representantes do rei, os xerifes. Esses xerifes, por sua vez, buscavam lugares seguros para armazenar e preservar os documentos. Em Oxfordshire, o local mais próximo para guardá-los era na abadia de Osney. Foi de lá que trechos da *Magna Carta* de 1217 e 1225 foram transferidos com o restante do arquivo monástico para a Cardinal College nos anos 1520.[32]

Como a *Magna Carta* não tinha nada a ver com a posse da terra, os trechos foram transferidos para uma pilha de documentos desprezados. Anthony Wood instantaneamente percebeu a importância dos documentos e os preservou. Eles acabaram seguindo para a Biblioteca Bodleiana. Graças à preservação das cópias da *Magna Carta* por indivíduos como Wood e por instituições como a Bodleiana, a importância de seu texto tornou-se parte fundamental dos argumentos constitucionais a favor da democracia e do Estado de direito nos séculos XVII e XVIII, ainda uma forte influência em nossas ideias atuais a respeito do que é considerado um bom governo.

A Reforma Europeia do século XVI foi de várias maneiras um dos piores períodos da história do conhecimento. Centenas de milhares de livros foram destruídos e incontáveis outros, transferidos das bibliotecas em que estavam. Os arquivos dos mosteiros que estavam na linha de frente da Reforma não foram estudados na mesma extensão, porém, como os relatos a respeito da *Magna Carta* mostram, destruíram-se grandes quantidades de documentos. Os monges e as freiras que atuavam como bibliotecários e arquivistas eram impotentes para conter a força da Reforma. Então, a tarefa de preservação ficou para um grupo de indivíduos que, nas palavras do escritor do século XVII John Earle, eram "estranhamente poupadores dos tempos passados" e tipicamente seriam "admiradores da ferrugem em velhos monumentos", que eram "apaixonados pelas rugas e adoravam tudo o que fosse mofado e comido pelos vermes (como os holandeses fazem com o queijo)". Esses indivíduos eram antiquários e, de acordo com Earle, um típico antiquário era o tipo que gostava de se debruçar sobre uma antiguidade, "eternamente, em especial se a capa estivesse toda comida pelas traças".[33] Eles estavam profundamente interessados no passado e ansiosos por colecionar os restos das bibliotecas. Suas motivações costumavam ser guiadas por seu catolicismo (como no caso de lorde William Howard), mas às vezes por seu protestantismo (afinal, Leland era motivado a sustentar os argumentos de Henrique VIII pelo divórcio e pela separação de Roma). O que os unia era uma paixão pelo passado e pela recuperação de ideias e conhecimento. Formavam redes, o que significava que poderiam copiar os livros uns dos outros, e até criaram uma sociedade em 1607. Inicialmente a empreitada durou pouco, mas foi resgatada um século depois e ainda existe hoje como a Sociedade dos Antiquários. Esses indivíduos ajudaram a preservar uma porção substancial do conhecimento do período medieval. O trabalho deles era provocar a criação de muitas das mais importantes bibliotecas modernas e até mesmo as profissões de bibliotecário e arquivista.

4
UMA ARCA PARA SALVAR O CONHECIMENTO

ENQUANTO AS BIBLIOTECAS DE MOSTEIROS fecharam ou perderam o financiamento para se manterem, fendas apareceram na preservação do conhecimento. Alguns indivíduos tiveram um papel importante no processo de remendá-las. Uma das pessoas mais importantes que tentou preencher essas fendas foi sir Thomas Bodley. O maior intelectual inglês do período, Francis Bacon, descreveu a contribuição de Bodley — a criação da biblioteca que ainda traz seu nome — como "uma arca para salvar o conhecimento do dilúvio".[1] O dilúvio a que Bacon se referia era, é claro, a Reforma. Na época em que as revoltas religiosas varriam Oxford, a biblioteca de sua universidade havia crescido em tamanho e qualidade para ser uma grande coleção institucional, uma das maiores fora dos mosteiros. A primeira noção de uma biblioteca universitária em Oxford surgiu quatro séculos antes com o conceito de baús de empréstimo: de onde dinheiro podia ser pego emprestado em troca de livros — considerados objetos valiosos — uma espécie arcaica de penhor. As ordens religiosas eram importantes para desenvolver a cultura de bibliotecas em Oxford e na universidade que surgia.

As primeiras bibliotecas organizadas da cidade foram estabelecidas no século XII pela Ordem de Santo Agostinho, que estabeleceu a abadia de Osney e o Convento de Santa Fridesvida, e, no século XIII, pelos cistercienses, que estabeleceram a Abadia de Rewley. Todas essas casas tinham bibliotecas, apesar de não fazerem parte da universidade.

As Ordens Mendicantes (religiosos que moravam em cidades, mas que também passavam alguns períodos viajando, voltando-se para o estudo e a pregação) eram muito mais integradas com a universidade, especialmente os frades dominicanos e franciscanos, e ambas suas casas em Oxford tinham bibliotecas.[2] Os dominicanos também tinham um *librarius* — um membro da comunidade responsável pelo cuidado e pelo uso de seus livros. As faculdades mais abastadas logo começaram a desenvolver suas coleções em uma imitação das práticas dos frades, que desde o fim do século XIII desenvolveram um sistema para organizar seu acervo de forma que alguns dos livros se tornassem uma coleção "itinerante", de onde os estudantes (noviços) pudessem receber livros que os mantivessem em seu quarto para uso pessoal. Junto a isso, permaneceu a biblioteca comum, que se tornou uma coleção de referência e era mantida em uma sala especialmente identificada onde livros podiam ser consultados em silêncio. Com frequência, eles eram acorrentados à mobília da biblioteca. A primeira indicação dessa prática em Oxford data do século XIII no convento franciscano, onde a biblioteca dos religiosos (*libraria conventus*) era mantida separada daquela dos estudantes (*libraria studencium*).[3] Essa tática de manter duas coleções foi logo adotada por diversos departamentos da universidade. Vemos isso expresso formalmente nos estatutos de 1292, assim como nas faculdades de Oriel, Merton, Exeter, Queen, Balliol, Magdalen e Lincoln. Apesar de ser tentador identificar a sala física como "biblioteca", foi de fato a soma de ambas as coleções que deu origem ao termo.[4]

As coleções da universidade começaram a crescer tanto por conta dos baús de empréstimos que, no começo do século XIV, uma biblioteca construída com novos propósitos foi necessária para abrigar os livros. Uma estrutura adjacente à igreja da universidade foi proposta (onde os baús de empréstimos eram mantidos), mas entre 1439 e 1444 a biblioteca teve o tamanho duplicado por cinco espetaculares livros presenteados por Humberto de Lencastre, duque de Gloucester, irmão mais novo de Henrique V, trazendo obras de conhecimento humanista pela primeira vez para se juntar a textos acadêmicos que já estavam na biblioteca medieval. Ali, estavam antigos autores como Platão, Aristóteles e Cícero, mas também obras do humanista francês Nicolas de Clamanges e traduções de Plutarco assinadas pelo humanista italiano Leonardo Bruni.[5] As autoridades da universidade imediatamente decidiram adaptar um novo projeto do prédio já em construção (a magnífica sala medieval hoje conhecida como Escola de Teologia) e acrescentaram outro andar sobre ele para abrigar a biblioteca da universidade. A nova sala da biblioteca foi criada tanto para abrigar as coleções quanto para torná-las disponíveis para os estudantes da universidade. A estrutura de pedra do local está milagrosamente inalterada até hoje e ainda opera como biblioteca, apesar das mudanças impressionantes na cidade e na universidade desde meados do século xv.[6]

Os livros nessa sala, conhecida hoje como biblioteca do duque Humberto, eram acorrentados para garantir que objetos tão valiosos permanecessem no local para que outros os usassem, e a biblioteca tornou-se um centro de aprendizado. Esses estudantes e pesquisadores que utilizam a biblioteca hoje ainda podem ver a janela de pedra e as mísulas do telhado com cabeças de humanos e animais, em um ambiente de trabalho aberto para uso quatro anos antes de Cristóvão Colombo chegar ao continente americano.

Os acadêmicos da universidade medieval por muito tempo não puderam ter acesso às coleções. Entre 1549 e 1550, os representantes do rei Eduardo vi visitaram a universidade e, apesar de não conhecermos as circunstâncias exatas, em 1556 nenhum livro restava. Assim, a universidade elegeu um grupo de oficiais sêniores para cuidar da venda dos móveis. Estimou-se que 96,4% dos livros originais da biblioteca da universidade foram perdidos.[7] Apenas um punhado de obras e as sombras das prateleiras originais do século xv feitas na pedra chegaram aos dias de hoje.

O que aconteceu com os livros? Anthony Wood, em seu *History and Antiquities of the University of Oxford* [História e antiguidades da Universidade de Oxford], lançado em 1674, um século após esses fatídicos eventos, sugeriu que alguns desses livros foram queimados por reformistas; outros, vendidos por pseudo-heróis à la Robin Hood por migalhas, fossem para livreiros ou alfaiates para servirem de calços a luvas ou para a confecção de moldes, para encadernadores cobrirem outros livros, e alguns também foram mantidos pelos reformistas para uso próprio.[8]

Apenas onze volumes sobreviveram. Nas estantes da Bodleiana, permaneceram apenas três: uma cópia do *Comentários sobre o Livro do Êxodo*, de John Capgrave, as cartas do autor clássico Plínio, o Jovem (copiadas em Milão por volta dos anos 1440) e uma cópia das obras de Nicolas de Clamanges, dadas à universidade em 1444.[9]

Contudo, dessa destruição cresceu uma das bibliotecas mais distintas do mundo. Na parte mais nova da Bodleiana, a Biblioteca Weston, há exposta uma pintura do século XVI do homem responsável por tudo isso, sir Thomas Bodley. Encare o retrato de Bodley hoje e você poderá ver o arrojado charme do homem. Ele está vestido em belos trajes, sua barba está bem aparada e definitivamente há um brilho em seus olhos.

Nascido em uma família abastada em 1547, sua infância foi marcada pela violência e a incerteza da Reforma. Seus pais haviam abraçado tanto o protestantismo que todos os Bodley foram forçados ao exílio quando Maria de Tudor tomou o trono e reintroduziu o catolicismo na Inglaterra em 1533. Depois da morte dela, a família retornou e Thomas frequentou a Magdalen College em Oxford, formando-se em 1566. Pelos trinta anos seguintes, ele combinou uma bem-sucedida carreira de mercador em Exeter (ajudado consideravelmente por seu casamento com uma viúva rica cuja fortuna tinha base no comércio pesqueiro) e como diplomata a serviço de Elizabeth I, tornando-se parte da corte. Retornando a Oxford na década de 1590, ele e um velho amigo, sir Henry Savile, dedicaram-se à renovação da biblioteca da universidade.[10]

Em sua autobiografia, sir Thomas Bodley demonstra sua missão pessoal: "Concluí finalmente que vou me firmar na biblioteca em Oxford, plenamente convencido de que [...] eu não poderia me ocupar de propósito melhor do que devolver aquele lugar (que estava totalmente destruído) ao uso público dos estudantes", escreveu.[11] Ele já havia defendido essa ideia em 1598 ao vice-chanceler de Oxford, apontando que, "onde até então houve uma biblioteca em Oxford, o que é aparente pela sala que resta, e por seus registros de estatuto, tomarei conta e me dedicarei a devolvê-la novamente a seu antigo uso: torná-la apta, com belos assentos, prateleiras, mesas e [...] ajudar a recheá-la de livros". O próprio Bodley estava disposto a fazer um grande comprometimento financeiro com o projeto.[12]

Os livros que foram rapidamente e em grande quantidade para a nova instituição de 1598 em diante foram um sinal de como a nova biblioteca era muitíssimo necessária. Sir Thomas doou mais de 150 manuscritos de sua coleção pessoal. Entre eles, em tese o volume iluminado mais suntuoso que a Bodleiana possui: uma cópia da versão de Alexandre de Paris do *Romance de Alexandre*, escrita com iluminuras em Flandres entre 1338 e 1344, que também contém uma versão em manuscrito da mesma história em inglês médio e uma tradução de *Li livres du Graunt Caam,* de Marco Polo. Nessa parte do volume, está uma das mais famosas pinturas de Veneza, feita na Inglaterra por volta de 1400, que por muitos anos foi reproduzida em todo livro de história dessa cidade. O *Romance de Alexandre*, sem dúvida, foi encomendado por um patrono bem rico — possivelmente um poderoso nobre ou até uma família real —, enquanto os melhores escribas e artistas combinavam forças para tornar esse livro de fato magnífico. É grande para um manuscrito medieval do período, e cada página foi ricamente decorada com desenhos florais e ilustrações marginais maravilhosamente evocativas e imaginativas retratando cenas da vida cotidiana. Mesmo após meus dezessete anos de trabalho na Bodleiana, esse volume ainda me causa arrepios de prazer: o deleite sensorial das folhas douradas reluzentes, os ricos pigmentos das iluminuras combinando com a beleza da escrita, o som pesado que as grandes folhas de pergaminho fazem quando você vira as páginas. É um dos maiores tesouros culturais do mundo.

Em 27 de abril de 1857, um jovem estudante da Exeter College obteve uma permissão especial para ver o *Romance de Alexandre*. Era William Morris, que se tornaria um dos mais influentes artistas, designers, escritores e pensadores políticos do século XIX. Pouco após ver o manuscrito, Morris, Edward Burne-Jones e seus colegas pós-rafaelitas decoraram as paredes da Biblioteca Union, em Oxford, com temas arturianos, influenciados pelas miniaturas do manuscrito que mostravam cavalheiros travando batalhas, proezas e rituais da corte. Tanto para Morris quanto para Burne-Jones, consultar livros tão belamente ilustrados foi uma experiência muito influente, o que ajudou a forjar a estética medieval em suas mentes.[13] Morris continuou a se inspirar na estética medieval pelo resto de sua vida. No centro disso, esteve a criação de seus próprios livros com características medievais e de suas própria editora, a Kelmscott Press em Londres.

A rede de amigos e colegas de Thomas Bodley presenteou a biblioteca com manuscritos, arquivos, livros impressos, moedas, mapas e outros materiais além de dinheiro para comprar novos livros. Os materiais incluíam vários manuscritos de mosteiros dissolvidos, mas também documentos governamentais do século anterior. Eles reconheceram que essa nova instituição oferecia uma gama de atributos bem diferente de qualquer outra biblioteca da época. Alguns desses antigos doadores eram antiquários como o grande historiador William Camden, sir Robert Cotton, Thomas Allen, o dono do *Classbook* de são Dunstano, e sir Walter Cope. Outros eram membros da própria família de Bodley, como seu irmão Lawrence, cânone da Catedral de Exeter, que persuadiu o deão e o capelão a doar 81 manuscritos em 1602.

Entretanto, Bodley queria fazer mais do que preservar o passado: queria que a biblioteca também permanecesse relevante no futuro. Em 1610, entrou em um acordo com a Stationers' Company de Londres, guilda que reunia todas as manufaturas de livros da cidade. Isso significava que uma cópia de todo livro publicado por seus membros seria depositada na nova biblioteca.[14]

Um dos sonhos da civilização ocidental era o acúmulo do conhecimento documentado em uma biblioteca. Esse movimento tem início com o mito da Biblioteca de Alexandria e retorna com toda a força após a Renascença com a noção crescente de que bibliotecas poderiam ajudar suas comunidades a dominar todas as questões da humanidade, ou pelo menos oferecer a ela a oportunidade de procurar todas as referências de uma obra acadêmica importante. A Reforma devastou muitas bibliotecas da Europa, especialmente as das Ilhas Britânicas. As perdas são inestimáveis em termos precisos, mas sabemos, por várias evidências diferentes, que entre 70% e 80% dos conteúdos das bibliotecas pré-Reforma desse território foram perdidos, assim como uma proporção levemente menor dos livros presentes nas prateleiras das bibliotecas monásticas do restante da Europa.

A Reforma foi danosa de outras maneiras aos livros, especialmente o ataque às obras hebraicas deflagrado pela Contrarreforma. Ao olhar para os poucos livros que sobreviveram a esses vários massacres, é inegável que perdemos uma enorme quantidade de conhecimento da Idade Média Católica

— não apenas obras originais não sobreviveram, mas estudos sobre como autores consagrados eram lidos em diferentes comunidades religiosas ou por diferentes indivíduos. Perdemos provas documentais do comportamento cotidiano devido aos danos feitos a arquivos monásticos medievais. O que sabemos por meio do exemplo da *Magna Carta* é que documentos extremamente importantes para os arquivistas e bibliotecários se perderam para sempre.

Nos estatutos de fundação da biblioteca, sir Thomas Bodley estipulou muitos detalhes para a segurança, preservação e administração cuidadosa da instituição, em parte uma resposta direta à destruição do conhecimento que ocorrera anteriormente. Garantindo a preservação, sir Thomas também poderia garantir o acesso a esses materiais não apenas aos membros da universidade, mas ao que chamava de "toda a república dos instruídos".

Suas ideias eram novidade no fornecimento de conhecimento. Nenhuma outra biblioteca na Europa foi tão dedicada à preservação de sua coleção, ao crescimento agressivo de suas posses e, ao mesmo tempo, ao amplo acesso à comunidade, além de seu público imediato. O próprio arquivo da Bodleiana registra o uso feito da coleção nos anos seguintes à sua abertura formal em 1602, que incluía intelectuais de Danzig, Montpellier e Hamburgo, assim como de outras partes da Inglaterra.[15]

Outra inovação que sir Thomas fez foi tornar o catálogo de posses da biblioteca disponível. O primeiro catálogo substancial de biblioteca a ser publicado foi o da Biblioteca da Universidade de Leiden, em 1595, que também marcou a abertura de seu novo prédio. Uma famosa gravura de 1610 mostra que as coleções foram divididas em sete categorias: teologia, lei, medicina, matemática, filosofia, literatura e história.[16]

"Não há nada mais importante a ser creditado a uma biblioteca do que o fato de todo homem encontrar o que busca nela", escreveu o influente escritor Gabriel Naudé, em 1627, criticando a Biblioteca Ambrosiana de Milão (uma das poucas da Europa que era aberta ao público) por sua falta de classificação de assuntos e livros "guardados de forma desorganizada".[17] Ao contrário, a Bodleiana era altamente ordenada. Foi a primeira biblioteca na Inglaterra a ter seu catálogo impresso e posto em circulação em 1605, três anos após ser aberta aos leitores.

O catálogo dividia o conhecimento em apenas quatro grupos: artes, teologia, direito e medicina, mas também fornecia um índice geral de autores e índices especiais sobre os comentadores de Aristóteles e da Bíblia. O catálogo era obra de Thomas James, o primeiro bibliotecário. Muito da correspondência entre ele e Bodley sobreviveu, e uma quantidade surpreendente tratava dos catálogos.

Os primeiros catálogos eram listas (chamadas de *Tabelas*), colocadas em molduras de madeira ao final de cada baia de prateleiras no local recém-restaurando que hoje chamamos de Biblioteca do duque Humfrey: "Não se deve de maneira alguma omitir informação. Cuide bem da ordenação ao colocar e dispor seus livros de biblioteca: faça isso pelo alfabeto ou de acordo com suas faculdades".[18] Por fim, os primeiros catálogos colocados nas prateleiras foram a listagem por faculdade. O catálogo é fisicamente um livro pequeno. O tamanho costumava ser chamado de "quarto". Apesar de ter apenas cerca de 22 cm de altura, com mais de 400 páginas de texto, mais de 200 de apêndice e 64 de índice, era uma publicação substancial. O catálogo circulou amplamente, foi vendido na Feira do Livro de Frankfurt (ainda hoje o principal encontro anual de editores, onde novos livros são promovidos) e começou a ser usado por outros colecionadores e bibliotecas. Cópias do catálogo de 1605 estavam em posse do grande colecionador francês Jacques-Auguste de Thou, em Paris, por exemplo, e do poeta escocês William Drummond de Hawthornden, em Edimburgo. Em 1620, a Bodleiana iria inovar produzindo uma nova edição de nosso catálogo organizado alfabeticamente por autor — uma prática que se tornaria um padrão por séculos a seguir, mas que foi um marco na história intelectual.[19]

A forma como a Bodleiana se diferenciou de outras bibliotecas da Europa moderna foi seu enfoque de tornar acessível esse conhecimento preservado. Hoje, o catálogo da Bodleiana é acessado de qualquer parte do mundo, com mais de 14 milhões de buscas feitas no ano acadêmico de 2018–2019. Mais de 300 mil leitores de fora da universidade usam as salas de leitura da Bodleiana. Outros milhões baixam nossas coleções digitais em todos os países (com exceção da Coreia do Norte). A combinação de preservação e acesso significaria que, no século XVII e começo do XVIII, a Bodleiana iria se tornar a biblioteca nacional *de facto*. Mudanças também foram feitas na guarda de documentos em seus arquivos. Em Oxford, durante o período medieval, a natureza complexa da universidade, com suas várias faculdades, salões e alojamentos, significava que havia várias informações documentais e administrativas que precisavam ser mantidas. Assim que a universidade obteve poderes de administração e de conferir diplomas e outros direitos para seus membros, surgiu a necessidade de manter registros também. Os registros mais antigos são de livros de estatutos e ordenanças relacionados com os estudos e disciplinas dos estudantes. A carta sobrevivente mais antiga da universidade, talvez o sinal mais antigo de que Oxford era uma instituição notável, veio do legado papal (o representante do papa) cardeal Guala, em 1217 ou 1218.[20] Conforme a universidade foi se tornando, aos poucos, maior e mais ordenada, os primeiros oficiais da universidade (alguns desses postos ainda existem hoje — como os de "fiscais") começaram a manter Registros de Matrículas e Registros da Congregação (as listas de mestres e outras equipes acadêmicas da universidade). O equivalente moderno dessas listas ainda é consultado hoje como "arquivos *master*" de quem tem (ou teve) direito a graduações e outras formas de privilégios como membro da universidade.

O mesmo enfoque estendia-se além da esfera universitária. O processo de reunir conhecimento para os propósitos do governo foi estabelecido no período medieval, mas deu um considerável passo na Inglaterra durante o século XVI, incitado pela mudança na religião trazida por Henrique VIII e seus ministros, o cardeal Wolsey e Thomas Cromwell. As pesquisas dos anos 1520 de Wolsey, o *Valor Ecclesiasticus* (um grande catálogo de resultados de uma pesquisa sobre a renda da Igreja feita pelos Representantes Reais de Henrique VIII em 1535) e as Comissões de Capelas dos anos 1540 tratavam todos de saber o estado das finanças do clero com precisão para que o rei pudesse tomar controle. A lei implementada por Cromwell em 1538 segundo a qual todas as paróquias deveriam manter registros de batismos, casamentos e enterros, e a introdução do registro de transferências de terra geraram um período sem precedentes de informação reunida pelo Estado. Isso iria anunciar o início de um monitoramento de dados governamental, que acabou sendo mantido nos arquivos do Estado.[21]

Até esse ponto, o processo de guardar conhecimento envolvia um termo que agora é raramente usado, mas que sintetiza o valor da preservação: *muniment*. *Muniments* são registros mantidos para preservar provas de direitos e privilégios. Essa prática evoluiu para um nível de atividade altamente organizada. O primeiro arquivo estatal centralizado foi formado em 1542 em Simancas, pelo imperador Carlos VI para os registros da Espanha. Na Inglaterra, em 1610, Jaime I nomeou Levinus Monk e Thomas Wilson para serem "mantenedores e registradores de papéis e registros".[22] Indivíduos como Scipio le Squyer, vice-lorde Camareiro na Corte do Tesouro Público, foram empregados não apenas para manter os registros sob seus cuidados, mas também para fazer uma lista completa deles.[23] Em 1610, também surgiu a forma moderna dos Arquivos do Vaticano.

O processo de ordenar informações foi crucial no desenvolvimento e na regulamentação do crescimento das finanças do Estado e começou a ser visto como tendo um propósito público benéfico. Afinal, parte do papel do governo era garantir que cidadãos fossem bem governados. No século XVII, em círculos ao redor da Sociedade Real e na Gresham College em Londres, proeminentes intelectuais promoviam a reunião de estatísticas sociais como um modo de tornar o governo "mais correto e regular" e garantir "a felicidade e a grandeza" do povo.[24]

A ideia de que a informação deveria ser difundida e tornada disponível ao público se o governo estivesse aberto a correções também começou a ser compreendida. Um proponente-chave foi John Graunt que, em seu *Natural and Political Observations... Made Upon the Bills of Mortality* (de 1662) [Observações naturais e políticas sobre registros de mortalidade], tinha duas ideias sobre se os dados combinados nos registros de mortalidade (documentos que listavam o número de mortes e analisavam suas causas em Londres) deveriam ser considerados úteis apenas para o governo de um país ou para a sociedade: isso era "necessário para tantos"?[25] Os registros eram publicados para fornecer "conhecimento claro" destinado a incentivar uma compreensão mais completa do estado da sociedade em Londres e para encorajar os indivíduos a se comportarem melhor ou, como Graunt colocou, para garantir "as barreiras que mantêm alguns homens dentro de limites" e longe de "extravagâncias".[26]

Os dados originais com os quais esses levantamentos foram produzidos podiam ser consultados no arquivo da Companhia dos Veneráveis Escrivãos Paroquiais, que tinha a responsabilidade de coletar esses dados. Como os diários de Samuel Pepys posteriormente mostram, cidadãos comuns confiavam nesses relatórios para administrar seus próprios comportamentos. Em 29 de junho de 1665, Pepys registrou: "Essa parte da cidade a cada dia fica pior com a praga. O Registro de Mortalidade chegou a 267, cerca de 90% mais do que o último, e desses só quatro na grande cidade, o que é uma grande bênção para nós".[27]

O teórico científico Samuel Hartlib propôs um "Gabinete de Discurso", destinado a fornecer um grande fluxo de informações econômicas, geográficas, demográficas e científicas abertas ao público: "Tudo o que é bom e desejável em um reino pode por esse meio ser comunicado a qualquer um que necessite". O plano de Hartlib tinha um forte apoio de vários reformadores influentes e proeminentes, especialmente em Oxford. Quando John Rous (o segundo bibliotecário) ficou doente, Hartlib foi seriamente cogitado a sucedê-lo, como era sentido na época que seu plano para desenvolver uma grande agência de comunicação seria melhor realizado em uma grande biblioteca, pois ele queria "um centro e local de reuniões para conselhos, propostas, tratados e todos os tipos de preciosidades intelectuais". No entanto, havia oponentes a essa ideia e, por fim, Thomas Barlow, um simpatizante real que era, nas palavras de Charles Webster, "academicamente ortodoxo", foi indicado.[28]

Muitos documentos importantes foram preservados pela Bodleiana. A *Magna Carta* é o exemplar que, com o tempo, apresentou impacto mais profundo: ainda nos prendemos à sua cláusula vital, a 39ª, que declara que nenhum homem livre deve ser preso ou desprovido, "salvo pelo devido julgamento de seus pares ou pela lei da terra"; e à sua 40ª cláusula, que torna ilegal a venda, a obstrução ou o atraso da justiça. Essas cláusulas permanecem sagradas na lei inglesa até os dias de hoje e podem ser encontradas pelo mundo, como na constituição norte-americana, e foram uma fonte-chave para a Carta de Direitos Humanos das Nações Unidas.[29]

Um dos maiores pensadores jurídicos do Iluminismo, William Blackstone, levantou uma grande consciência à importância legal e política da *Magna*

Carta sobre os debates mais amplos do século XVIII. Seu livro *The Great Charter and the Charter of the Forest* [A Magna Carta e a Carta da Floresta] (1759) baseou-se em seu firme estudo do documento, que faz parte do acervo da Bodleiana desde 1754.[30] Esse livro e sua obra-prima, *Commentaries on the Laws of England* [Comentários sobre as leis da Inglaterra] (1765–1769) influenciaram bastante os pais da Revolução Americana (cópias podiam ser encontradas nas bibliotecas de Thomas Jefferson, por exemplo) e os intelectuais da França revolucionária. Se o poder da verdadeira documentação permaneceu na *Magna Carta* do século XIII é incerto. Uma das dezessete cópias foi enviada aos EUA em 1941 por Winston Churchill como um totem para garantir o engajamento norte-americano na causa aliada na Segunda Guerra.

A destruição de bibliotecas e arquivos durante a Reforma levou uma geração de antiquários a resgatar registros do passado e coletar tanto desse material quanto pudesse. As coisas mudaram desde que Leland orgulhosamente assumira o papel de "antiquário" para Henrique VII um século antes. Naquele momento, os antiquários pareciam tão estranhos para seus contemporâneos que frequentemente eram satirizados em peças, poemas e charges. Em 1698, o *New Dictionary of the Terms, Ancient and Modern of the Canting Crew* [Novo dicionário de jargões antigos e modernos] até definiu o antiquário como um "crítico curioso de velhas moedas, pedras e inscrições, em registros comidos pelos vermes e antigos manuscritos, além de alguém que se apega cegamente a relíquias, ruínas, velhos hábitos, frases e costumes". Mas os registros comidos pelos vermes e antigos manuscritos que essas pessoas preservaram se tornaram a fundação de grandes bibliotecas institucionais entre o fim o século XVI e o século XVII.[31] A obsessão dos "antiquários" com o passado preservou o futuro.

Bodley era parte de um movimento de indivíduos empenhados em fazer com que a destruição do conhecimento não se repetisse. Outro foi o duque Augusto de Brunsvique-Luneburgo, um colecionador obsessivo. Quando o duque morreu em 1666, ele tinha 130 mil livros impressos e 3 mil manuscritos em sua biblioteca — muito maior do que a Bodleiana na época.[32] Após passar a juventude na Alemanha cercado por um levante religioso e pela violência, que acabaram se tornando a Guerra dos Trinta Anos, a motivação do duque era preservar o conhecimento. Como Bodley, ele usou agentes para ajudar a construir suas coleções (em lugares tão distantes quanto Viena e Paris) e até visitou a Bodleiana em 1603, poucos meses após sua abertura oficial. A biblioteca de Bodley inspirou o duque a novos patamares de coleção, e seus livros se tornaram a fundação do que hoje é uma grande biblioteca independente (fundada pelos governos federais e estaduais) em Wolfenbüttel, conhecida como Herzog August Bibliothek.

Bodley era meticuloso em suas preparações para o futuro. Estatutos foram traçados; fundos, doados; antigos prédios, reconstruídos, e novos planejados e iniciados. Bodley queria que a recente função de bibliotecário fosse desempenhada por "alguém que fosse notado e conhecido como um estudante diligente e, em toda a sua conversa, fosse confiável, ativo e discreto, também graduado e linguista, não preso pelo casamento, nem com o benefício da Cura" (ou seja, que não fosse um padre). Quando Thomas James, um iminente acadêmico que havia trabalhado na Bíblia do rei Jaime, foi apontado, o fundador e benfeitor passou a acompanhar seu trabalho. A correspondência entre eles forma um retrato fascinante da total minúcia envolvida na montagem de uma grande biblioteca. O cargo é chamado de bibliotecário de Bodley ainda hoje (eu sou o 25º deles).

Além de tudo isso, era preciso garantir uma reserva financeira. Em 1609, sir Thomas compilou uma ata a respeito de uma série de doações em dinheiro, afinal, "por boa observação", ele havia "descoberto que a principal ocasião de completa subversão e ruína de algumas das mais famosas bibliotecas do mundo cristão havia sido a carência da devida provisão de alguma certeza na receita para a preservação contínua".[33] Por esse motivo, Bodley colocou seu dinheiro onde disse que colocaria e deserdou a própria família.

5
O ESPÓLIO DO CONQUISTADOR

O céu estava bem iluminado por diferentes conflagrações, e uma luz em vermelho-escuro era jogada na estrada, o suficiente para permitir que cada homem visse distintamente o rosto de seu camarada... Não me lembro de ter testemunhado em nenhum período de minha vida uma cena mais notável ou mais sublime.[1]

GEORGE GLEIG, UM JOVEM ESCOCÊS que servia o Exército britânico observou Washington queimar em 1814 com sentimentos conflitantes. Ele cruzou o Atlântico como parte de uma força expedicionária liderada pelo almirante Cockburn e pelo general Ross para deflagrar guerra contra os Estados Unidos e tomou parte no ataque mais devastador que a cidade já havia visto. Gleig era um observador altamente inteligente e, apesar de sem dúvida ser uma testemunha parcial da Expedição Britânica na América de 1812 a 1814, também ficou perturbado com o que viu. Quando os britânicos atacaram Washington, eles colocaram fogo na Casa Branca (conhecida então como Mansão Presidencial) e no Capitólio, no qual a Biblioteca do Congresso estava situada. O Capitólio permanecia imponente lá no alto, "construído com bom gosto e bem lustrado" com "numerosas janelas", uma "bela escadaria em espiral" e cômodos "mobiliados como uma biblioteca pública, os dois maiores sendo estocados com livros valiosos, principalmente nas línguas modernas e outras tomadas de arquivos, estatutos nacionais, atos de legislatura etc., e usados como quartos particulares de bibliotecários". Um detectável tom de desconforto é evidente na descrição de Gleig: "Uma biblioteca nobre, vários gabinetes de impressão e todos os arquivos nacionais foram da mesma maneira entregues às chamas, que, apesar de serem sem dúvida propriedade do governo, poderiam ter sido poupados".[2]

A queima de Washington foi, de fato, um pesado golpe para os Estados Unidos. O impacto seria sentido por gerações a fio.

Os britânicos foram tão vilipendiados por seu ato de barbaridade que se tornaria um mito útil para ajudar a unificar a nação norte-americana através de sucessivas gerações — prova de que a habilidade dela em superar adversidades e reconstruir sua capital e seu governo demonstrou resistência, engenhosidade e determinação.

Em 1814, a Biblioteca do Congresso ainda era nova. Tendo derrotado os britânicos na Guerra da Independência, o novo governo ainda se baseava em um Congresso de duas casas: o Senado e a Câmara dos Representantes. O primeiro Congresso (1789–1791) considerou onde localizar sua capital e o governo, e foram os três fundadores dos Estados Unidos — Thomas Jefferson, Alexander Hamilton e James Madison — que concordaram com um local ao lado do rio Potomac, preferido pelo próprio George Washington. As origens geográficas do que agora é a capital Washington formam uma mistura de floresta e fazendas, afastadas de grandes cidades norte-americanas como Boston, Filadélfia e Nova York. Situar o governo a uma distância de grandes centros urbanos trazia uma intenção simbólica de limitar a influência do governo na nação emergente, uma alegoria política que permanece no coração dos políticos norte-americanos de hoje.

Conforme o governo começou a se desenvolver e crescer, também cresceu sua necessidade por informação e conhecimento. Os políticos e oficiais do governo eram, em sua maioria, homens bem instruídos, mas desde 1783 foram feitas propostas no Congresso para importar livros da Europa. James Madison, hoje visto como "o pai da Constituição norte-americana", presidiu um comitê do Congresso que recomendava a compra de livros "sobre as leis das nações, tratados, negociações etc., o que daria arcabouço aos procedimentos", assim como "cada livro e tratado relacionados à antiguidade norte-americana e aos assuntos dos Estados Unidos".[3] Isso não era puramente um interesse histórico — a motivação era fornecer evidências contra possíveis alegações dos poderes europeus sobre posses territoriais norte-americanas.[4]

Em 1800, aprovou-se uma lei que permitia que fundos do Congresso fossem usados para a compra de livros. A lista do comitê de Madison tinha mais de trezentos títulos e incluía a grande "bíblia" do Iluminismo, a edição de Charles-Joseph Panckoucke da *Encyclopédie méthodologique* (1782–1832), de Diderot e d'Alembert, em 192 volumes, e obras de teóricos de legislação, como Hugo Grotius e Edward Coke, mas especialmente aquelas do jurista inglês William Blackstone, como seu *Commentaries on the Laws of England*, publicado em quatro volumes (1765–1769) e *The Great Charter* (1759). Teóricos políticos, como John Locke e Montesquieu, estavam representados, além do tratado altamente influente de Adam Smith, *Uma investigação sobre a natureza e as causas da riqueza das nações* (1776). A lista de pensadores do século XVIII também incluía Edward Gibbon e David Hume, mas também havia aquisições mais práticas, como mapas.[5]

Apesar dessa lista tão cativante de títulos, a princípio o Congresso não concedeu ao comitê os fundos para comprar os livros. Essa foi a mais antiga ocorrência do que se tornaria um problema comum: a biblioteca dependia dos investimentos do Congresso, mas o Congresso nem sempre via a biblioteca como uma prioridade.

Após a Guerra de Independência, os Estados Unidos deram grande importância à educação e a se tornar uma nação livreira, que se igualasse à Grã-Bretanha e a outros centros de impressão da Europa. Em seus primórdios, os EUA apresentavam um grande número de bibliotecas itinerantes com fins lucrativos, e bibliotecas comunitárias gratuitas que supriam o desejo por notícias e conhecimento daqueles que não podiam se dar o luxo de comprar livros.[6] As bibliotecas particulares permaneceram preservadas pelas classes médias e altas, mas o advento das bibliotecas móveis, bibliotecas de inscrição e bibliotecas em lugares como cafés estava tornando o conhecimento mais acessível a um público maior, um processo que se expandiu bastante durante o século XIX nos dois lados do Atlântico. Os primeiros congressistas

QUEIMANDO LIVROS 89

eram basicamente de origem abastada, muitos eruditos, e a maioria tinha suas bibliotecas particulares, talvez um motivo pelo qual, inicialmente, não viam a necessidade de uma Biblioteca do Congresso.

Em 1794, fundos foram destinados para a compra dos *Comentários*, de William Blackstone, e *Law of nature and nations*, de Emer de Vattel, para o uso do Senado, mas essas foram notáveis exceções — só em 1800, quando o Congresso foi realocado para Washington, e a lei de Madison, aprovada, que se destinaram os fundos à biblioteca. Mesmo assim, a lei que o presidente John Adams assinou naquele ano "fazendo mais provisões para a remoção e a acomodação do governo dos estados" tratava mais de questões como pavimentação de ruas e habitação do presidente do que da biblioteca. Os fundos destinados à biblioteca eram para:

> a compra de livros que fossem necessários para o uso do Congresso, na dita cidade de Washington, e para arrumar um espaço adequado para mantê-los e para acomodá-los. Assim, estipula-se a soma de 5 mil dólares [...]. A dita compra deve ser feita [...] de acordo com [...] tal catálogo que seja fornecido por um comitê adjunto das duas Câmaras do Congresso formado para esse propósito; e que os ditos livros devem ser colocados em um local adequado no Capitólio da referida cidade, para usos de ambas as Câmaras do Congresso e membros desses, de acordo com os regulamentos que o referido Comitê deve criar e estabelecer.[7]

As prioridades indicadas aqui são importantes, uma vez que a primeira impressão do Congresso foi de que suas necessidades de informação seriam limitadas a propósitos funcionais imediatos, essencialmente para cobrir questões legais e governamentais. Formar provisões para sua própria efetividade operacional era particularmente importante, porque, ao contrário de Nova York e da Filadélfia, não havia outra biblioteca em Washington.

As coleções da biblioteca não eram vastas, mas cresceram depressa. O primeiro catálogo impresso foi emitido em 1802 com 243 livros e precisou de um suplemento no ano seguinte. Essa primeira biblioteca tinha obras básicas de legislação e governo, a maioria em inglês, como *Estatutos britânicos em geral, Diários da Câmara dos Comuns* e um conjunto de catorze volumes dos *Julgamentos estaduais*.[8] Compras posteriores foram feitas com livreiros e editores de Londres.[9]

O primeiro bibliotecário do Congresso, Patrick Magruder, até publicou anúncios em jornais sugerindo que autores e editores deveriam doar livros,

90 *Richard Ovenden*

pois a presença deles na biblioteca seria um chamariz para os homens mais proeminentes da nação. Um reclame no *National Intelligencer* vangloriava--se: "Observamos com prazer que autores e editores de livros, mapas e gráficos começam a descobrir que, ao colocar uma cópia de suas obras nas prateleiras desta instituição, fazem mais para difundir o conhecimento deles do que é conseguido por catálogos e anúncios".[10]

Em 1812, o catálogo listava mais de 3 mil volumes de livros e mapas, que precisava de 101 páginas para descrever todos.[11] Naqueles primeiros anos de independência, a Biblioteca do Congresso — e sua coleção de rápido crescimento com volumes cobrindo vários temas — simbolizava uma nação que forjava sua identidade. Como diz o antigo adágio, conhecimento é poder; e, apesar de as coleções da biblioteca ainda serem pequenas, cresciam em sintonia com o governo nacional a quem deveriam servir.

Portanto, não surpreende que a Biblioteca do Congresso tenha sido um dos alvos-chave do Exército britânico quando ele chegou a Washington. A guerra trouxera grande destruição. Essa nem foi a primeira biblioteca destruída. No ataque do Exército norte-americano à cidade britânica de York (a moderna Toronto), em abril de 1813, em um dos primeiros encontros entre as duas tropas, a biblioteca dos prédios legislativos foi incendiada.[12]

Em 1813, Patrick Magruder ficou doente e foi forçado a ausentar-se longamente da biblioteca. Seu irmão George foi indicado como recepcionista. Em 19 de agosto, os britânicos chegaram. Conforme houve notícias de seus avanços, começaram a preparar a evacuação.[13] George Magruder ordenou que a biblioteca não fosse evacuada até que os secretários do Departamento de Guerra estivessem guardando seus registros administrativos. Ele não percebia que a maioria dos departamentos do governo já começara a guardar as coisas e sequestrara charretes para ajudá-los a levar seus itens vitais para a segurança do interior.

Apesar de muitos homens a serviço do governo também serem voluntários na milícia que defendia a cidade, um punhado permaneceu em seus postos. J. T. Frost, o bibliotecário-assistente, ficou com o propósito de abrir e arejar os livros (algo importante na atmosfera tão úmida de Washington no verão). Na tarde do dia 21, Samuel Burch teve permissão para deixar seu posto na milícia e voltar para a biblioteca. No dia 22, ele e Frost foram finalmente informados de que os secretários do Departamento de Guerra haviam começado a sair de Washington.

Por fim, tomou-se uma decisão, mas era tarde demais. Os outros departamentos se apropriaram de todas as charretes restantes na cidade, e levou horas para Burch encontrar uma em uma vila nos arredores da cidade. Ele voltou com uma carroça e seis bois, e ele e Frost carregaram alguns livros e documentos durante o que restava do dia 22, e, na manhã do dia 23 os levaram a um lugar seguro, a uns quinze quilômetros saindo da cidade. Outros pequenos gestos também foram feitos. Por exemplo, Elias Caldwell, secretário da Suprema Corte, transferiu alguns dos volumes do tribunal para sua casa.[14]

Forças britânicas entraram em Washington em 24 de agosto. As coisas rapidamente foram ladeira abaixo. O general Ross a princípio levantou bandeira branca com seus termos, mas levou um tiro e seu cavalo morreu. George Gleig escreveu uma vívida descrição do que aconteceu em seguida. No entanto, vale notar que a acusação de disparo durante a trégua é uma desculpa usada comumente em outros episódios de destruição de bibliotecas:

> Todas as ideias de conciliação foram instantaneamente deixadas de lado: as tropas avançaram para dentro da cidade e tendo colocado sob a espada todos que foram encontrados nas casas de onde saíam tiros e reduzido-as a cinzas, seguiram sem demora para queimar e destruir tudo o que fosse minimamente conectado com o governo. Nessa devastação generalizada, foram incluídos o Senado, o palácio presidencial e extensos arsenais e docas, alojamentos para 2 ou 3 mil homens, vários armazéns grandes tomados de suprimentos navais e militares, algumas centenas de canhões de diferentes descrições e quase 20 mil suportes para pequenas armas.[15]

A historiadora da Biblioteca do Congresso, Jane Aikin, conta-nos que as tropas britânicas empilharam livros e outros materiais inflamáveis que foram encontrados no prédio e atearam fogo. Apesar de não sabermos os detalhes do que aconteceu, a lenda estava tomando forma. Um relato do incêndio na *Harpers New Monthly Magazine*, publicado bem mais tarde, no século xix, atribuiu veementemente o início do fogo a soldados britânicos que usavam livros da biblioteca.[16]

A devastação deflagrada obstruiu a efetiva operação do governo norte-americano por um tempo considerável (apesar de não haver tempo suficiente para impedir que seu Exército tivesse uma vitória decisiva em Baltimore, na batalha de Fort McHenry). Enquanto a biblioteca não foi um alvo isolado, sua localização no prédio central do governo norte-americano tornou-a alvo ideal e fonte de material combustível para continuar o incêndio. Ainda assim, parecia que pelo menos um membro das forças britânicas reconhecia o poder simbólico da destruição da biblioteca. Entre a destruição do centro de Washington, que Gleig relata como nada além de "montes de ruínas fumegantes", um livro foi pego como lembrança para o líder do exército conquistador.[17] Uma cópia de *An Account of the Receipts and Expenditures of the U. S. for the Year 1810* [Um relato das receitas e gastos dos EUA para o ano de 1810] com uma etiqueta de couro na capa entalhada com a inscrição "Presidente dos Estados Unidos", foi presenteada à Biblioteca do Congresso pelo lendário livreiro A. S. W. Rosenbach em 6 de janeiro de 1940. O livro havia sido apresentado pelo contra-almirante George Cockburn a seu irmão e, claramente, era um suvenir. Se foi o próprio Cockburn que o pegou ou se um soldado britânico encontrou o livro, não se sabe; porém, de todas as possíveis lembrancinhas, esta significava muito. George Gleig escreveu: "Por todos os costumes da guerra, qualquer propriedade pública que possa ser encontrada em uma cidade capturada se torna assumidamente um espólio justo do conquistador".[18]

Nos dias seguintes ao incêndio, tornou-se claro que a devastação estava completa — o edifício de pedra sobreviveu, mas dentro tudo se foi. Os britânicos deram um golpe, bem no coração do governo separatista. Os membros do Congresso não foram feridos, mas seu prédio queimou, e a informação a que eles confiavam para operar foi destruída. Seu status político precisava ser reconstruído com rapidez.

Das cinzas da primeira Biblioteca do Congresso, uma nova e melhor biblioteca iria emergir. O agente fundamental para essa renovação foi um dos arquitetos intelectuais da Revolução Americana e da fundação dos Estados Unidos, Thomas Jefferson.

Em 1814, o antigo presidente vivia em semiaposentadoria em Monticello, na Virgínia, a 150 quilômetros a sudoeste de Washington. A coleção pessoal de livros de Jefferson, supostamente a biblioteca particular mais sofisticada e extensa na América na época, foi construída durante uma vida inteira de leitura séria. Jefferson sabia como era perder uma biblioteca para um incêndio. Sua primeira biblioteca de obras legislativas foi queimada em 1770, e ele teve de reconstruir sua coleção. Algumas semanas após a queima de Washington, Jefferson escreveu uma carta cuidadosamente elaborada para Samuel Harrison Smith, o editor do jornal republicano líder na cidade, o *National Intelligencer*:

Prezado senhor,

Soube pelos jornais que o vandalismo de nosso inimigo triunfou sobre a ciência, assim como sobre as artes em Washington, pela destruição da biblioteca pública [...]. Dessa transação [...], o mundo só nutrirá um sentimento. Eles verão uma nação de repente retirada de uma grande guerra, totalmente armada e totalmente preparada, tirando vantagem de outra a quem eles recentemente forçavam, desarmada e despreparada, para tirarem proveito de atos bárbaros, que não fazem parte de uma era civilizada [...]

Presumo que estará entre os primeiros objetivos do Congresso recomeçar sua coleção. Isso será difícil enquanto a guerra continua e o trato com a Europa envolva tanto risco. O senhor conhece minha coleção, sua condição e sua extensão. Eu a cultivo há cinquenta anos e não poupei esforços, oportunidades ou gastos para torná-la o que é [...]. Então essa coleção, que suponho que tenha entre 9 e 10 mil volumes, como inclui o que é muitíssimo valioso em ciência e literatura em geral, estende-se mais particularmente para o que concerne aos estadistas norte-americanos. Nos ramos parlamentares e diplomáticos, ela é bastante recheada. Há muito, sou sensato em pensar que não deveria permanecer propriedade privada e cuidei disso para minha morte. O Congresso perderia uma grande oportunidade em recusá-la. A perda tida agora torna o presente o devido momento para a acomodação, sem considerar o pequeno e insignificante resto de tempo que terei para aproveitá-la. Portanto, por amizade peço que me agracie no Comitê da Biblioteca do Congresso.[19]

Seguiu-se um longo período de discussão e brigas sobre o valor da oferta de Jefferson, com um intenso debate sobre os méritos relativos de gastar altas somas de dinheiro para substituir a biblioteca perdida, em uma época em que recursos públicos eram escassos e os investimentos podiam ser gastos melhor em propósitos militares. O teor desses argumentos seria repetido várias vezes na história das bibliotecas nos séculos seguintes.

A oferta de Jefferson de suprir "os estadistas norte-americanos" com tudo o que precisassem (e, claro, esses políticos eram todos homens na época) era fortuito, pois levaria um longo tempo e uma curadoria cuidadosa, fosse para reconstruir a coleção original de 3 mil volumes ou emular a biblioteca pessoal de 6 mil a 7 mil volumes de Jefferson. Portanto, ele oferecia um atalho para uma grande coleção, na qual havia o valor agregado de ter sido reunida por uma das pessoas que construíra o edifício governamental da nação, usando seus próprios livros como combustível intelectual para o projeto.

Essa oferta não era de todo altruísta, pois ele tinha dívidas consideráveis que precisava quitar. Ele também deixou claro que estava apoiando seus conterrâneos em uma hora de necessidade, ao mesmo tempo que se certificava de que todos os volumes de sua coleção fossem vendidos juntos, evitando o "pinga-pinga" que muitos colecionadores de livro temem que aconteça quando suas coleções são vendidas. "Não tenho conhecimento de que contenha algum ramo de ciência que o Congresso gostaria de excluir de sua coleção. Na verdade, não há nenhum tema a que um membro do Congresso não possa fazer referência", escreveu ele para Smith, deixando claro que era tudo ou nada. [20]

Em outubro de 1814, o Congresso começou a considerar seriamente o negócio de substituir sua biblioteca e estabelecer um comitê conjunto que buscasse uma avaliação independente para ajudá-los a tomar uma decisão embasada sobre a proposta de Jefferson. Eles e o Senado também, em novembro, propuseram uma lei para autorizar a compra da biblioteca de Thomas Jefferson, falecido presidente dos Estados Unidos, e em dezembro essa lei foi aprovada.[21]

Contudo, a Câmara dos Representantes adiou suas deliberações até janeiro e os debates foram longos e rancorosos. Os federalistas preocupavam-se que a coleção entregasse as tendências ateístas e imorais de Jefferson.

Um dos políticos pensou que a aquisição iria "falir o Tesouro, tornar o povo miserável e desgraçar a nação". Outra oposição relacionava o trabalho de pensadores iluministas como John Locke e Voltaire, cuja presença revelava os abjetos "ateísmo, imoralidade, intelectualismo decadente e o fascínio de Jefferson com a França".[22] Jornais norte-americanos que cobriam esses debates juntaram-se nos dois lados com o American Register prevendo que "a próxima geração irá [...] corar pelas objeções feitas no Congresso sobre a compra da biblioteca do sr. Jefferson".[23]

Aqueles a favor da aquisição a viam como uma oportunidade de iniciar uma "grande biblioteca nacional". Talvez não usassem essa linguagem no sentido em que hoje podemos compreender o termo, mas a coleção de Jefferson tinha a amplitude e a profundidade para começar esse processo mesmo se, no fim, nem toda a biblioteca fosse adquirida. Madison assinou a lei autorizando a compra em 30 de janeiro de 1815, tendo a Câmara aprovado com a maioria de apenas dez votos. O acordo feito com Jefferson e aprovado em Washington envolvia a compra de 6.487 livros pela soma de US$ 23.950.[24] De uma hora para a outra, a Biblioteca do Congresso tornou-se uma das maiores e mais sofisticadas bibliotecas institucionais da América do Norte, perdendo apenas para a Biblioteca da Universidade de Harvard, que tinha entre 30 mil e 40 mil volumes em 1829.[25] A Biblioteca do Congresso mais do que dobrou o tamanho que tinha antes do incêndio e aumentou consideravelmente a gama de temas que cobria, adquirindo a produção de editores iluministas de toda Europa, que mal apareciam no catálogo de 1812.

Apesar dessa maravilhosa injeção de livros, a Biblioteca do Congresso permaneceu pequena em comparação a outras grandes bibliotecas. A Biblioteca do Trinity College, em Dublin, abrigava mais de 50 mil livros em 1802. A Biblioteca da Universidade de Cambridge tinha mais de 47 mil volumes, depois da entrada do catálogo da Biblioteca de Bishop Moore em 1715, e em 1814 era consideravelmente maior, talvez chegando a 90 mil volumes. Enquanto isso, o catálogo de livros impressos no British Museum (uma biblioteca nacional em tudo, menos no nome) era publicado em sete volumes entre 1813 e 1819, listando cerca de 110 mil obras, além de manuscritos, mapas e outros materiais, deixando-o com um tamanho mais de quinze vezes maior do que o da Biblioteca do Congresso.[26]

Com a biblioteca jeffersoniana garantida, o próximo desafio para o Congresso era encontrar o devido lar para a coleção. Inicialmente, o Congresso e a biblioteca ficaram abrigados no Hotel Blodget, enquanto o prédio original do Capitólio era reparado e reformado. Os livros chegaram de Monticello em maio de 1815; dois meses depois, foram desembalados e arranjados de acordo com a versão simplificada do próprio esquema de classificação de Jefferson, com base na organização do conhecimento desenvolvida pelo filósofo da Renascença Inglesa Francis Bacon e o pensador iluminista francês d'Alembert.[27]

Em março de 1815, Madison apontou George Watterston como o verdadeiro primeiro bibliotecário do Congresso. Watterston era escritor, poeta publicado, editor de jornal e advogado formado. A ideia de a coleção ser o núcleo da "biblioteca nacional" era algo que realmente parecia ter estimulado a imaginação de Watterston, e ele enviou um texto para o *National Intelligencer* pedindo que escritores, artistas e gravuristas depositassem suas obras. O jornal escreveu que "a Biblioteca Congressista ou Nacional dos Estados Unidos [deveria] tornar-se o grande repositório da literatura do mundo" e que era responsabilidade do governo fornecer "uma grande reserva de instrução [...] para uso do público, assim como de seus próprios membros". Outros artigos contemporâneos da época ecoavam esses sentimentos. Apesar de não compararem os EUA com outras nações, a implicação é clara: o país precisava de uma biblioteca nacional para reunir todo o conhecimento útil do mundo. A sombra de Alexandria seria sentida mais uma vez na América do século XIX.

O primeiro catálogo foi publicado no outono de 1815, descrevendo-se como *Catálogo da Biblioteca dos Estados Unidos*. O comitê adjunto aumentou o salário do bibliotecário e estendeu o direito de usar a biblioteca à equipe do promotor-geral e dos corpos diplomáticos.[28] Em 1817, houve uma primeira série de tentativas de fornecer à biblioteca cópias depositadas para *copyright* com o secretário de Estado e, no mesmo ano, começaram pedidos para que um prédio separado fosse construído para abrigar a instituição.

No entanto, esses pedidos iriam permanecer desatendidos por certo tempo. O processo de decidir sobre a aquisição da biblioteca de Jefferson levantou a questão se a biblioteca congressista era, de fato, o centro de uma biblioteca nacional e fez a ligação de que a biblioteca do governo seria o eixo de uma coleção ampla, mas com valor puramente utilitário para os políticos e os burocratas que os cercavam. Dito isso, o ímpeto que o incêndio forneceu para a ideia de biblioteca nacional dos Estados Unidos foi tediosamente lento em se formar e, na verdade, iria requerer outro incêndio, desta vez acidental, para de fato ganhar impulso.

Na véspera do Natal de 1851, o fogo tomou uma chaminé da biblioteca e mais da metade de seus 55 mil livros foram destruídos, inclusive a maioria da biblioteca jeffersoniana. A reconstrução da biblioteca teve de aguardar até o fim da Guerra Civil Americana e a indicação de Ainsworth Rand Spofford como sexto bibliotecário do Congresso pelo presidente Lincoln. Spofford viu de maneira clara a trajetória para que ela se tornasse a biblioteca nacional e conseguiu articular sua visão, aumentando os fundos do Congresso para aquisições, organizando a transferência da Biblioteca do Instituto Smithsonian e, mais importante, enfim assegurando-a como local para o depósito legal de tudo que era publicado nos EUA, de acordo com a Lei de Patentes de 1870.[29]

A destruição da biblioteca pelos britânicos em 1814 foi um ato movido pelo conflito entre duas nações. Foi um evento deliberadamente político criado para enfraquecer o centro da política e do governo. Nesse sentido, o episódio tem ecos de alguns ataques ao conhecimento do mundo antigo. A resposta à destruição da Biblioteca do Congresso provou-se tão transformadora para sua história quanto a destruição da biblioteca de Oxford havia sido nos anos 1550. A nova Biblioteca do Congresso não seria apenas maior do que aquela que fora destruída — seria um recurso mais adequado para um país forjado em ideias modernas do que significava ser uma nação democrática e esclarecida. A instituição levaria tempo para realmente decolar, mas, quando aconteceu, tornou-se líder global na preservação do conhecimento e ajudou a abastecer com informação e ideias a nação mais poderosa do planeta.

6
COMO DESOBEDECER A KAFKA

VITAL PARA O DESTINO DO CONHECIMENTO é a ideia de curadoria. O termo tem inícios sagrados. Significa "cuidar" e, como substantivo, comumente se refere a um padre que "cuida" de seus paroquianos. Dizem que os padres têm "a cura das almas" ou o cuidado espiritual de seu rebanho. Em muitas denominações cristãs, o padre assistente ainda é chamado de "cura". Curadores em bibliotecas ou museus têm a função de cuidar de objetos sob sua responsabilidade. No caso de bibliotecários, essa atribuição se estende à noção do conhecimento em si: o material intelectual contido no objeto. O ato de curadoria pode envolver decisões sobre o que coletar em primeiro lugar e também como realizar essa coleta; o que manter e o que descartar (ou destruir); o que tornar instantaneamente disponível e o que manter em arquivos restritos por um período.

A decisão sobre preservar ou destruir um arquivo pessoal pode ser crucial. Nos anos 1530, Thomas Cromwell manteve um grande arquivo de documentos pessoais, a maioria em forma de correspondência, o que possibilitou que ele exercesse seus deveres para Henrique VIII, em um período no qual a administração do país passou por um grande processo de modernização. O próprio arquivo de Cromwell era naturalmente bem organizado e extenso, porém sabemos disso apenas pela parte dele que sobreviveu (agora dividida entre os Arquivos Nacionais do Reino Unido e a Biblioteca Britânica). Arquivos pessoais contêm naturalmente correspondência, mas, no começo do período moderno, secretárias em ambientes domésticos também faziam cópias de toda a correspondência enviada para manter controle dos dois lados do fluxo de informação. "Uma mente tão meticulosa quanto a de Cromwell iria se certificar de que suas cartas estivessem lá, prontas para referência em caso de necessidade." O fato de apenas a correspondência recebida ter sobrevivido leva à inevitável conclusão de que "esse vasto desaparecimento só pode ter sido resultado de destruição deliberada".[1]

Na época em que Cromwell perdeu o prestígio aos olhos de Henrique VIII e que foi preso em junho de 1540, seus funcionários começaram a destruir cópias das cartas enviadas pelo patrão caso isso pudesse incriminá-lo. O famoso retrato de Cromwell assinado por Holbein mostra-o olhando para a esquerda, quase de perfil. Há um peso de seriedade e severidade nele. Está trajando um casaco revestido de pele preta e um chapéu da mesma cor. Suas roupas sóbrias não dão pistas de sua personalidade. Mais do que riqueza ou privilégio, esse retrato mostra seu apego ao conhecimento: ele está literalmente agarrado a um documento legal em sua mão esquerda e, na mesa em frente a ele, há um livro. Não é o cômodo ou as roupas de Cromwell que transmitem riqueza e poder, mas esse volume, com seus entalhes dourados na capa de couro. O livro é mantido cerrado por dois fechos dourados. O pintor mostra-nos o que Cromwell sentia que era realmente importante.

O arquivo de correspondências enviadas de Cromwell foi destruído em um ambiente doméstico — o escritório de sua residência particular. O ambiente doméstico ainda testemunha a destruição de conhecimento todos os dias. Minha esposa e eu tivemos de esvaziar a casa de um membro da família e descobrimos cartas, fotografias e diários. Precisamos tomar decisões sobre quais desses objetos deveriam ser destruídos, e houve um número de razões bem válidas e legítimas para fazer isso. O mesmo acontece todos os dias com inúmeras famílias. O conteúdo pode ser irrelevante ou ocupar espaço demais, pode se referir a acontecimentos que trazem lembranças tristes para os membros sobreviventes da família ou trazer novos conhecimentos que os descendentes podem desejar esquecer para sempre.

Essas decisões pessoais são tomadas diariamente, mas às vezes decisões sobre o destino de documentos podem ter consequências profundas para a sociedade e para a cultura, em especial quando o falecido é famoso. De vez em quando, aqueles que sobrevivem a um ente querido têm de tomar decisões sobre o destino de seu material de arquivo — cartas e diários — que acabam tendo um grande impacto na história literária. Essas decisões costumam ser feitas para salvar a reputação dos falecidos, mas também a daqueles que permanecem. Nesse sentido é que eu argumento que esses atos são, de fato, "políticos". O aspecto político a que me refiro particularmente aqui trata do exercício de poder: poder sobre a reputação pública e sobre o que se torna público e o que permanece privado.

Diários e anotações particulares, na era digital, são mantidos com menos frequência, mas foram um grande fenômeno cultural dos séculos XIX e XX. A correspondência ainda é um importante traço de comunicação pessoal, mas isso agora acontece predominantemente por e-mail e mensagens digitais. O escritor também pode manter os primeiros esqueletos, rascunhos e versões de sua produção literária e estes são igualmente valorizados por acadêmicos e críticos que tentam compreender o processo da criação literária. Os arquivos pessoais desse tipo podem incluir ainda outros materiais: registros financeiros (como livros de contabilidade, que dão luz ao sucesso ou ao fracasso de vários projetos literários), álbuns de fotografia (que podem mostrar aspectos de relacionamentos pessoais que as cartas não revelam) e materiais efêmeros de vários tipos (programas de teatro ou assinaturas de revistas podem ser uma luz para acadêmicos literários). As prateleiras das coleções especiais da Bodleiana estão cheias de caixas de materiais fascinantes e incluem algumas das nossas coleções mais populares — trechos manuscritos de figuras como Mary e Percey Shelley, J. R. R. Tolkien, C. S. Lewis, W. H. Auden, Bruce Chatwin, Joanna Trollope e Philip Larkin, entre muitos outros.

A destruição intencional de material literário pelo autor é um tipo de autoedição extrema. É feita de olho na posterioridade, para evitar que seus desejos não sejam respeitados. A ideia de que o futuro terá uma visão crítica do passado é algo que serviu de base para muitos dos ataques a bibliotecas e arquivos no decorrer da história.

* * *

Desde o início dos tempos, autores sentem a tentação de destruir sua própria escrita. Segundo o relato de seu biógrafo, Donato, na Antiguidade, o poeta romano Virgílio queria jogar às chamas o manuscrito de seu grande épico, *Eneida* (naquela época ainda não publicado). De acordo com esse relato, quando estava prestes a morrer em Brindisi, "ele propôs [...] que Vário [grande poeta e amigo de Virgílio] queimasse a *Eneida* se algo acontecesse a ele, mas Vário disse que não faria isso. Assim, nos últimos estágios de sua doença, Virgílio pediu constantemente suas caixas de livros, desejando queimá-las ele mesmo, mas, como ninguém as levou a ele, não tomou medidas específicas".[2]

Posteriormente, escritores e acadêmicos interpretaram esse relato de diferentes formas. Alguns viram como um ato supremo de humildade: Virgílio não via mérito em sua obra e queria vê-la destruída. Outros disseram que a decisão era um ato profundamente neurótico de um homem atormentado, uma forma suprema de autocuradoria. Uma terceira interpretação vê o acontecimento como parte da formação de uma reputação literária ao passar a decisão às mãos de outro, que tomou o papel de "curador". Nesse caso, o apoio de Augusto foi vital a Virgílio, uma vez que foi o próprio imperador de Roma que salvou esse grande clássico para o futuro e, com isso, a reputação do poeta. Essas diferentes interpretações podem ser aplicadas às decisões tomadas sobre os manuscritos (e reputações) de escritores bem posteriores. Lord George Gordon Byron, por exemplo, é tido como o mais famoso escritor do começo do século XIX. "Notória" pode ser uma descrição melhor de sua reputação. Quando jovem, ele viajou bastante pelo Mediterrâneo, apaixonando-se em especial pela Grécia, que sentia que deveria ser liberta do domínio turco. Ele conquistou a atenção dos literatos com seu *Bardos ingleses e críticos escoceses* (1809), uma obra poderosa de crítica literária satírica em resposta a resenhas hostis de seu volume juvenil de versos, *Horas de ócio* (1807). Ele continuou a escrever poesia conforme envelhecia, com o primeiro volume sério sendo *A peregrinação de Childe Harold*, um tipo de jornada literária em versos. O livro foi publicado em partes, enquanto Byron completava cada canto. Os dois primeiros foram publicados em 1812. Ele celebremente comentou depois da publicação: "Despertei [...] e me encontrei famoso". Ele publicou mais poesia, incluindo *A noiva de Abydos* (1813) e *Corsário* (1814), mas sua obra-prima foi *Don Juan* (os dois primeiros cantos, que foram publicados em 1819). O fracassado casamento de Byron em 1815 com Annabella Milbanke gerou uma filha, a matemática pioneira Ada, condessa de Lovelace (1815–1852). (Os arquivos da Bodleiana guardam a correspondência entre mãe e filha.) A outra filha de Byron, Allegra, com Claire Clairmont, irmã de criação de Mary Shelley, morreu aos cinco anos de tifo ou malária.

O estilo de vida de Byron trouxe o status de celebridade e convites de círculos de elite em Londres, mas sua fama cresceu com seu caso tempestuoso com lady Caroline Lamb e o suposto caso com sua meia-irmã, Augusta Leigh (com quem teria tido outra filha, Medora). Em 1816, no auge de sua notoriedade, Byron deixou a Inglaterra para ir ao continente, a princípio para Genebra (divertindo Percy e Mary Shelley em sua *villa* em Colônia, às margens do lago Genebra, onde Mary criou *Frankenstein* durante uma competição entre eles). Após essa temporada em Colônia, uma das maiores estadias literárias da história, Byron continuou a viajar ao redor da Itália com os Shelley e escreveu e publicou poemas durante esse período. Sua amizade com Percy Shelley marca essa fase de sua vida, terminando tragicamente quando Shelley voltava de uma visita a amigos em seu amado barco, que ele havia batizado invejosamente de *Don Juan*, por causa de Byron. Ele encontrou dificuldades durante uma tempestade na costa de Viareggio e acabou se afogando.

Todos os aspectos da vida de Bryon tornavam-se assunto de fofoca e comentários, até mesmo seus animais de estimação. Ele montou um jardim zoológico enquanto estava na Itália: "Dez cavalos, oito cães enormes, três macacos, cinco gatos, uma águia, um corvo e um falcão; todos andavam ao redor da casa, com exceção dos cavalos, e que de tempos em tempos ressoavam com suas brigas desenfreadas, como se fossem os donos da casa", de acordo com Shelley.[3] Em 1984, Byron seguiu para sua adorada Grécia, onde morreu de febre no mesmo ano.

Uma vida tão criativa, produtiva e sensacional tornou Byron imensamente famoso por todo o mundo. Sua morte foi fonte de tristeza entre escritores e poetas. Tennyson mais tarde se lembrou: "Eu tinha 14 anos quando fiquei sabendo de sua morte. Pareceu-me uma calamidade horrenda; eu me lembro de que saí porta afora, sentei-me sozinho, gritei e escrevi no arenito: Byron está morto!".[4]

Sua poesia era amplamente lida na Alemanha, na França e na América, assim como na Grã-Bretanha. E, apesar de sua notoriedade e do escândalo que o cercava, seus amigos e admiradores literários mantinham uma lealdade apaixonada, gerando quase um culto. Foi esse status *cult* que teria um efeito no tratamento de seus papéis particulares.

Durante toda a carreira de Byron como autor, foi a editora londrina de John Murray que levou sua obra a público. Fundada em 1768 pelo primeiro John Murray, a casa teria sucessivamente em seu comando sete homens com o mesmo nome até 2002, quando passou a fazer parte do grupo Hachette. Até a venda da empresa, sua bela sede ficava na rua Albermale, número 50, saindo de Piccadilly, em Londres. O prédio ainda é usado para encontros literários, e ainda é possível subir a elegante, porém rangente, escadaria até a sala de estar no primeiro andar, forrada de prateleiras de livros. Acima da lareira, há um retrato de Byron. Quando se entra na sala, parece que as conversas entre editor e autor acabaram de cessar.[5]

John Murray II foi um editor brilhante, tomando boas decisões sobre quais autores publicar e como refletir e moldar o clima da época com autores que a empresa estabeleceu no começo do século XIX. A lista inclui James Hogg, Samuel Taylor Coleridge e Jane Austen. O relacionamento de Murray com Byron era especialmente próximo, apesar de estar sujeito a altos e baixos, considerando que o pobre escritor dependia dos conselhos, do apoio e do financiamento do editor. Em 1819, em meio à controvérsia pública em torno do *Don Juan*, Byron deu um manuscrito de suas memórias particulares para seu amigo Thomas Moore, um escritor irlandês que na época vivia na Inglaterra, incentivando-o a colocá-lo para circular entre amigos que Moore considerasse "dignos do texto". Entre aqueles que leram as memórias em algum momento estavam Percy e Mary Shelley, o poeta irlandês Henry Luttrell e o romancista Washington Irving, além de amigos como Douglas Kinnaird e lady Caroline Lamb. Sabendo que Moore estava com sérias dívidas, Byron mais tarde sugeriu que publicasse o manuscrito após sua morte. Em 1821, John Murray concordou em pagar a Moore um adiantamento compreendendo que este iria editar as memórias para publicação. De forma crucial, Murray tomou posse do manuscrito das memórias em si.[6]

Após a morte de Byron na Grécia se tornar conhecida em Londres em maio de 1824, as memórias começaram a ganhar um status diferente. O círculo íntimo de amigos de Byron que havia lido não incluía amigos de sua família próxima. Logo, foram travadas disputas entre aqueles que achavam que as memórias deveriam ser publicadas e aqueles (como John Cam Hobblouse, um dos amigos de Byron, e John Murray) que pensavam que seu conteúdo iria provocar ojeriza moral na opinião pública, de modo que a reputação de Byron e a de seus parentes vivos seria irreparavelmente manchada. William Gifford, o editor do influente *Quarterly Review* as considerou "dignas apenas de um bordel e iriam desgraçar lorde Byron à infâmia se publicadas".[7]

Aqueles que não se opunham à publicação das memórias podem ter sido influenciados pelo ganho financeiro que podia ser obtido. Moore tentou retroceder no acordo com Murray, como se pudesse fazer mais dinheiro levando o manuscrito a outro editor. John Cam Hobhouse sabia que Moore estava tentando publicar com o máximo de ganho pessoal, mas sentiu que a família de Byron é que deveria decidir se o material viria a público ou não. Hobhouse não estava sozinho. Ele escreveu em seu diário em 14 de maio de 1824: "Chamei Kinnaird, [que] generosamente escreveu uma carta a Moore oferecendo a ele 2 mil libras imediatamente, para garantir o manuscrito de onde quer que estivesse para a família de lorde Byron — isto é, para que tal manuscrito fosse destruído".[8] Douglas Kinnaird foi um amigo próximo de Byron que cuidou de seus assuntos financeiros depois que o poeta deixou a Inglaterra pela última vez em 1816. Essa carta deixou Moore em uma posição difícil, e ele começou a vacilar de sua posição de buscar publicar as memórias para seu ganho pessoal, sugerindo que "um número selecionado de pessoas" iria decidir o destino do manuscrito. Murray também queria que as memórias fossem destruídas, e Hobhouse o incitou a repassar sua própria correspondência com Byron e destruir quaisquer cartas comprometedoras. Felizmente, para nós, Murray resistiu a esse desejo.

O assunto chegou ao ápice na segunda-feira, 17 de maio de 1824. Moore e seu amigo Henry Luttrell tentaram apelar diretamente aos homens que administravam os interesses da irmã e da viúva de Byron, Robert Wilmot-Horton e o coronel Frank Doyle. Eles haviam combinado de se encontrar na rua Albe-marle, número 50, residência de John Murray, às onze da manhã. Os homens reuniram-se na sala de estar, e não demorou muito para começarem os insultos pessoais, com ofensas sobre a honra dos cavalheiros, misturadas ao assunto central em torno do destino do manuscrito. O documento acabou sendo levado à sala por Murray, junto a uma cópia que foi feita por Moore. O que aconteceu exatamente a seguir não é muito claro, mas o manuscrito acabou sendo rasga-do e jogado na lareira da sala de estar. A queima deve ter levado certo tempo, afinal, tinha 288 páginas (sabemos disso porque a encadernação das cópias sobreviveu, ainda com páginas em branco, que começam na página 289). Pelos vários relatos dos participantes, a destruição finalmente foi aceita por Wilmot--Horton e Doyle, agindo pelos interesses da irmã e da viúva de Byron, ainda que aparentemente sem a permissão expressa delas. Apesar de Murray ser o proprietário legal do manuscrito, ele tornou a destruição possível e poderia ter resistido (com ou sem o apelo de Moore).

Murray pode ter sido motivado por uma elevada noção de seu próprio status na sociedade. Ao se colocar ao lado da família de Byron, ele podia estar tentando se retratar como um cavalheiro, mais do que um negociante. Contudo, o peso da moral contemporânea exerceu uma influência igual-mente forte em Murray. Como editor, ele tinha de pesar seu próprio ganho comercial a curto prazo ao publicar as memórias, contra o potencial dano de longo prazo de ser associado a uma publicação tão dúbia moralmente. A edi-tora de John Murray ainda estava em sua infância. Iria prosseguir no século XXI (e ser a editora britânica deste livro) graças a uma mistura de prudência e assunção de riscos. Nessa ocasião, o risco acabou perdendo.[9] O fato de que nenhuma cópia das memórias de Byron tenha vindo à tona desde que o original foi queimado na lareira da rua Albemarle, 50 diz algo sobre o poder da preocupação de seus amigos com o futuro e a necessidade de controlar a história.

Se os amigos de Byron tomaram a decisão curatorial derradeira de salvar a reputação dele destruindo suas memórias, tais escolhas podem tomar outros rumos, e amigos próximos de um escritor às vezes podem desobedecer a seus desejos. O escritor Franz Kafka deixou ordens bem similares às de Virgílio para seu testamenteiro e amigo próximo, Max Brod, que, como Vário, decidiu desobedecer ao amigo. Kafka agora é visto como um dos maiores e mais influentes escritores de todos os tempos.

Franz Kafka embarcou em uma carreira como escritor, mas publicou relativamente pouco na época de sua morte, em 1924. No último ano de vida, Kafka, assolado pela tuberculose, teve uma séria relação com uma jovem, Dora Diamant, que ele conhecera em um resort à beira-mar em Graal-Müritz, na Alemanha, onde ambos frequentaram um acampamento de verão judaico. Diamant apaixonou-se por Kafka, a pessoa, e não o escritor, e aparentemente não sabia que ele havia escrito *O processo* (no original em alemão, *Der Prozess*), publicado postumamente em 1925. Após um breve retorno para sua cidade natal, Praga, em setembro de 1923, Kafka viveu por um tempo com Diamant em Berlim em uma casa no subúrbio de Steglitz, para a consternação da família de ambos, pois não eram casados. Esse período foi relativamente alegre para Kafka, que conseguiu viver uma vida independente longe da família e, apesar de sua saúde sempre debilitada e das restrições financeiras (durante um período de grande inflação, ele só tinha uma pensão modesta, que sempre era consumida mais rápido do que deveria por causa de sua doença), o casal foi feliz por um tempo.

Ele só havia publicado algumas poucas obras durante a vida, como uma coleção de contos, *Um médico rural*, e não foi sucesso comercial, tendo apenas uma renda bem pequena advinda de royalties, paga por seu editor, Kurt Wolff. Por sua relativa obscuridade como escritor, muita gente acha intrigante perceber que Kafka não estava feliz com a ideia de sua obra inédita sobreviver a ele e ser vista por outros. Entre 1921 e 1922, ele tomou a decisão de que todas suas obras fossem destruídas, o que mencionou para Max Brod, não só em conversas, como também por escrito. Posteriormente, Brod relatou sua resposta: "Se você seriamente me considera capaz de tal coisa, deixe-me dizer aqui e agora que não vou atender aos seus desejos".[10]

Durante o outono de 1923, Berlim se tornou gelada, uma cidade difícil de se viver. Com pouco dinheiro e com sua frágil saúde em declínio, Kafka — e Diamant — de fato queimaram alguns de seus cadernos. Pelo menos essa é a história que Diamant contou a Brod na época da morte de Kafka, referindo-se principalmente aos cadernos que estavam com ambos naquele período. Kafka tinha o hábito de levar um caderno consigo quando caminhava pela cidade e comprar novos quando se esquecia de levar um. Diamant destruiu por volta de vinte cadernos a pedido dele — ou foi o que ela disse a Brod. Mas esses cadernos estavam, na verdade, seguros no escritório de Diamant. Ela os via como suas posses particulares mais importantes.[11] Tragicamente, em março de 1933, a Gestapo tomou todos os papéis da posse dela. Apesar de tentativas repetidas de encontrá-los, esses cadernos, cerca de 35 cartas de Kafka para Diamant e a única cópia de um quarto romance nunca foram encontrados e, provavelmente, foram destruídos.[12]

No entanto, apesar desse caso de destruição, muito da obra literária de Kafka sobreviveu. O grosso encontrava-se no apartamento dos pais dele em Praga, apesar de Brod também ter encontrado capas de cadernos — com o conteúdo perdido, presumidamente materiais que foram destruídos com sucesso por Kafka.

Após sua morte, Brod juntou os papéis de Kafka do hospital perto de Viena, onde ele havia morrido, e do quarto do apartamento dos pais dele, onde o escritor tinha uma escrivaninha. Esse processo desencavou bilhetes de Kafka para Brod, que este publicou logo após a morte do autor. O primeiro dava instruções bem claras e nada ambíguas:

> *Querido Max,*
>
> *Meu pedido final: deixo tudo para trás [...] em forma de diários, manuscritos, cartas (de outros e as minhas), rascunhos e tudo mais a serem queimados [...] sem serem lidos, assim como todos os escritos e rascunhos que você ou outros possam ter, e peça o mesmo a eles em meu nome. Se as pessoas decidirem não entregar as cartas para você, deveriam ao menos prometer queimá-las pessoalmente.*
>
> *Sinceramente,*
> *Franz Kafka*[13]

O processo de coleta de Brod também trouxe um segundo bilhete, mas esse complicava a instrução clara e simples do primeiro:

Querido Max,

Desta vez, talvez eu não levante mais, o princípio de pneumonia certamente é provável após o mês de febre pulmonar, e nem mesmo registrá-la por escrito vai mantê-la distante, apesar de a escrita ter certo poder.

Neste caso, eis meu testamento em relação a meus escritos:

De tudo o que escrevi, a única coisa que conta são esses livros: O processo, O foguista, A metamorfose, Colônia penal, Um médico rural *e o conto "O artista da fome" [...]. Quando eu digo que esses cinco livros e o conto importam, não digo que tenho qualquer desejo que sejam republicados e passados ao futuro; pelo contrário, devem desaparecer completamente; seria esse meu verdadeiro desejo. Mas, como eles estão aí, não estou evitando ninguém de ficar com eles se quiser.*

Porém, tudo mais da minha escrita [...] é, sem dúvida, até onde possa ser obtido ou recuperado de seus receptores (você conhece a maioria dos receptores: Frau Felice M; Frau Julie, de nascimento Wohryzek; e frau Milena Pollak: e não se esqueça particularmente dos cadernos que estão com Frau Pollak) — tudo isso, sem exceção, é melhor que não seja lido (não vou impedir que dê uma olhada, preferia que não o fizesse, mas, em todo caso, ninguém mais deveria fazê-lo) — tudo isso, sem exceção, deve ser queimado, e peço que o faça o quanto antes.

Franz[14]

Apesar de essas instruções serem claras, elas apresentavam um sério dilema a Brod, que desafiava os princípios da amizade. A relação deles era de longa data. Conheceram-se em 1902, como estudantes da Universidade Charles em Praga. Sua força intelectual era desigual, mas desenvolveram uma relação pessoal marcada pela devoção de Brod. Ele tinha uma forma hábil de viver que, combinada com sua admiração pelo brilho literário do amigo, permitiu que ele se tornasse um tipo de "agente", enquanto Kafka tentava desenvolver uma carreira literária. A saúde precária de Kafka, sua natural reticência e a profunda autocrítica tornaram essa tarefa autoimposta

QUEIMANDO LIVROS 109

incrivelmente dura. Apesar dos desafios, Brod permaneceria um amigo constante, não apenas o incentivando a desenvolver e publicar sua obra literária, mas também oferecendo ajuda prática para lidar com editores.[15]

Portanto, o dilema de Brod era claro: ele deveria seguir os desejos finais do amigo ou deveria permitir que sua obra literária sobrevivesse e buscasse um público maior, algo que sabia que iria agradar Kafka? No final, Brod escolheu desobedecer a seu amigo. Em sua defesa, argumentou que Kafka sabia que ele não poderia seguir com essa decisão — se o falecido escritor falasse mesmo a sério, teria pedido a outra pessoa que destruísse os papéis.

Brod estava determinado a propiciar a Kafka o lugar na cultura literária que achava que ele merecia, mas que nunca havia conquistado em vida. Brod também tinha consciência daquilo a que Larkin mais adiante iria se referir como uma qualidade "mágica" dos manuscritos, e os usaria para ajudar a forjar sua reputação literária. O escritor George Langer relembrou uma história (talvez "lenda" seja um termo mais apropriado para se usar com Kafka) ocorrida durante uma visita a Brod em Tel Aviv nos anos 1940. Langer havia ido ver os manuscritos de Kafka, mas foi atrapalhado por uma queda na energia. Mesmo com a energia voltando posteriormente, Brod recusou-se a repetir a oportunidade e deixar o escritor ver os manuscritos. A maneira como Brod guardava os manuscritos, seu esforço em ver Kafka publicado e a biografia do amigo que lançou em 1937 ajudaram a criar uma aura literária incrível ao redor do autor (pelo menos em círculos literários que falavam alemão, inicialmente).[16]

Brod editou e conseguiu que o editor de Berlim Die Schmeide publicasse *O processo* em 1925 e editou uma obra inacabada que o editor original de Kafka, Kurt Wolff, iria lançar como *O castelo* (em alemão, *Der Schloss*) em 1926. O romance *O desaparecido ou Amerika* (*Amerika*) também viria a público em 1927, tendo sido "completado" por Brod a partir das anotações de Kakfa. Seguiram outras obras que requereram seleção editorial mais substancial a partir dos diários e cartas de Kafka, que só foram possíveis porque Brod estava de posse desse material. Não ocupavam muito espaço, mas possibilitaram que toda uma carreira fosse criada de forma póstuma, dando não só a Kafka a reputação de um dos maiores escritores dos tempos modernos, mas também gerando a Brod renda e fama próprias.

Traduções para o inglês começaram a ser publicadas a partir de 1930, assinadas pelo casal de literatos escocês Edwin e Willa Muir. Entre os primeiros leitores em língua inglesa, estavam Aldous Huxley e W. H. Auden, ambos fãs entusiasmados da escrita dele. Seguiu-se uma lista de escritores europeus, especialmente Walter Benjamin e Bertolt Brecht, que ajudaram a construir a reputação de Kafka no Entreguerras. Se Brod não tivesse desobedecido ao amigo e tivesse destruído o arquivo de Kafka, o mundo teria sido privado de uma das vozes mais originais e influentes do século xx.

O arquivo de Kafka passou por vários lugares quando poderia ter sido destruído desde o ato de preservação de Brod em 1924. Em 1939, com os nazistas prontos para entrar em Berlim e instalar seu reino de antissemitismo, Brod entrou em um dos últimos trens para deixar a cidade, com malas cheias de papéis. Nos anos 1960, com o conflito árabe-israelense trazendo o risco de bombardeio à cidade onde os papéis de Kafka eram guardados, Brod decidiu colocá-los em um cofre de banco na Suíça. Agora, eles estão em grande parte em três locais: o grosso na Biblioteca Bodleiana em Oxford, com outras porções substanciais no Deutsches Literaturarchiv em Marbach, na Alemanha, e outras na Biblioteca Nacional de Israel, em Jerusalém. Todas as três instituições trabalham juntas, dedicadas à preservação e ao compartilhamento do extraordinário legado literário de Kafka.

A ética de tomar uma decisão sobre a "curadoria" de grandes obras literárias é complexa e difícil. A destruição deliberada das cartas enviadas por Thomas Cromwell foi um ato planejado de diligência política para proteger o próprio Cromwell e seus funcionários. Mas, como resultado, nossa compreensão de uma figura histórica vital foi consideravelmente reduzida (até Hilary Mantel preencher a lacuna com uma mistura de imaginação e pesquisa em sua trilogia de romances). A queima das memórias de Byron pode bem ter salvado seu dedicado público leitor do choque e do desgosto na época, mas, com o passar do tempo, a mística daquela obra perdida poderia ter acrescentado muito à sua reputação de ser um escritor à frente de seu tempo, cuja vida era tão importante quanto sua obra. O resgate do arquivo de Kafka demorou muito para ajudar em sua reputação. Apenas relativamente há poucos anos, a decisão curatorial de Brod foi celebrada como uma contribuição maior para a cultura do mundo. Imagine nossa cultura sem *O processo* ou *A metamorfose*? Às vezes, precisamos da bravura e da visão de curadores "particulares" como Max Brod para ajudar a garantir que o mundo tenha acesso contínuo às grandes obras da civilização.

7
UMA BIBLIOTECA QUEIMADA DUAS VEZES

EXATAMENTE UM SÉCULO APÓS a queima de Washington, outro exército invasor encontrou uma biblioteca e a viu como uma forma perfeita de dar um golpe no coração de seu inimigo. Dessa vez, a ação teria impacto global, assim como os modos de espalhar notícias haviam sido transformados nos séculos depois que a queima na Biblioteca do Congresso perturbou o jovem George Gleig. A queima da biblioteca da Universidade de Lovaina (conhecida na época como Université Catholique de Louvain) em 1914 pelo Exército alemão invasor moldaria o foco do ultraje político profundo. Diferentemente do incidente em Washington, o destino da biblioteca figuraria como uma *cause célébre* internacional.

O jovem jesuíta de Lovaina, Eugène Dupiéreux, escreveu em seu diário em 1914:

> Até hoje eu me recusei a acreditar no que os jornais diziam sobre as atrocidades cometidas pelos alemães; mas em Lovaina eu vi como é a cultura deles. Mais selvagem do que a dos árabes do califa Omar, que queimaram a Biblioteca de Alexandria, nós os vemos ateando fogo na famosa Biblioteca da Universidade, em pleno século xx.[1]

A Universidade de Lovaina foi a primeira a ser estabelecida no país que hoje é conhecido como Bélgica. Fundada em 1425, a instituição educou diversas mentes grandiosas, como o teólogo são Roberto Belarmino, o filósofo Justus Lipsius e o cartógrafo Gerard Mercator. A universidade era composta por faculdades separadas (no fim do século XVI, havia 46 delas). Cada uma reuniu coleções de livros durante a Idade Média, pois não existia uma conexão entre os departamentos até a fundação da biblioteca central da universidade em 1636, que cresceu no século seguinte por meio de compras e doações. Lovaina era uma universidade relativamente rica, e sua riqueza ajudou no desenvolvimento da biblioteca. No final do século XVII, uma nova tática de dispor as prateleiras, recentemente estabelecida na França, foi adotada, com estantes colocadas contra as paredes da biblioteca, com janelas acima. Entre 1723 e 1733, um novo prédio da biblioteca foi construído, e, conforme o século XVIII progrediu, a riqueza da universidade a faria adquirir coleções além daquelas necessárias para o uso imediato dos acadêmicos. Esse desenvolvimento recebeu um forte impulso devido à destinação de verbas à biblioteca pelo imposto nacional de depósito legal instituído em 1759 por Carlos Alexandre de Lorena, governador-geral dos Países Baixos (que também alocou o imposto na Bibliothèque Royale em Bruxelas).[2] Alguns anos depois, a biblioteca foi beneficiária do fechamento forçado de uma biblioteca vizinha — a supressão da Ordem jesuíta em 1733 possibilitou que a universidade comprasse os livros dos religiosos (esses volumes estão agora dispersos pelo mundo e são muitas vezes negociados por vendedores de livros raros).[3]

A universidade sofreu entre o fim do século XVIII e o começo do XIX, quando as Guerras Revolucionárias Francesas se espalharam pela Europa. Realocaram-se as faculdades de Lovaina forçadamente para Bruxelas entre 1788 e 1790 sob o domínio de Napoleão, e a universidade fechou de modo formal em 1797, e depois foi fundada outra vez em 1816. Quase 10% dos livros da biblioteca — mais de oitocentos volumes de incunábulos (livros impressos antes de 1501), edições ilustradas e livros gregos e hebraicos foram levados à força para Paris em 1795 por oficiais da Bibliothèque Mazarine (um destino que recaiu sobre outras bibliotecas na região, como a Bibliothèque Royale). Outros livros foram escolhidos a dedo pelo bibliotecário da École Centrale em Bruxelas.

A universidade e a sua biblioteca foram temporariamente fechadas pela revolução de 1830, que criou a nação belga. A instituição reabriu em

1835 como Universidade Católica, e a biblioteca tornou-se um símbolo de renovação nacional, um motor para o poder intelectual e social, sendo um elemento crucial para cimentar o novo papel do ensino superior na consciência nacional belga. Também se tornou uma biblioteca pública, uma das três (com Liège e Ghent) do país, mas considerada a melhor entre elas.[4]

Em 1914, a biblioteca em Lovaina tinha mais de 300 mil volumes em seu acervo e um grupo de coleções especiais de qualidade internacional. Sua importância podia ser vista em seus gloriosos prédios barrocos. Seus volumes refletiam a identidade cultural belga, registrando a contribuição intelectual das maiores mentes da região e preservando o forte sabor cultural católico da universidade. Além disso, era um recurso nacional, como biblioteca de depósito legal, aberta ao público geral. Havia quase mil volumes de manuscritos, a maioria de autores clássicos e textos teológicos, como os fundadores da Igreja e da filosofia e da teologia medievais. Também mantinha uma coleção considerável de incunábulos e coleções não catalogadas de livros orientais e manuscritos em hebraico, caldaico e armênio. O bibliotecário da universidade antes da Primeira Guerra Mundial, Paul Delannoy, embarcou na modernização desde o momento que assumiu o posto em 1912, já que naquele ponto a biblioteca havia ficado para trás na onda de organização de bibliotecas acadêmicas e as salas de leitura estavam vazias. Ele começou a organizar formas de catalogação e adquiriu novas coleções de pesquisa, com uma pegada mais contemporânea na organização da instituição, um processo que foi dramaticamente interrompido na noite de 25 de agosto de 1914. Assim como na Biblioteca do Congresso, a destruição que se seguiu seria catastrófica, mas acabaria levando a um grande salto à frente.

Tropas alemãs chegaram a Lovaina em 19 de agosto de 1914, tendo violado a neutralidade belga ao marcharem pelo país a caminho da França, e por cerca de uma semana a cidade funcionou como quartel-general do primeiro Exército alemão. As autoridades civis belgas já haviam confiscado todas as armas mantidas por cidadãos belgas comuns, alertando-os de que apenas o Exército era autorizado a agir contra as forças alemãs. Estudiosos da Primeira Guerra Mundial fracassaram em encontrar qualquer evidência de insurreição popular contra os alemães. Em 25 de agosto, houve uma série de atrocidades em Lovaina, possivelmente provocadas por um grupo de tropas alemãs que, em estado de pânico, dispararam contra algumas de suas próprias tropas. Naquela noite, as represálias começaram. Civis belgas foram removidos à força de suas casas e executados sumariamente, como o prefeito e o reitor da universidade. Por volta da meia-noite, tropas alemãs entraram na biblioteca da universidade e incendiaram-na com gasolina. O prédio inteiro e quase todo seu acervo, livros com impressão moderna e diários, assim como grandes coleções de manuscritos e obras raras, foram destruídos. Apesar de a Alemanha ser signatária da Convenção de Haia de 1907, que declarava em seu artigo 27 que "em cercos e bombardeios devem ser dados todos os passos necessários para poupar o máximo construções dedicadas à religião, à arte, à ciência e a propósitos de caridade", os alemães permaneceram hostis a seu espírito, especialmente à ideia de que a guerra pudesse obedecer a códigos.

A Convenção de Haia acabaria incorporando sanções muito mais fortes para atos de violência contra a propriedade cultural, mas seu poder na Primeira Guerra Mundial ainda era relativamente fraco. A queima da biblioteca da Universidade de Lovaina e a resposta da comunidade internacional iriam ajudar a mudar isso (não tanto pela inclusão de uma cláusula separada no Tratado de Versalhes), lidando com a reconstrução da biblioteca.

Em 31 de agosto, o *Daily Mail* noticiou "Um crime contra o mundo", declarando que a Alemanha não podia ser perdoada "enquanto o mundo conservar uma lasca de sentimento".[5] O líder intelectual britânico Arnold Toynbee sentia que os alemães tinham alvejado intencionalmente o coração da universidade, sem o qual a instituição não poderia realizar seu trabalho. O jornal franco-católico *La Croix* sentiu que os bárbaros haviam queimado Lovaina.[6] A visão alemã, ecoando desculpas dadas pelo Exército britânico em Washington em 1814, foi que houve uma resistência civil na cidade, com artilharia contra as tropas germânicas, o que causou as atrocidades.

No desenrolar imediato, o kaiser Guilherme II da Alemanha enviou um telegrama para o presidente dos Estados Unidos, sem dúvida temendo que o incidente pudesse encorajar norte-americanos a se unirem aos Aliados — argumentando que o Exército alemão havia simplesmente respondido a ataques da população civil da cidade. Em 4 de outubro de 1914, seguindo acusações de crimes de guerra, um grupo de 93 proeminentes artistas, escritores, cientistas e intelectuais alemães publicou um manifesto sobre os eventos de Lovaina. Foi chamado de "Um apelo ao mundo da cultura" e assinado por alguns dos líderes culturais mais distintos da Alemanha, como Fritz Haber, Max Liebermann e Max Planck. Eles escreveram: "Não é verdade que nossas tropas trataram Lovaina com brutalidade. Habitantes furiosos caíram traiçoeiramente sobre elas em seus alojamentos, obrigando nossas tropas a disparar contra uma parte da cidade como punição, com o coração partido".[7] A controvérsia sobre a causa da destruição da biblioteca continuou por mais de um século. Em 2017, o historiador de arte alemão Ulrich Keller pôs a culpa pela devastação novamente na resistência belga.

Romain Rolland, autor e intelectual francês que era grande admirador da cultura alemã, escreveu com indignação intrigada ao *Frankfurter Zeitung* em setembro de 1914, dirigindo suas palavras ao colega Gerhart Hauptmann. Assim, apelou para que ele e outros intelectuais alemães reconsiderassem suas posições: "Como querem ser chamados doravante se rejeitam o título de 'bárbaros'? São descendentes de Goethe ou de Átila?". A resposta de Hauptmann foi inequívoca: melhor viver como descendentes de Átila do que ter escrito "descendente de Goethe" no túmulo.[8]

Nem todos os alemães sentiam-se assim. Adolf von Harnack, diretor da Biblioteca Real Prussiana em Berlim (agora a Staatsbibliothek zu Berlin), um grande acadêmico bíblico e um dos signatários do "manifesto de 93", escreveu para o ministro da Cultura prussiano para sugerir nomear um oficial alemão na Bélgica ocupada para garantir que as bibliotecas não fossem danificadas durante o restante da guerra. A proposta foi aceita e, no fim de março de 1915, Fritz Milkau, diretor da Biblioteca Universitária de Breslávia (agora Wrocław, na Polônia), foi enviado a Bruxelas para assumir sua missão. Milkau trouxe consigo gente como o jovem soldado reservista que fora bibliotecário na Universidade de Bonn, Richard Oehler, e eles visitaram 110 bibliotecas na Bélgica, discutindo sobre conservação e proteção.[9]

O quarto aniversário da destruição da Universidade de Lovaina foi marcado por uma comemoração no porto francês de Le Havre, assentamento do exilado governo belga. Os oficiais juntaram-se a representantes dos Aliados, que formavam um grupo diverso, com um enviado do rei da Espanha e um delegado da Universidade de Yale. Mensagens públicas de apoio foram enviadas pelo mundo, enquanto o clima de solidariedade pela Bélgica mudava a ênfase no ultraje para apoio pela reconstrução.

No Reino Unido, a Biblioteca John Rylands, em Manchester, foi uma das mais generosas instituições que sentiram uma empatia profunda com as perdas de Lovaina. Em dezembro de 1914, os diretores da biblioteca decidiram doar algumas de suas duplicatas a Lovaina para "oferecer uma expressão prática dos profundos sentimentos de solidariedade com as autoridades da Universidade de Lovaina pela perda irreparável que sofreram por meio da bárbara destruição dos prédios da universidade e da famosa biblioteca". Eles marcaram duzentos livros que sentiam que seriam o "núcleo da nova biblioteca". A John Rylands ofereceu não apenas doar os próprios livros, mas também coletar obras doadas para a Lovaina de coleções públicas e privadas no Reino Unido.

Henry Guppy, diretor da John Rylands, foi a força motivadora por trás do apoio britânico para Lovaina. Ele lançou um panfleto em 1915 relatando uma resposta "encorajadora" ao apelo público por doações de livros vindo de tão longe quanto a Biblioteca Pública Auckland, na Nova Zelândia. De fato, os esforços de Guppy foram notáveis. Em julho de 1925, foi feito o envio final de livros para Lovaina, totalizando 55.782 volumes, que precisaram de doze remessas para serem transferidos e representavam 15% dos livros perdidos nos incêndios de agosto de 1914. As autoridades em Manchester ficaram enormemente orgulhosas de seus esforços, demonstrando que o apelo da Biblioteca da Universidade de Lovaina havia tocado pessoas comuns, que viviam muito longe da Bélgica.

Quando a guerra terminou, o esforço internacional de reconstruir a biblioteca acionou várias engrenagens. O processo foi auxiliado pela inclusão especial da biblioteca no artigo 247 do Tratado de Versalhes (28 de junho de 1919): "A Alemanha responsabiliza-se em suprir a Universidade de Lovaina [...] com manuscritos, incunábulos, livros impressos, mapas e objetos de coleção, correspondendo em número e valor aos destruídos na queima da Biblioteca de Lovaina pelos alemães".[10]

Os Estados Unidos também viram uma oportunidade de apoiar o esforço internacional para ajudar Lovaina a reconstruir sua biblioteca, não apenas para oferecer solidariedade cultural e intelectual, mas como uma oportunidade de transmitir "poder brando". Nicholas Murray Butler, presidente da Universidade de Columbia, foi bem ativo liderando iniciativas norte-americanas, e a Universidade de Michigan, em Ann Arbor, enviou livros. Em outubro de 1919, o cardeal Mercier, arcebispo de Mechelen e Primaz da Bélgica, que havia conduzido o povo belga na resistência à ocupação alemã, visitou Ann Arbor para receber um doutorado honorário em direito. Sua bravura durante a guerra foi citada na apresentação, feita em um salão com mais de 5 mil membros da universidade, e em resposta o cardeal belga se esforçou para agradecer aos "garotos" da América que lutaram pela liberdade do país dele. Após o "Hino Nacional Belga" e o "Hino de Batalha da República", apresentou-se um livro ao cardeal Mercier. O livro era cheio de simbolismo. Era uma edição do texto de Boécio, *De consolatio philosophiae* ("O consolo da filosofia"), que havia sido impresso em Lovaina em 1484 por um impressor alemão, Johannes de Westfália, que havia vindo de Paderborn e Colônia para estabelecer a primeira casa de impressão nos Países Baixos.

A ironia dessa vinheta particular da história não escapou à comunidade acadêmica em Ann Arbor. Uma inscrição em latim foi inserida no livro, que dizia: "Fui impresso na Universidade de Lovaina por certo alemão que lá recebeu a mais calorosa hospitalidade. Após muitos anos, viajei pelo oceano Atlântico, para outra terra, onde felizmente esquivei-me do destino que impiedosamente tomou meus companheiros nas mãos dos alemães". Essa edição em particular foi um dos trezentos incunábulos que faziam parte da coleção da Lovaina antes da destruição da biblioteca. Portanto, foi escolhida para substituir um item perdido particularmente precioso.[11]

A arquitetura da nova biblioteca, que teve fundos levantados pelos norte-americanos, devia olhar para o futuro e para o passado. O estilo do novo prédio refletia muito a arquitetura dos Países Baixos, particularmente a "renascença" flamenga do século XVII. Mas a biblioteca seria grande: o suficiente para 2 milhões de livros, influenciada pelo design mais atual para bibliotecas de pesquisa, especialmente aquelas das universidades norte-americanas da Ivy League, como Columbia, Harvard e Yale. A política cultural em jogo na renovação da biblioteca seria expressa na decoração da estrutura. Na entrada principal, haveria a estátua da Virgem Maria, reconhecendo o catolicismo da cidade, enquanto dois brasões iriam ostentar a heráldica da Bélgica e dos Estados Unidos.[12]

A colocação da pedra fundamental em 1921 foi igualmente simbólica dessa nova relação belgo-americana. Apesar de a cerimônia ter participação de representantes de 21 países e ser presidida pelo rei e pela rainha da Bélgica, vários cardeais e o marechal Petain, o envolvimento norte-americano ocuparia palco central. O presidente da Universidade de Columbia e o embaixador dos Estados Unidos em Bruxelas leram uma mensagem de encorajamento do presidente Harding. A visão de Henry Guppy foi de que "esse foi o dia da América".[13] Oito anos depois, em 4 de julho de 1929, o Dia da Independência Americana — a cerimônia oficial de inauguração da recém-reformada Biblioteca da Universidade de Lovaina aconteceu. A bandeira norte-americana destacava-se no palco, e os discursos foram feitos pelo embaixador dos Estados Unidos, o presidente do comitê norte-americano para a restauração da biblioteca, representantes do comitê francês e o cardeal Mercier. Como se a presença norte-americana já não estivesse ofuscando os belgas, uma estátua do presidente Herbert Hoover foi inaugurada durante a cerimônia para honrar seu apoio ao projeto. A reconstrução da biblioteca iria tornar-se uma grande fonte de tensão diplomática entre os EUA e a Bélgica e ajudou a gerar o isolacionismo na política externa que dominaria a política norte-americana nos anos 1930.

Apesar dessas grandes celebrações, a finalização da reforma transformou-se em um ponto de pressão para a América durante a década de 1920, já que o projeto se tornou simbólico do prestígio norte-americano na Europa. Em 1924, os problemas de financiamento se tornaram visíveis na mídia, com o *New York Times* descrevendo a reconstrução da biblioteca como "uma promessa não cumprida" no editorial de novembro daquele ano. No mês seguinte, Nicholas Murray Butler dissolveu seu comitê e passou a tarefa para Herbert Hoover, então secretário do Comércio dos EUA. Com outros comentaristas dos Estados Unidos lamentando o fracasso em completar a biblioteca como uma

120 *Richard Ovenden*

desgraça nacional, John D. Rockefeller Jr. relutantemente prometeu uma doação de US$ 100 mil, encarando isso mais como um dever patriótico, uma demonstração de entusiasmo genuíno pelo projeto. Em dezembro de 1925, os fundos finalmente foram levantados e a reconstrução poderia começar.[14]

Então, outra questão veio à tona. A epígrafe planejada para o prédio pelo arquiteto norte-americano Whitney Warren — *"Furore Teutonico Diruta, Dono American Restituta"*: "Destruída pela fúria alemã, reconstruída por doações americanas" — havia sido concebida antes da mudança dos rachas políticos ocorridos na Europa no fim dos anos 1920. Essa inscrição não parecia mais apropriada. Nicholas Murray Butler, em particular, começou a ter reservas sobre a inscrição. Ele assumiu um novo cargo naquele ano como presidente do Carnegie Endowment for Peace, uma organização filantrópica bastante preocupada com o papel das bibliotecas na Europa pós-reconciliação. Uma batalha nas páginas dos jornais norte-americanos naquele momento se dava entre Warren e Butler, e a questão logo se espalhou pela Europa. Tornou-se uma tensão diplomática e de relações públicas, que exacerbou fortes sentimentos antiamericanos na Europa, seguindo a execução de 1927 de Sacco e Vanzetti, dois anarquistas italianos que imigraram para os EUA e aparentemente foram vítimas de visões antieuropeias injustas que prevaleciam na América. A batalha pela inscrição continuou nos dias que se seguiram à cerimônia que marcou a finalização das obras, realizada em 4 de julho de 1928. Warren, apoiado por nacionalistas belgas, recusou-se a mudar a inscrição. As autoridades da universidade, apoiadas pelo governo dos Estados Unidos, não permitiram que fosse colocada. No lugar, deixaram um espaço em branco no muro da biblioteca. Warren abriu um processo contra a universidade e nos dois anos seguintes a questão correu nos dois lados do Atlântico, com a fachada branca pichada por nacionalistas belgas em duas ocasiões. No fim de 1936, a inscrição original foi colocada em um memorial de guerra em Dinant, e a questão da biblioteca parou de ser notícia, permitindo que as autoridades norte-americanas e as da universidade em Lovaina respirassem aliviadas.[15]

Infelizmente, essa paz duraria pouco. Não apenas a lição de Lovaina não seria aprendida após a Primeira Guerra, mas ela teria de ser ensinada novamente na Segunda. Na noite de 16 de maio de 1940, quase 26 anos após a primeira destruição da biblioteca, o prédio reconstruído foi novamente destruído em grande parte, e outra vez foram as Forças Armadas alemãs que o fizeram de alvo e o bombardearam.

No *Times* de 31 de outubro de 1940, em um artigo chamado "Lovaiana novamente" o correspondente belga do jornal relatou que "os alemães declaram que foram os britânicos que colocaram fogo dessa vez, mas ninguém na Bélgica tem nenhuma dúvida da culpa alemã". Um comitê de investigação alemão conduzido pelo professor Kellermann, de Aix-la-Chapelle (Aachen), que descobrira latões no porão originários do Extremo Oriente alegou que haviam sido abastecidos de gasolina pelos britânicos, que então os explodiram com granadas. O *New York Times* de 27 de junho de 1940 relatou que Berlim forneceu "provas conclusivas" de que a destruição da biblioteca havia sido um plano britânico.[16]

O presidente da Universidade de Columbia, Nicholas Murray Butler, que havia se envolvido com a reconstrução, recebeu uma carta assustadora do bibliotecário da universidade em Lovaina:

> Sinto mesmo muito em ter de contar que a biblioteca foi quase completamente estripada pelo fogo; que as belas salas de estantes nos fundos, que abrigavam nossas preciosas coleções, não existem mais, e que apenas vigas terrivelmente derretidas e entortadas permaneceram. É doloroso de contemplar [...] que também se foi a coleção de incunábulos, manuscritos, medalhas, preciosas porcelanas, bandeiras de seda e catálogos. Praticamente temos de começar mais uma vez do zero.[17]

O *Daily Mail* colocou os alemães como "culpados do crime de destruir a antiga Biblioteca de Lovaina" em um artigo de Emrys Jones em dezembro de 1940, depois de ataques aéreos incendiários em Londres. Para ele, foi um dos atos de "Grandes Incendiários" da história mundial, junto da destruição do Cloth Hall de Ypres e da Catedral de Reims. É muito difícil provar que o ataque foi intencionalmente dirigido à biblioteca tanto em 1940 quanto em 1914. O prédio de design americano, supostamente à prova de incêndio, não protegeu as coleções do local. Apenas 20 mil livros resistiram ao bombardeio, e outro esforço de restauração foi estabelecido para reconstruir a biblioteca, reaberta em 1950.[18]

O caso de destruição dupla da biblioteca no século xx invoca, em ambas as ocasiões, a noção de perda cultural sintetizada pela destruição da

Biblioteca de Alexandria. O dano à coleção mostrou-se mais do que a perda de grandes tesouros — e o valor intelectual dos tesouros destruídos foi minimizado por alguns acadêmicos, que preferem enfatizar o orgulho nacional e cívico pela biblioteca. Para muitos belgas, era sua *bibliothèque de famille*.[19]

Como a Biblioteca do Congresso, que também foi destruída duas vezes em poucas décadas, o ato de reconstrução em Lovaina foi mais do que simbólico. Ambas fizeram enormes esforços em reconstruir prédios, refazer coleções de livros e manuscritos que seriam utilizados e reutilizados por sucessivas gerações e, talvez mais importante, permitindo formas de trabalho a serem reconcebidas. O Exército alemão pode ter visto o ataque à biblioteca como uma oportunidade de infligir danos psicológicos ao inimigo e, a curto prazo, teve sucesso. O resultado a longo prazo teve o efeito oposto. A biblioteca é muito diferente hoje da instituição reconstruída nos anos 1920, 1940 e 1950. Apesar de a universidade ter sido dividida em duas durante a década de 1970, com uma falando francês, e a outra, flamengo, a Biblioteca de KU Leuven (como é conhecida hoje) consiste em um importante centro de aprendizado e educação em uma das universidades líderes da Europa, ajudando a Bélgica a ficar na dianteira do conhecimento sobre economia no continente.

O choque da perda da biblioteca foi o foco do mundo em 1914 e em menor extensão em 1940, porém sua história foi deixada de lado pelo público nas décadas seguintes. O Holocausto iria estabelecer um novo padrão para o desgosto e o ultraje públicos. A queima de bibliotecas individuais não é nada em comparação com o assassinato de milhões. Contudo, tanto na Bélgica quanto na Alemanha, a opinião pública ainda está preocupada com os eventos de Lovaina em 1914 e 1940. Uma comunidade ainda tem uma sensação de culpa e de responsabilidade; a outra continua tentando entender as motivações para o que aconteceu.

8
A Brigada de Papel

A perseguição dos judeus da Europa sob o regime nazista caiu com uma força aterrorizante não apenas sobre o Povo do Livro (como os judeus se autoidentificaram por milhares de anos), mas também sobre seus livros. Estima-se que mais de 100 milhões de volumes foram destruídos durante o Holocausto, nos doze anos do período de domínio nazista na Alemanha, de 1933 até o fim da Segunda Guerra Mundial.[1]

Os livros foram centrais para a religião e a cultura judaicas. No coração da vida dos judeus, há um livro em particular, a Torá (normalmente em forma de pergaminho), o mais importante da comunidade. Tanto é que, quando Jerusalém foi vencida pelos romanos em 70 d.C., um dos pergaminhos da Torá mantido no Templo de Jerusalém desfilou com o vitorioso imperador Tito pelas ruas de Roma, como um símbolo de sua vitória. Uma miríade de outros livros têm um imenso significado na vida dos judeus e, tradicionalmente, na cultura judaica, a verdadeira riqueza era medida em livros — emprestá-los era uma caridade —, e muitas leis especiais nasceram em torno do tratamento dos livros, indo da forma como pergaminhos deviam ser tratados para fazer a Torá até modos específicos de manusear livros sagrados. Por exemplo, eles nunca deveriam ser segurados de cabeça para baixo ou deixados abertos, a não ser que estivessem sendo lidos. Os judeus têm a preservação do conhecimento escrita em suas leis há milênios. A expressão mais conhecida dessa compulsão pela preservação é a geniza, que ainda existe em sinagogas por todo o mundo judaico. Derivadas do termo persa *ganj*, que significa "reserva" ou "tesouro escondido", genizas são armazéns onde são mantidos trechos de textos que contêm a palavra escrita de Deus. Essas palavras são tratadas na lei judaica como se fossem vivas e, quando ficam gastas, precisam ser honradas de forma adequada. Normalmente, as genizas tomam a forma de pequenos armários, mas, em alguns casos, como na da sinagoga Ben Ezra em Fustat, no Cairo, são mantidas por séculos como vastos armazéns. Quando a geniza do Cairo foi desmontada entre o fim do século XIX e o começo do XX, descobriram que continha milhares de trechos de livros e documentos que datavam dos séculos VII e VIII, um arquivo impressionante de cultura judaica atualmente preservado em bibliotecas ao redor do mundo (como a Bodleiana).[2]

Os livros judaicos não foram apenas destruídos publicamente em várias ocasiões, mas também sujeitos a atos deliberados de roubo e confisco, como uma tentativa de descrever e entender a cultura que o estado nazista buscava erradicar. Junto dessa destruição em massa, houve atos de preservação por comunidades e indivíduos que arriscaram (e às vezes perderam) suas vidas para salvar a forma física mais importante de sua cultura: o livro.

Os eventos de queima de livros de maio de 1933 levaram certo tempo para se intensificar, em parte pela reação internacional negativa a tais atos. Os escritores estiveram na vanguarda daqueles que se pronunciaram contra as queimas e as apontaram como um sinal de alerta. A escritora surdo-cega Helen Keller publicou a "Carta ao Corpo Estudantil da Alemanha": "Podem queimar meus livros e os livros das melhores mentes da Europa, mas as ideias neles penetraram por milhares de canais e vão continuar a despertar outras mentes".[3] O escritor H. G. Wells (cujos livros também foram queimados) pronunciou-se contra a "Desajeitada revolução grosseira contra o pensamento, contra a sanidade e contra os livros" em setembro de 1933, perguntando: "Aonde isso vai levar a Alemanha?".[4]

Assim, duas novas bibliotecas foram formadas como resistência. Um ano depois, em 10 de maio de 1934, a Deutsche Freiheitsbibliothek (Biblioteca da Liberdade Alemã, também conhecida como a Biblioteca Alemã de Livros Queimados) foi inaugurada em Paris. A Biblioteca da Liberdade Alemã foi fundada pelo escritor judaico-alemão Alfred Kantorowicz com o apoio de outros escritores e intelectuais, como André Gide, Bertrand Russell e Heinrich Mann (irmão do escritor alemão Thomas Mann), e, rapidamente, coletou mais de 20 mil volumes, não apenas livros que foram alvo de queima na Alemanha, mas também cópias de textos-chave nazistas para a compreensão do regime emergente. H. G. Wells ficou feliz em ter seu nome associado à nova biblioteca. O local se tornou ponto de encontro de intelectuais que imigraram da Alemanha e organizou leituras, palestras e exibições, para o desprazer dos jornais alemães. Em seguida à queda de Paris em 1940, a biblioteca foi dividida, com muitos de seus volumes juntando-se às coleções da Bibliothèque Nationale de France.[5] O Brooklyn Jewish Center em Nova York criou uma Biblioteca Americana de Livros Banidos pelo Nazismo em dezembro de 1934, com notáveis intelectuais em seu conselho, como Albert Einstein e Upton Sinclair. A biblioteca foi proclamada como uma forma de preservar e promover a cultura judaica em tempos de opressão renovada.[6]

A queima de livros de 10 de maio de 1933 foi simplesmente a precursora de, possivelmente, a erradicação de livros mais orquestrada e bem amparada da história.[7] Apesar de a quantidade de livros destruída nessa fase inicial não ser enorme (e pode ter sido superestimada), o impacto psicológico foi devastador e, seguindo esse evento, muitos judeus deixaram a Alemanha de vez.[8] O aumento constante dos ataques antissemitas continuou enquanto os Sudetos na Tchecoslováquia e na Áustria foram anexados pela Alemanha. Ataques a livros foram uma manobra essencial nessa campanha. Conforme as queimas continuavam, vários grupos nazistas começaram a formar listas de autores indesejáveis (que incluíam comunistas e homossexuais, assim como judeus). Os funcionários das bibliotecas não ficaram imunes ao apelo nazista, e um bibliotecário alemão importante, Wolfgang Herrmann, fez uma lista de autores banidos que se tornaram influentes por toda Alemanha, assim como Alfred Rosenberg (que se tornaria ministro do Reich para Territórios Orientais Ocupados), cujas visões sobre cultura e ideias eram importantes para Hitler e outros líderes nazistas. Essas listas, reforçadas pela polícia e pela *Sturmabteilung* (a ala paramilitar nazista), foram usadas pelo Ministério da Propaganda de Joseph Goebbels para atiçar o ódio aos judeus, o que resultou em livrarias, bibliotecas e residências sendo varridas de livros indesejados. A lista de obras banidas foi uma semente que caiu em um solo fértil após os desdobramentos da Primeira Guerra Mundial e o colapso econômico dos anos 1920. O levante do nazismo foi apoiado por todos os setores da sociedade; e Hermann incentivou grupos de estudantes em particular a limpar suas bibliotecas locais e suas universidades dos títulos nessas listas. Atiçando o ódio, Hermann descreveu essas bibliotecas de empréstimos como "bordéis literários". Em uma conferência de bibliotecas alemãs em 1933, um palestrante falou ativamente a favor da queima de livros e do confisco de obras de escritores judeus e esquerdistas.[9]

A sociedade alemã ficou intoxicada com o nazismo, com o mundo dos livros, ideias e conhecimento totalmente cúmplices desse fenômeno. Enquanto leis antijudeus continuavam a ser aprovadas, ataques a sinagogas aumentaram, e muitas bibliotecas religiosas judaicas foram arruinadas. A destruição tornou-se parte do Holocausto, o exemplo mais extremo de aniquilação cultural organizada. Nas primeiras horas de 10 de novembro de 1938, Reinhard Heydrich, o arquiteto da "Solução Final", referiu-se diretamente ao confisco de arquivos judaicos em um telegrama enviado ao Partido Nazista às vésperas da *Kristallnacht* (A Noite dos Cristais), pedindo *"Massnahmen gegen Juden in der heutigen Nacht"* ("medidas contra os judeus durante a noite"). Um processo de buscar arquivos de conhecimento para serem destruídos então se intensificou: "O material de arquivo deve ser confiscado pela polícia em todas as sinagogas e negócios das comunidades religiosas judaicas para que seja destruído durante as demonstrações [...] O material de arquivo deve ser passado aos departamentos responsáveis do *Sicherheitsdienst* [Serviço de Segurança]".[10]

Em 1939, na erupção da Segunda Guerra Mundial, a Gestapo (a Polícia Secreta do Estado Alemão durante a era nazista) começou um programa sistemático de confisco, mas as motivações para pegar coleções de arquivos judaicos foram divididas entre confisco e destruição. O trabalho da Gestapo foi substituído por um corpo semiacadêmico, que recebeu status oficial, equipe e financiamento, chamado de *Institut zur Erforschung der Judenfrage* (Instituto para Estudo da Questão Judaica). Com base em Frankfurt, esse grupo, que se iniciou oficialmente em 1941, era liderado por Alfred Rosenberg, o estrategista líder de antissemitismo.[11] O instituto deveria investigar os detalhes do judaísmo e sua história como religião e seu impacto em assuntos políticos europeus. No cerne do trabalho do instituto, estava o acúmulo de uma enorme coleção de livros e manuscritos em hebraico ou outras línguas semitas e livros sobre o judaísmo.[12]

O instituto trabalhava junto a uma organização que operava no campo, a *Einsatzstab Reichsleiter Rosenberg*.[13] A *Einsatzstab* (um termo alemão que significa "grupo operacional") tinha duas tarefas principais: a coleta de material para o instituto e a destruição de material em "excesso". Muito da liderança da organização foi deixada a cargo do dr. Johannes Pohl, que estudara arqueologia bíblica em Jerusalém (1932–1934) e havia sido padre católico por um tempo antes de se tornar membro do Partido Nacional Socialista. Pohl deixou o sacerdócio, casou-se e tornou-se curador da Hebraica e da Judaica na Staatsbibliothek zu Berlin (a Biblioteca Estatal de Berlim), uma posição que se tornou possível pela expulsão forçada do curador anterior, um judeu chamado Spanier. As motivações de Pohl são incertas, mas, após ter deixado o sacerdócio, sua visão se tornou violentamente antissemita. Ele começou a publicar artigos antissemitas em jornais e revistas alemães, usando sua *expertise* na língua hebraica e em estudos judaicos, por exemplo, sobre os perigos do Talmude (o texto central da lei judaica). Em 1941, Pohl mudou-se para Frankfurt para comandar a seção judaica do Instituto Rosenberg.[14] Em abril de 1943, o instituto tinha mais de 550 mil volumes pegos da renomada coleção judaica da Biblioteca da Cidade de Frankfurt e de bibliotecas na França, Holanda, Polônia, Lituânia e Grécia. Esse processo foi bem registrado graças à atenção do instituto aos detalhes e ao desejo do regime pela burocracia organizada e bem-documentada.[15]

Durante a segunda metade de 1941, com o lançamento da Frente Oriental, o regime nazista mudou da perseguição dos judeus para sua destruição. Enquanto a máquina de guerra alemã rolava sobre a Polônia, a Rússia e os Bálcãs, os judeus tornaram-se grandes alvos do genocídio. Várias organizações dedicaram-se a formar políticas antijudeus extremas e seguiram o *Blitzkrieg*.[16]

De várias formas, o assassinato em massa dos judeus pelos nazistas não foi um novo fenômeno. Por séculos, o povo judeu da Europa sofreu opressão, em grande parte nas mãos das comunidades cristãs em que viviam. Ondas de perseguição forçaram judeus a se mover de um país para outro: foram expulsos da Inglaterra no século XII e da Espanha no XV. Em outras partes da Europa, os níveis de aceitação dos judeus foram minguando. Em 1516, as autoridades venezianas forçaram os judeus a viverem em uma área contida, conhecida como Ghetto, nome do qual se deriva o termo contemporâneo.

A censura de livros judaicos cresceu entre 1500 e 1700: por exemplo, cópias do Talmude tiveram ordem de queima por um edito papal em 1553.[17] No ano seguinte, em 1554, o primeiro *Index Librorum Prohibitorum* católico ("Índice de livros proibidos") foi impresso em Veneza. Essa lista incluía mais de mil condenações a autores e suas obras, incluindo a produção completa de 290 autores, em sua maioria protestantes, dez das obras de Erasmo, assim como as compilações de leis judaicas conhecidas como Talmude.[18] Em anos recentes, estudiosos começaram a descobrir folhas de manuscritos hebraicos medievais que foram usados por encadernadores como material de descarte para cobrir registros de documentos medievais em cidades como Cremona, Pavia e Bolonha, com os livros originais em hebraico tendo sido confiscados.[19] Países da Europa Central e do Leste também perseguiram os judeus e periodicamente impunham censura, incitados pelos debates da Reforma no começo do século XVI. Os judeus de Frankfurt, por exemplo, tiveram seus livros apreendidos em 1509 e 1510 graças aos esforços de Johannes Pfefferkorn (1468/9–1521), um controvertido religioso criado como judeu, mas que se converteu ao catolicismo. Assim, ele dedicou-se à supressão de publicações judaicas nos estados católicos da Alemanha.[20] Mais ao leste, *pogroms* (massacres organizados) tornaram-se parte familiar do sofrimento dos judeus asquenazes que viviam no Assentamento Pale, parte ocidental do Império Russo (incluindo o que hoje é a Ucrânia, a Bielorrússia, os Países Bálticos e partes da Polônia, assim como a Rússia Ocidental) em uma área circunscrita onde os judeus puderam se estabelecer de forma limitada de 1791 a 1917. [21]

Apesar da perseguição, comunidades judaicas, em guetos ou mais livremente, conseguiram prosperar. Dentro da cultura europeia central e oriental, o hebraico e o ídiche eram línguas dos judeus. O hebraico era usado para cerimônias religiosas e rituais, e o ídiche (originalmente um dialeto

130 *Richard Ovenden*

do alto-alemão) servia para a comunicação do dia a dia. Como o hebraico também era a língua preferida para a cultura intelectual, o ídiche não era visto como uma língua "adequada" por muitos judeus do mundo, e o mesmo valia para a cultura que coexistia com tal dialeto. Contudo, no começo do século xx, o ídiche havia se tornado a língua materna de aproximadamente 11 milhões de pessoas — mais ou menos três quartos da população judaica do mundo — e já era um idioma com séculos de desenvolvimento histórico e tradição.[22] Como linguagem vernacular da maioria dos judeus do Leste Europeu, o ídiche era mais do que uma língua, era toda uma cultura e uma forma de vida.

No fim do século xix, teve início um amplo movimento que reconhecia a importância da cultura judaica no leste da Europa, mas também sua fragilidade. Emergindo desse movimento, estavam pessoas que dedicaram suas vidas a preservar a cultura ídiche, como Simon Dubnow. Ele era um estudioso judeu russo que, em 1891, publicou um ensaio no jornal *Voskhod*, no qual afirmava que judeus do Leste Europeu não apreciavam o suficiente a própria cultura. Ele incitava o público a começar a coletar material que documentasse a cultura dos judeus asquenazes.[23] O ensaio inspirou muita gente a mandar colaborações a ele e também deu origem à instalação de várias sociedades históricas. O movimento continuou a ganhar força e, nos anos 1920, havia várias ideias similares nas cidades de Berlim, Vilna (agora conhecida como Vilnius, capital da Lituânia) e Nova York para estudos avançados de ídiche. Também é importante notar que Dubnow reconheceu que a cultura dos judeus no leste da Europa estava sob ameaça de massacres, migrações e assimilação por comunidades cristãs, processos que não desapareceram no século xix: os *pogroms* de 1918 a 1920, por exemplo, mataram centenas de milhares de judeus.

Em Vilna, na Lituânia, Max Weinrich e Zalman Reisen — que em 1923 propôs uma "União de Filólogos Ídiches" — começaram a se encontrar e depois reunir com entusiasmo ativistas locais para considerar a melhor maneira de preservar a cultura judaica. Weinrich havia estudado na Universidade de São Petersburgo e completou sua graduação com um doutorado em Marburgo, na Alemanha. Duas organizações educacionais em Vilna fizeram uma reunião em 24 de março de 1925 que endossava propostas para estabelecer um Instituto Acadêmico Ídiche e encorajava colegas na Polônia a fazerem o mesmo, escrevendo que "o instituto acadêmico ídiche deve e será criado sem falhas".[24] Vilna era um local fértil para essa iniciativa. A cidade tinha uma grande população judaica: em 1939, os judeus consistiam em pouco menos de um terço da população da cidade. Durante os séculos XVIII e XIX, tornou-se conhecida como um poderoso centro da cultura e conhecimento judaico e foi terra natal de proeminentes líderes religiosos do século XVIII (como o celebrado Elijah ben Solomon Zalman, o "Gaon de Vilna", um brilhante estudioso rabino), transformando-se na "Jerusalém da Lituânia".[25] O novo instituto de Weinrich e Reisen, que se tornou conhecido como YIVO (Yidisher Visnshaftlekher Institut), logo se estabeleceu como foco de um "movimento" para coletar história e cultura judaica no leste da Europa, e uma energia tremenda começou a cercar o grupo por lá.[26]

Vilna também era uma cidade com uma forte cultura de bibliotecas, como a Biblioteca da Universidade e outras coleções seculares. No entanto, também podia se gabar de uma das mais ricas coleções de livros judaicos da Europa na Biblioteca Strashun, uma instituição comunitária, tida como a primeira biblioteca pública judaica do mundo, que se desenvolveu como um centro intelectual para a comunidade judaica em Vilna.[27] A biblioteca foi estabelecida pelo empresário e bibliófilo Matityahu Strashun, que, em sua morte em 1892, deixou de herança sua grande coleção de livros antigos e raros para a comunidade judaica da cidade. Desse modo, foi construída uma estrutura para abrigar a coleção adjacente à Grande Sinagoga, assim como estabelecer um conselho para supervisionar a instituição. O conselho permitiu que a biblioteca abrisse sete dias por semana, inclusive aos sábados, tal era a demanda pelo acesso ao conhecimento ali presente.[28] Outra grande coleção foi a da Mefitse Haskala (a "Associação para Disseminar Esclarecimento"), estabelecida em 1911 e de propriedade da comunidade judaica, que guardava mais de 45 mil volumes em ídiche, russo, polonês e hebraico.[29]

Foi nessa cidade que o YIVO foi estabelecido e cresceu rapidamente nos anos 1920 e 1930, tornando-se a "academia nacional dos apátridas".[30] A prioridade para Weinrich e Reisen era examinar os documentos primários disponíveis e, por meio da pesquisa, identificar fendas para que acadêmicos pudessem sair e coletar dados primários. Esse processo de reunir material,

132 *Richard Ovenden*

em maior parte por meio do trabalho de voluntários, era conhecido em ídiche como *zamlen*. Portanto, os *zamlers* eram voluntários do YIVO que coletavam material de gente viva — tanto documentos quanto testemunhos orais. Os materiais que coletavam eram enviados ao instituto em Vilna para serem analisados pelos acadêmicos. A ideia central do YIVO era mais do que apenas o processo de coleta. Na dianteira desse trabalho, estava o arquivamento, a preservação e o compartilhamento de conhecimento coletado pelos *zamlers*. Uma comissão bibliográfica era parte vital nessas atividades e, durante as primeiras seis semanas do YIVO, ela coletou mais de quinhentas citações e, dentro de um ano, 10 mil. Em 1929, havia registrado 100 mil citações e recebia regularmente trezentos jornais, dos quais 260 eram em ídiche. Em 1926, começou-se a registrar todos os novos livros produzidos no idioma, assim como os artigos mais importantes na imprensa ídiche e sobre ídiche em outras línguas. Em setembro de 1926, mais de duzentos *zamlers* haviam doado um total de 10 mil itens para as coleções do YIVO.[31]

O YIVO não seria apenas um centro para estudos judaicos, uma grande biblioteca e um arquivo, mas começou a ser a ponta de lança de um movimento de massa. No fim de 1939, o diretor-fundador do YIVO, Max Weinrich, estava na Dinamarca dando uma palestra sobre o trabalho do instituto e descobriu que ele não podia voltar a Vilna porque as forças soviéticas haviam invadido o leste da Polônia e entrado na cidade. Em consequência, Weinrich olhou para o único outro local onde o YIVO estava estabelecido que poderia ser considerado seguro. De Nova York, onde ele, precavido, havia estruturado um escritório entre 1929 e 1930, Weinrich pôde se corresponder com os quartéis-generais do YIVO em Vilna. Nos Estados Unidos, ele continuou a missão central de coleta do YIVO. Entre 1940 e 1941, fez um pedido por material e colocou anúncios na imprensa ídiche nos EUA e no próprio jornal do YIVO publicado em Nova York. Apesar de Weinrich não perceber isso em 1939, o YIVO e a vida cultural, religiosa, social e intelectual que registrava só iriam sobreviver por causa desse escritório em Nova York.[32]

No verão quente de 1941, Hitler rasgou o Pacto Molotov–Ribbentrop e lançou a Operação Barbarossa em uma Rússia desavisada. O *Blitzkreig* nazista foi opressor, obrigando o Exército russo a recuar rapidamente. Como parte desse ataque, os alemães tomaram Vilna em 24 de junho de 1941. Um time do Einsatzstab Reichsleiter Rosenberg, liderado pelo dr. Herbert Gotthardt (que fora bibliotecário em Berlim antes da guerra) chegou à cidade poucos dias depois. A princípio, visitaram sinagogas e bibliotecas, mas logo estavam fazendo a Gestapo prender estudiosos judeus.[33] Como em outras cidades com consideráveis populações judaicas, um gueto foi estabelecido, no qual o povo judaico ficava encurralado e controlado. O dr. Johannes Pohl, do Instituto Rosenberg em Frankfurt, visitou a cidade em fevereiro de 1942 com três especialistas. Depois de inspecionar a cidade e o trabalho feito desde a tomada de Vilna, ele percebeu que uma organização maior seria necessária para lidar com as diversas coleções judaicas de livros e documentos. Mais adiante, Pohl se deu conta de que apenas especialistas judaicos podiam assumir a tarefa de identificar materiais fundamentais. Assim, ordenou que o Gueto arranjasse doze trabalhadores para arrumar, empacotar e enviar esses materiais, nomeando uma equipe de três intelectuais judaicos para supervisionar o trabalho: Herman Kruk, Zelig Kalmanovitch e Chaikl Lunski. Os guardas judeus no Gueto chamaram o grupo de "Brigada de Papel".[34]

A equipe Einsatzstab, com seus trabalhadores forçados do Gueto na Brigada de Papel, recebeu um espaço na Biblioteca da Universidade de Vilna. Toda a coleção da Biblioteca Strashun, todos os 40 mil volumes, foi movida lá para *selektsia*: uma escolha entre a sobrevivência e a destruição dos livros que espelhava o destino de seres humanos nos campos de concentração, que começavam a ser instalados por todo o leste da Europa.[35] Alguns dos livros deveriam ser enviados ao Frankfurt Institute, outros a fábricas de papel próximas para reciclagem. Os intelectuais judeus encarregados desse processo foram um grupo extraordinário de acadêmicos e bibliotecários. O líder era Herman Kruk, ex-diretor da Biblioteca Grosser, especializada em ídiche e literatura socialista em Varsóvia, e que havia fugido para Vilna com outros refugiados judeus após a invasão nazista de 1939. Ele estabeleceu uma notável biblioteca no Gueto de Vilna, tecnicamente um ressurgimento da Biblioteca Hevrah Mefitse Haskalah, e recebeu a ajuda de Moshe Abramowicz, que havia trabalhado na biblioteca antes da ocupação nazista, e uma jovem, Dina Abramowicz. Zelig Kalmanovitch, que trabalhava como substituto de Kruk, foi um dos diretores do YIVO no pré-guerra; e Chaikl Lunski, diretor da Biblioteca Strashun, trabalhava como consultor bibliográfico, catalogando livros para serem enviados a Frankfurt. "Kalmanovich e eu não sabemos se somos ladrões de túmulos ou salvadores", escreveu Kruk em seu diário.[36]

Um segundo local de trabalho logo foi aberto pelos nazistas na biblioteca YIVO e outros judeus do Gueto mostraram-se necessários à equipe, fazendo as seleções, afinal o volume de material a ser vasculhado era grande demais. Nesse ponto, a Brigada de Papel também incluía mulheres, como Rachel Pupko-Krinsky, uma ex-professora de história que era hábil com o latim medieval, e artistas como Abraham Sutzkever, um renomado poeta ídiche. A raiva dos nazistas contra os livros judaicos em Vilna não era restrita a bibliotecas institucionais. Conforme a Gestapo invadia casas atrás de judeus, o esquadrão Einsatzstab entrava em seguida buscando livros para garantir a erradicação da forma de vida deles. A caça por livros judaicos tornou-se cada vez mais agressiva. Em dado momento, o assoalho da sala de leitura da Universidade de Vilna foi retirado à procura de livros que poderiam estar escondidos. Em abril de 1943, o trabalho de Einsatzstab em Riga, Kaunas, Vilna, Minsk e Kiev havia tomado controle de 280 mil volumes; 50 mil só em Vilna esperavam o envio para Frankfurt.[37]

A destruição de livros judaicos foi registrada em detalhes meticulosos pela equipe de Pohl, com listas quinzenais dos livros enviados para a Alemanha e números enviados a fábricas de papel, com separações por língua e data de publicação. Uma cota de 70% foi destinada à destruição. Algumas vezes, os nazistas que não conseguiam ver a diferença enviavam livros a Frankfurt com base apenas na beleza da encadernação.

Em junho de 1942, Krug registrou em seu diário: "Os judeus ocupados com a tarefa estão literalmente aos prantos; é de cortar o coração ver isso acontecendo". Eles sabiam exatamente o que ocorreria com os livros e documentos que não eram enviados a Frankfurt e qual seria o destino da organização à qual eram tão dedicados antes da guerra: "O YIVO está morrendo. Sua cova coletiva é a fábrica de papel", escreveu Kruk.[38] Por um tempo, houve certa discórdia sobre a forma correta de lidar com os livros. Alguns, como Kalmanovitch, consideravam que era melhor serem enviados para Frankfurt — pelo menos sobreviveriam por lá. Outros sentiam que deveria haver uma forma melhor de lidar com a questão.

Como resposta a essa horrenda destruição deflagrada nas bibliotecas de Vilna, membros da Brigada de Papel trabalharam em estratégias para salvar os livros. Primeiramente, eles perceberam que uma resposta simples era arrastar o trabalho pelo máximo de tempo possível. Iriam ler os livros uns para os outros quando os alemães não estivessem na sala. Isso podia ser perigoso, uma vez que os nazistas que supervisionavam o processo não iriam ser benevolentes quando se dessem conta de que estavam sendo feitos de bobos, mas a segunda estratégia era ainda mais perigosa. Ao final do dia de trabalho, iriam esconder livros e documentos em suas roupas e os levariam para o Gueto. Krug tinha um passe que permitia a ele a entrada e a saída do Gueto sem vistoria, porém, se os nazistas encontrassem livros com outros trabalhadores, eles corriam o risco de ser imediatamente despidos e surrados. Então, seriam mandados para a prisão do Gueto ou até para a prisão Lukishki, em Vilna, e, depois, para o local de execução dos judeus criado pelos nazistas em Ponar, nos arredores da cidade. Deste destino, não havia retorno.

Entre março de 1942 e setembro de 1943, milhares de livros impressos e dezenas de milhares de manuscritos seguiram de volta para o gueto de Vilna graças ao impressionante, arriscado e perigoso contrabando de volumes da Brigada de Papel. Um dos trabalhadores forçados da equipe de seleção da Brigada, o poeta ídiche Abraham Sutzkever, obteve uma permissão da Gestapo para trazer papel ao Gueto para abastecer os fornos, mas em vez disso ele escondeu imediata e cuidadosamente livros impressos raros em hebraico e ídiche, cartas manuscritas por Tolstói, Máximo Gorki e Hayim Bialik, um dos diários do fundador do movimento sionista, Theodor Herzl, e desenhos de Marc Chagall. Muitos desses documentos sobrevivem hoje nas coleções do YIVO em Nova York. A Brigada de Papel até criou uma artimanha para levar mobília não usada de escritório para os quartéis-generais do YIVO no Gueto. Os alemães deram permissão a eles, mas a Brigada escondeu centenas de livros e documentos dentro da mobília. Uma vez no Gueto, os livros e documentos foram extraídos e então infiltrados em esconderijos elaborados e sofisticados. Um dos residentes do Gueto de Vilna, Gershon

136 *Richard Ovenden*

Abramovitsh, que fora engenheiro antes da guerra, construiu um bunker de dois metros embaixo da terra, que tinha seu próprio sistema de ventilação, eletricidade e até um túnel que levava a um poço que ficava fora do Gueto.[39] O bunker fora originalmente concebido como esconderijo para armas do subsolo do Gueto — e para a mãe de Abramovitsh, mas ela ficou feliz em compartilhá-lo com os livros e documentos resgatados. Alguns dos livros didáticos e infantis contrabandeados foram entregues a escolas clandestinas. Outros foram de grande uso para grupos paramilitares formados dentro do Gueto: um dos livros mostrava como fazer coquetéis molotov. Apesar dos riscos pessoais que a Brigada de Papel corria e de seus esforços heroicos para contrabandear livros e documentos ao Gueto, a maioria do material ainda ia para fábricas de papel fora de Vilna. Os membros da Brigada sentiram que seu tempo estava acabando. Kalmanovitch escreveu em seu diário em 23 de agosto: "Nosso trabalho está chegando a uma conclusão. Milhares de livros estão sendo jogados fora como lixo e os livros judaicos estão sendo liquidados. Qualquer parte que possamos resgatar será salva, com a ajuda de Deus. Vamos encontrá-la quando voltarmos como seres humanos livres".[40]

Em 23 de setembro de 1943, após várias semanas de ocupação passadas reunindo os habitantes aterrorizados, a liquidação brutal do Gueto de Vilna começou. A própria biblioteca extraordinária do Gueto foi fechada; e os livros, destruídos.[41] Os membros da Brigada de Papel não receberam tratamento especial. Junto a seus colegas habitantes do Gueto, a maioria deles foi assassinada pelos nazistas em Ponar ou mandada para campos de trabalhos forçados na Estônia, a maioria para nunca mais voltar.[42]

Sem que a Brigada de Papel soubesse, um esforço paralelo para salvar os registros da vida dos judeus no Leste Europeu era feito a 450 quilômetros a sudoeste de Vilna, no Gueto de Varsóvia. Lá, um grupo clandestino chamado Oyneg Shabes registrava a vida diária do gueto em seus mais de três anos de existência, criando mais de 30 mil páginas de ensaios, poemas, cartas e fotografias. Eles registravam humor popular, piadas, esperanças messiânicas, histórias e poemas, mas também protestos sobre outros judeus trabalhando para os nazistas no Gueto e até detalhes do comportamento da polícia judaica que o controlava de comum acordo com os nazistas. Até recordações, como papéis de bala decorados, eram preservadas.

Como em Vilna, o material foi enterrado no Gueto (em dez caixas e três galões de leite feitos de metal), porém esses materiais não eram livros e documentos preexistentes, resgatados da rica cultura da cidade. As coleções de Varsóvia estavam lá para documentar a vida do Gueto em si, seus habitantes e suas vidas, mas, como em Vilna, esses atos de preservação pretendiam que o futuro se lembrasse do passado. Emanuel Ringelblum, líder do Oyneg Shabes, foi descoberto escondendo-se com a família e trinta e tantos judeus e morto em março de 1944, poucos dias após a aniquilação do Gueto de Varsóvia.[43]

Recuperou-se o arquivo Oyneg Shabes em duas partes. A primeira foi em setembro de 1946, resultado de uma busca sistemática nas ruínas do Gueto. Dois galões de leite contendo a segunda parte foram descobertos em 1º de dezembro de 1950. A terceira ainda está perdida. Cerca de 1.693 itens, de um total de 35 mil páginas, foram recuperados, só da parte do arquivo de Ringelblum, e contêm minutas, memorandos, diários, memórias, últimas cartas, ensaios, poemas, piadas, romances, contos, redações escolares, diplomas, proclamações, pôsteres, fotografias, desenhos e pinturas. A coleção está agora no Instituto Histórico Judaico em Varsóvia e digitalmente disponível nos arquivos do Memorial do Holocausto em Washington, que também exibe um dos galões de leite originais.[44]

Em Vilna, alguns membros da Brigada de Papel, com outros judeus do Gueto, conseguiram escapar para se juntar aos guerrilheiros nas florestas. Um desses era o poeta Abraham Sutzkever, que se juntou à brigada de judeus guerrilheiros Nekome-nemer ("Os vingadores"). Ao ouvir a notícia da liberação de Vilna, Sutzkever e Justas Paleckis, o presidente exilado da Lituânia, correram para a cidade passando pela destruição do derrotado Exército alemão nas estradas, com os corpos de soldados alemães exalando um fedor de putrefação que era "mais agradável para mim do que qualquer perfume", como Sutzkever registrou em seu diário.[45]

Quando ele retornou a Vilna após os alemães terem sido forçados para fora do avanço soviético, Sutzkever descobriu que o prédio do yivo fora atingido pela artilharia e os documentos secretamente escondidos lá haviam todos sido destruídos. A maioria dos membros da Brigada de Papel foi para campos de trabalhos forçados ou assassinada nas fases finais do genocídio nazista.

138 *Richard Ovenden*

Um punhado deles — Sutzkever; o colega poeta Shmerke Kaczerginski, que fora o bardo mais popular do Gueto; Ruzhka Korczak, um estudante ativista da "Jovem Guarda" socialista sionista; Noime Markeles, outra estudante e comunista que trabalhou na Brigada com seu pai; Akiva Gershater, um fotógrafo especialista em esperanto; e Leon Bernstein, um matemático — foram os únicos membros da Brigada de Papel a sobreviverem.[46] Eles se reuniram nas ruínas de Vilna e começaram a procurar pelos esconderijos dentro do Gueto, alguns dos quais descobertos pelos nazistas. Os conteúdos desses esconderijos haviam sido queimados.

Por um milagre, o armazém subterrâneo criado por Gershon Abramovitsh estava intacto, e os materiais foram levados à superfície. A sobrevivência deles era um símbolo de esperança para os judeus restantes na cidade. Dois outros esconderijos no Gueto também estavam intactos. Os membros sobreviventes da Brigada de Papel que escaparam de Vilna, liderados por Sutzkever e Shmerke Kaczerginski, se juntaram a Aba Kovner, antigo comandante do subterrâneo do Gueto. Assim, estabeleceram o Museu Judaico de Cultura e Arte como um tipo de sucessor para o YIVO com aprovação formal das autoridades soviéticas que naquele momento eram o governo oficial, sob os auspícios do Comissariado do Povo de Educação. Eles deram esse passo ao perceberem que, sob o controle soviético, nenhum instituto particular como o YIVO poderia ser tolerado. No novo museu, abrigado na antiga Biblioteca do Gueto, começaram a abrigar as coleções recuperadas. Vinte toneladas de materiais do YIVO foram encontradas em uma fábrica de papel e mais trinta toneladas no pátio da Administração de Dejetos de Vilna. Sacos de batata cheios de documentos e livros começaram a chegar ao museu.[47]

Conforme o verão virava outono, a vida azedou para os judeus que voltavam a Vilna. As autoridades soviéticas começaram a exercer o controle, e as atividades culturais judaicas tornaram-se alvo para a supressão política. Sutzkever e Kaczerginski começaram a enviar livros para o YIVO em Nova York. Quando descobriram que os soviéticos haviam enviado trinta toneladas de livros descobertos na Administração de Dejetos de volta às fábricas de papel, os membros do YIVO em Vilna perceberam que os livros e documentos teriam de ser salvos mais uma vez.

As autoridades soviéticas não eram apenas veementemente contra todas as formas de religião, mas eram, em particular, contra os judeus. Ao longo dos anos 1940, os judeus começaram a se associar aos Estados Unidos, afinal vários haviam se mudado para lá. Aos poucos, os três funcionários do museu começaram a contrabandear livros outra vez, enviando alguns para o escritório do YIVO em Nova York. A situação em Vilna ficara tão grave que Kaczerginski se demitiu em novembro de 1945, e ele e Sutzkever fugiram para Paris. Em 1949, as coleções do YIVO foram requisitadas do museu pelo Ministério dos Assuntos Internos (MVD), predecessor da KGB, e colocadas no porão da igreja de São Jorge — apropriado como um lugar de armazenagem pela Câmara do Livro da República Socialista Soviética Lituana —, localizada ao lado de um antigo mosteiro carmelita. Os materiais permaneceram lá, imperturbados por quarenta anos.

Desse ponto em diante, a sobrevivência do YIVO e outros materiais judaicos em Vilna deveu-se aos esforços heroicos de um bibliotecário lituano, o dr. Antanas Ulpis.[48] Ulpis era diretor da Câmara do Livro, uma biblioteca protonacional, que preservava e registrava todos os livros publicados na Lituânia. Sua pesquisa bibliográfica permanece como obra de referência até hoje. Localizada no mosteiro próximo à igreja de São Jorge, a Câmara do Livro usou o templo como um armazém para suas coleções. Ulpis era altamente solidário com os judeus da Lituânia e deu o passo incomum de apontar judeus para altos cargos durante os anos 1950 e 1960. Ele teve permissão de viajar pela Lituânia buscando material para a Câmara do Livro e conseguiu preservar várias coleções judaicas importantes que sobreviveram aos nazistas, mas estavam mais uma vez vulneráveis à destruição pelos soviéticos.

Ulpis também obteve material de outras bibliotecas em Vilna que tinham herdado partes da coleção da Brigada de Papel. Como o governo havia declarado todas as formas de cultura judaica como algo antissoviético e ordenado a remoção de itens ídiches de circulação, as bibliotecas foram relutantes em aderir. Ulpis persuadiu diretores de bibliotecas a contribuir com materiais de arquivo fora de sua política de coleção. Ele sabia que os materiais judaicos seriam destruídos se as autoridades comunistas tomassem ciência deles. Então, ele os escondeu na igreja — até os tubos dos órgãos

140 *Richard Ovenden*

foram usados para ocultar documentos judaicos (muitos anos depois, quando seu filho ficou intrigado por não conseguir tocar o órgão, apenas seu pai sabia o verdadeiro motivo pelo qual o som não saía). Ulpis escondeu outros livros em "plena vista", colocando-os atrás ou no meio de conjuntos de livros mais convencionais. Ele apostou que as autoridades comunistas não iriam vasculhar muito profundamente as centenas de milhares de livros armazenados lá. Ulpis passou muitos anos garantindo que sua coleção permanecesse em segredo — inspirado pela esperança de que um dia o clima político o permitiria revelar sua presença. Antanas Ulpis morreu em 1981 antes de ver seu sonho do retorno de livros e documentos judaicos para a comunidade que os criara. Ele manteve bem seu segredo.

Durante os anos 1980, a política da *Glasnost* (um termo russo tornado popular por Mikhail Gorbachev, que significava "abertura e transparência") e o derretimento geral da Guerra Fria permitiram um espaço na vida política e intelectual dos países comunistas do Leste Europeu. Naquele momento, era possível para as organizações judaicas se encontrarem abertamente e para os judeus terem uma vida pública própria de novo. Testemunhei a *Glasnost* em primeira mão ao visitar a Polônia em 1987. A Biblioteca da Universidade Jagielloniana na Cracóvia tornou-se uma das fontes de mudança na cidade, graças a uma biblioteca de língua inglesa administrada pelo British Council. Por todo o bloco soviético, bibliotecas eram uma parte essencial dessas enormes mudanças, e a Câmara do Livro em Vilna não era exceção.

Em 1988, um artigo em uma revista ídiche soviética alegou haver mais de 20 mil livros ídiches e hebraicos na coleção. Esses começaram a ser examinados em maior detalhe, e o diretor da Câmara do Livro abriu discussões com Samuel Norich, então diretor do YIVO em Nova York. Norich visitou Vilna e descobriu que, além dos livros impressos, havia dezenas de milhares de documentos, muitos dos quais materiais coletados pelos *zamlers* do YIVO, secretamente preservados pela Brigada de Papel. Nesse ponto, as coleções que foram salvas várias vezes por pessoas que arriscaram suas vidas se enroscaram mais uma vez em políticas culturais. Norich estava ansioso para que os documentos fossem devolvidos ao YIVO. No entanto, com o renascimento da nação lituana, as coleções veriam outra luz — um símbolo da cultura nacional lituana antes da era soviética. Em 30 de maio de 1989, a Biblioteca

Nacional da Lituânia foi criada ao longo das eras — nacional, da ocupação-nazista, soviética e nacional outra vez — que haviam começado em 1919 com a fundação da Biblioteca Central da Lituânia. Em 1990, a Lituânia declarou independência da União Soviética. Houve um período de grande volatilidade política — evitou-se a intervenção militar por pouco, o regime soviético enfim ruiu e a Lituânia retornou à democracia. Em 1994, foi finalmente acordado que os documentos poderiam ser levados à sede do YIVO em Nova York para conservação, catalogação e cópia, antes de serem devolvidos à Biblioteca Nacional da Lituânia.

Em 25 de outubro de 2017, o website da Biblioteca Nacional Martynas da Lituânia postou um anúncio de que mais 170 mil páginas de documentos judaicos haviam sido identificadas na igreja de São Jorge, nos Arquivos Nacionais Lituanos e na Biblioteca Wroblewski da Academia Lituana de Ciências. O volume do material que Ulpis conseguiu esconder foi impressionante. Em 1991, descobriram-se 150 mil documentos. O material tratava dos corpos comunais judaicos, da organização da vida judaica no Leste Europeu, da obra de Dubnow e de outros itens nos primeiros dias do YIVO; do teatro ídiche no período entreguerras e incluía tais tesouros como o livro de registros da Sinagoga de Vilna, que detalha a vida religiosa dessa instituição durante a época de Elijah ben Solomon Zalman, o celebrado "Gaon de Vilna".[49]

As coleções foram novamente catalogadas, preservadas e copiadas à custa do YIVO, mas os objetos físicos permaneceram na Lituânia sob a guarda da Biblioteca Nacional. Uma das grandes diferenças entre esse projeto e a iniciativa anterior foi que naquele momento a digitalização podia tornar os materiais acessíveis via internet. O diretor da Biblioteca Nacional, professor Renaldas Gudauskas, queria promover essa instituição como tendo "preservado uma das coleções mais significativas dos documentos da herança judaica na Lituânia e no mundo". Dez documentos foram colocados em exibição pública em Nova York como símbolos da colaboração entre a Biblioteca Nacional e o YIVO — como um livreto de poemas escrito no Gueto de Vilna por Abraham Sutzkever. A sobrevivência desse livreto frágil a diversas tentativas de destruição foi uma evidência da dedicação impressionante de vários indivíduos para preservar o conhecimento das civilizações judaicas do Leste Europeu.[50]

Os tesouros que reapareceram na Lituânia após 75 anos podem não ser as últimas peças de conhecimento que sobreviveram aos nazistas. Após os aliados terem capturado Frankfurt em 1945, as vastas coleções pilhadas do instituto foram levadas a um depósito em Offenbach, onde puderam ser avaliadas, separadas e devolvidas a seus devidos donos.[51] Um visitante norte-americano em Offenbach, em 1947, descreveu o local como um "mortuário de livros".[52] Estabeleceram-se vários comitês para lidar com o retorno dessas coleções, como o "Comitê de Restauração de Museus, Bibliotecas e Arquivos Continentais Judaicos", presidido pelo eminente estudioso britânico Cecil Roth.

Manter arquivos judaicos na Alemanha, o país responsável pelo Holocausto, foi visto por muitos judeus em Israel como algo impensável. O proeminente estudioso da cabala Gershom Scholem escreveu ao grande rabino e estudioso Leo Baeck que "para onde os judeus migraram é que os livros pertencem". No entanto, havia algumas cidades em que uma pequena sobra de cidadania judaica posterior permanecia, como em Worms, Augsburgo e Hamburgo, e onde a transferência de arquivos tinha uma resistência feroz, pois simbolizava o fracasso da continuidade de uma fixação judaica europeia. Fez-se uma campanha na cidade de Worms liderada pelo antigo arquivista municipal, Friedrich Illert, que ajudou a salvar os registros judaicos dos nazistas e, também, junto a Isidor Kiefer, antigo presidente da comunidade judaica da cidade, que se estabeleceu em Nova York. Illert esperava que os arquivos pudessem ajudar a criar uma "pequena Jerusalém" novamente em Worms. O caso foi simbólico para os judeus da Alemanha, que queriam manter suas comunidades vivas, como o derradeiro triunfo sobre o mal. Em Worms e Hamburgo, processos legais foram travados sobre o destino dos arquivos judaicos com arquivistas alemães e líderes judeus locais lutando para evitar a transferência de arquivos "deles" para instituições em Israel. Acabaram perdendo o caso por conta da pressão política de Konrad Adenauer, o primeiro chanceler da República Federativa da Alemanha, que estava ansioso em mostrar a cooperação entre a Alemanha Ocidental pós-nazismo e o Estado de Israel.[53]

Algumas coleções de bibliotecas judaicas permaneceram escondidas por boa parte do século xx. Só nos últimos dez anos, 30 mil livros foram devolvidos a seiscentos donos, herdeiros e instituições — esforços apoiados mais recentemente pela facilidade de postar listas de livros à espera de restituição on-line (por instituições como a Conferência de Material Judaico contra a Alemanha e a Organização Mundial de Restituição Judaica). Desde 2002, a Zentral und Landesbibliothek Berlin (ZBB) tem buscado sistematicamente por materiais pilhados pelos nazistas entre suas coleções e os tem devolvido aos seus respectivos donos. A ação é financiada desde 2010 pelo Senado de Berlim. A tarefa é muito lenta e difícil: a Biblioteca da Cidade de Berlim examinou 100 mil livros; dos 29 mil que identificou como roubados, apenas novecentos foram devolvidos para proprietários em mais de vinte países. Desde 2009, 15 mil livros de quinze bibliotecas austríacas foram devolvidos a seus donos ou herdeiros.[54]

Alfred Rosenberg foi julgado no Tribunal Militar Internacional em Nuremberg entre 1945 e 1946 por crimes de guerra e crimes contra a humanidade. Os registros do processo de Rosenberg referem-se frequentemente a bibliotecas e arquivos, aos perseguidores soviéticos focando a campanha para saquear Estônia, Letônia e Rússia; e ele lutou para se defender das provas que apresentaram. Sua única defesa contra o procurador francês foi usar a velha desculpa de que apenas agiu porque havia acatado uma ordem do governo para "receber os arquivos". A condenação de Rosenberg declarou que ele era "responsável por um sistema de pilhagem de propriedade tanto pública quanto privada pelos países invadidos da Europa. Agindo sob as ordens de Hitler em janeiro de 1940 [...], ele comandou a Einsatzstab Rosenberg, que saqueou museus e bibliotecas". Ele também foi condenado por planejar a Solução Final e foi responsabilizado pela segregação, por atirar em judeus e por trabalhos forçados de jovens. Foi enforcado em 1º de outubro de 1946.[55]

Uma das coleções de materiais judaicos mais requisitadas na Bodleiana hoje é a de Coppenhagen, formada pela família de mesmo nome em Amsterdã. Isaac Coppenhagen (1846–1905) foi um importante professor e copista. Ele, seu filho Haim (1874–1942) e o neto Jacob (1913–1997) reuniram uma importante coleção de livros hebraicos em sua casa. Com a invasão da Holanda em 1940, a coleção foi levada para um colégio judaico. Conforme a perseguição dos nazistas aos judeus na Holanda ficou mais severa, a coleção passou a correr risco e, com a ajuda de não judeus, os livros foram levados para um colégio holandês próximo, onde permaneceram escondidos. Jacob também recebeu refúgio de não judeus, mas o restante da família foi assassinado nos campos de concentração nazistas. Alguns dos livros da coleção de Coppenhagen foram pegos pelos nazistas em Amsterdã e levados pela Einsatzstab Reichsleiter Rosenberg: pelo menos dois livros na coleção hoje em Oxford têm os carimbos do Depósito de Arquivos Offenbach, prova de que os livros foram saqueados de uma biblioteca particular.

Apesar da ferocidade dos nazistas, o senso de preservação acabou prevalecendo. Conforme a fumaça baixava das ruínas, livros e arquivos começaram lentamente a reaparecer. Emanuel Ringelblum, Herman Kruk e incontáveis outros foram assassinados, mas seus sacrifícios possibilitaram que a memória de sua cultura e sua fé persistisse, mesmo que fosse apenas um pequeno fragmento do que existiu antes. O trabalho de Abraham Sutzkever, Dina Abramowicz, Antanas Ulpis e grupos como a Brigada de Papel e o Oyneg Shabes possibilitaram que os documentos que sobreviveram tivessem um sentido além do papel e do pergaminho em que foram escritos. O YIVO, em Nova York, a Bodleiana, em Oxford, e a Biblioteca Nacional da Lituânia, em Vilna, continuam a preservar o registro cultural da vida judaica. No momento em que escrevo, a Biblioteca Nacional de Israel está sendo construída em Jerusalém, um prédio de 45 mil metros quadrados que abriga a maior coleção de escrita judaica já reunida (inclusive o arquivo de Abraham Sutzkever): um lar do livro para o Povo do Livro.

9
Queimado sem ter sido lido

Philip Larkin, que foi um dos poetas mais importantes do século xx, também foi bibliotecário, ativo em vários comitês junto a seu posto como bibliotecário-chefe na Universidade de Hull (desde sua nomeação em 1954 até sua morte em 1985). Ele compreendia com conhecimento de causa os diferentes aspectos de arquivos literários dos dois lados — uma rara combinação, apesar de ter havido outros como Jorge Luis Borges, que foi tanto um grande escritor quanto diretor da Biblioteca Nacional da Argentina. (Casanova também passou seus últimos anos trabalhando como bibliotecário.)

Durante os anos 1960 e 1970, muitos arquivos de escritores britânicos foram adquiridos por bibliotecas de universidades na América do Norte: por exemplo, os papéis de Evelyn Waugh foram vendidos à Universidade do Texas em Austin (em 1967) e de sir John Betjeman para a Universidade de Victoria, Colúmbia Britânica (1971). Larkin ficou envolvido no esforço de despertar conhecimento do valor de arquivos literários na Grã-Bretanha, como parte de um esquema nacional de financiamento. Ele doou o caderno com seus primeiros poemas para a Biblioteca Britânica em 1964, ainda que os tivesse escrito para sua amante Monica Jones se autodepreciando. Disse que o manuscrito estava "entulhado de poemas não publicados": "Devo dizer que são medonhamente tediosos, sem humor nenhum, um blá-blá-blá mirrado". Mas acrescentou: "Ainda assim...". Ele sabia do valor de seu próprio material.[1]

Em seu ensaio "Uma responsabilidade negligenciada", escrito em 1979, Larkin escreveu de modo eloquente para incentivar universidades e escritores a valorizar coleções literárias:

> *Todos os manuscritos literários têm dois tipos de valor: o que pode ser chamado de valor mágico e o valor significativo. O valor mágico é mais antigo e mais universal: este é o papel em que ele escreveu, tais são as palavras conforme ele as escreveu, emergindo pela primeira vez nessa combinação particular [...]. O valor significativo é de origem muito mais recente, e é o grau com o qual um manuscrito ajuda a aumentar nosso conhecimento e compreensão da vida e da obra de um escritor.[2]*

Esses dois valores são o motivo pelo qual coleções agora são tão valorizadas por bibliotecas de universidades, provocando competição entre instituições e altos preços exigidos por negociantes. Eles fornecem materiais brutos para estudantes trabalharem, incentivam a produção acadêmica e enriquecem oportunidades de ensino. O aspecto "mágico" dos documentos emerge em seminários, em que estudantes podem se aproximar do manuscrito original; ou em exibições em que um público mais amplo pode ver rascunhos de obras com as quais podem estar familiarizados em outros contextos culturais (como em filmes ou produções de TV).

Alguns escritores têm uma verdadeira noção do valor de pesquisa de seus arquivos, talvez interagindo com estudantes e sentindo que as pessoas vão querer estudá-los em um futuro bem distante. Claro que há escritores com uma noção deliberada de que o arquivamento garante sua reputação póstuma e usam seus próprios papéis como um tipo de "curadoria" sobre como serão estudados muito depois de mortos. Outros escritores veem seus arquivos como uma maneira de ganhar uma renda extra. Com frequência, é uma mistura de motivações. O que se omite de um arquivo pode ser tão significativo quanto o que é incluído.

Andrew Motion — um dos responsáveis pela literatura de Larkin — descreveu a ordem bibliotecária na qual o autor mantinha o próprio arquivo poético, organizando-o meticulosamente em caixas, colocando em ordem alfabética a correspondência e tornando relativamente fácil para seus representantes entenderem seus papéis.[3] Pouco depois de sua morte, seu

148 *Richard Ovenden*

arquivo foi enviado para a Biblioteca Brynmor Jones na Universidade de Hull, onde ele passou a maior parte de sua vida produtiva, e uma parte menor, porém significativa, foi para a Bodleiana, em Oxford, na qual estudou e fez pesquisa para sua edição do *Livro de Oxford de versos ingleses do século XX*, publicado em 1973. Para completar sua pesquisa, ganhou uma bolsa de visitante no All Souls College e recebeu uma preciosa chave na Bodleiana: para as estantes da grande biblioteca de obras raras, cujo acesso só era concedido a leitores em raras ocasiões. Naturalmente, Larkin aproveitou muito esse privilégio.

Ainda assim, em seu leito de morte, Larkin pediu à namorada de longa data, Monica Jones, que queimasse seus diários, uma vez que lhe faltavam forças para fazer isso ele mesmo. Não é de se surpreender que ela tenha se sentido incapaz de realizar sozinha essa tarefa — quem gostaria de ser responsável por destruir a escrita de um dos mais famosos poetas do Reino Unido? A destruição dos diários de Larkin acabou sendo delegada a Betty Mackereth, sua dedicada secretária havia 26 anos (e, mais tarde, outra de suas namoradas, além de sua bibliotecária-assistente, Maeve Brennan).

Mackereth levou mais de trinta volumes dos diários para o escritório de Larkin na Biblioteca Brynmor Jones alguns dias após sua morte, em 2 de dezembro de 1985, tirou as capas e triturou o conteúdo. Para se certificar de que nada sobrevivesse, as páginas trituradas foram enviadas para a fornalha da universidade e incineradas. As capas ainda podem ser encontradas entre os papéis de Larkin na Hull, cobertos com recortes de jornal colados pelo poeta.[4]

Houve mais volumes de diários em um estágio anterior de sua vida, mas alguns desses foram destruídos pelo próprio Larkin. Um editor em 1976 sugeriu publicar uma seleção deles, e isso encorajou o poeta a passar pelos diários, um ato reflexivo que o incitou a destruir os primeiros volumes. Supostamente, a ideia de que todos os demais cadernos deveriam ter o mesmo destino se estabeleceu na mesma época. A própria Mackereth, sem dúvida, achava que havia feito a coisa certa. Andrew Motion, em sua biografia sobre Larkin, citou-a:

> Não estou tão seguro de que fiz bem em manter as capas, mas são interessantes, não são? Sobre os diários em si, não tenho dúvidas. Devo ter feito a coisa certa, porque era o que Philip queria. Ele foi bem claro quanto a isso; queria que fossem destruídos. Eu não os li enquanto colocava na máquina, mas não pude evitar ver um pedaço ou outro. Era algo bem infeliz. Realmente desesperado.[5]

Larkin fez uma escolha interessante de destruí-los por completo, dada sua profissão de bibliotecário e sua luta pela causa de aquisição de manuscritos literários e preservação. Jones e Mackereth estavam bem certos quanto aos desejos de Larkin. Ele começou a pensar em seu legado literário desde 11 de março de 1961, após passar um período no hospital. Escreveu para Jones que:

> Uma coisa que me deixa envergonhado é minha recusa em deixá-la usar meu apartamento. Isso tem sido uma preocupação o tempo todo e deriva do fato de que deixei alguns papéis particulares e diários espalhados por lá. Tais coisas, que suponho que mantenho em parte para registro, caso eu queira escrever uma autobiografia, e em parte para aliviar meus sentimentos, terão de ser queimadas sem ser lidas quando ocorrer minha morte; eu não poderia encarar ninguém que as tivesse visto, quanto mais expor você ou qualquer um à vergonha e, sem dúvida, à dor de ler o que escrevi.[6]

Como bibliotecário e alguém interessado em manuscritos literários, Larkin sabia que havia alternativas para esse destino chocante. Em 1979, escreveu para sua amiga Judy Egerton, depois que foi para Devon ver os papéis de seu antigo amigo de faculdade Bruce Montgomery, que morrera recentemente: "Fiquei alarmado ao descobrir que ele havia guardado todas as minhas cartas desde 1943! Afinal Ann [a viúva de Bruce] está com pouco dinheiro [...], sinto que deve ser livre para vendê-las, e ainda assim [...] ela animadamente me ofereceu de volta, mas não acho que eu deva aceitar. Que problema!". A Bodleiana acabou adquirindo as cartas de Montgomery, porém concordando que os originais não poderiam ser abertos ao público até 2035: Larkin teria sabido muito bem que um bloqueio extenso (até longo demais) poderia ser aplicado a seus próprios papéis.[7]

No entanto, resta uma alternativa ao diário de Larkin, que foi quase destruída por acidente. Por meio de seu relacionamento, Larkin e Monica Jones trocaram milhares de cartas e cartões-postais. As cartas dela para ele foram deixadas para a Bodleiana por Larkin, mas as cartas dele para ela eram enviadas com tanta frequência e tão expansivas em suas revelações pessoais que acabaram nos deixando bem próximos de um diário que pode ser recuperado dos resquícios literários do poeta.

Larkin era um grande escritor de cartas. Ele se correspondeu longamente com vários amigos e familiares, como James Sutton, Bruce Montgomery, Kingsley Amis, Monica Jones, Judy Egerton, Robert Conquest, Anthony

Thwaite, Maeve Brennan e Barbara Pym. A maioria delas foi enviada para seus pais entre 1936 e 1977 — são mais de 4 mil cartas e cartões ao todo (e um número similar enviado de volta a ele por seus pais, que também está preservado).[8] Mesmo assim, talvez as correspondências mais pessoais e importantes tenham sido entre Larkin e Monica Jones, com quem ele teve o relacionamento romântico mais longo de sua vida. Ele enviou a Jones mais de 1.421 cartas e 521 cartões-postais, o que dá um total de mais de 7.500 páginas. Muitas cartas eram longas, em geral com mais de seis páginas, às vezes até catorze, e com frequência eram enviadas a cada três ou quatro dias. Após a morte de Monica, a coleção permaneceu na casa dela em Leicester, onde era acadêmica. Ladrões entraram no apartamento dela, roubando produtos eletrônicos baratos, mas desprezando os papéis que Monica espalhava pela casa, sem perceberem que o valor do arquivo era muito maior do que a TV que pegaram.

As cartas foram compradas do espólio dela pela Biblioteca Bodleiana em 2004. Elas oferecem uma visão profunda sobre a personalidade de Larkin. Suas motivações, seus pensamentos sobre todo o tipo de coisas, de seus colegas a política, são revelados nessas cartas, mais do que nas outras correspondências de conhecimento público devido à proximidade do relacionamento com Monica.

Por que Larkin ficava tão incomodado com a ideia dos outros lendo seus diários? Ele era uma pessoa tímida, às vezes chamado de "Eremita de Hull", e escreveu sobre sua dificuldade em revelar seus pensamentos pessoais na própria escrita. Sua obra é tomada de melancolia, e as reflexões, em sua maioria, não são diretas. Às vezes, o inverso é verdade e ele confronta seus próprios sentimentos, abre seus pensamentos internos de maneira chocante, mais celebremente no poema "This be the verse".

Quando ele pediu a Motion para se juntar a Monica Jones e Anthony Thwaite como um de seus tutores literários, Larkin disse: "Não será nada difícil de fazer. Quando eu vir a Morte com a foice batendo à minha porta da frente, irei para o fundo do jardim, como Thomas Hardy, e farei uma fogueira com todas as coisas que não quero que ninguém veja". Motion deixou essa instrução contrapondo o fato de que, em sua morte, um grande conjunto de diários, junto a seus outros papéis, estava intacto. Monica Jones, registra

Larkin, sentiu que o namorado estava tentando negar a iminente morte dele, e tê-las destruído seria a admissão da própria mortalidade. Mais convincente é a dicotomia inerente à posição de Larkin. Ele simplesmente não conseguia se decidir. Por um lado, estava apaixonado por preservar manuscritos literários, doando até um de seus cadernos poéticos à Biblioteca Britânica. Por outro, estava muito desconfortável em deixar outros, especialmente aqueles próximos a ele, de fato tomarem conhecimento de seus pensamentos mais internos, conforme colocados nos diários. Até o testamento dele era tão contraditório que seus representantes tiveram de buscar assistência jurídica antes de decidir que podiam pela lei não destruir nada mais do arquivo de Larkin e colocar o grosso daquilo na Biblioteca Brynmor Jones em Hull.

O exemplo do legado de Larkin demonstra o impacto que a censura individual de alguém pode ter no próprio legado. A perda de diários criou um enigma sobre os pensamentos dessa pessoa tão particular, com esforços para reconstruir esses pensamentos por meio de cartas, que podem preencher algumas lacunas. O interesse pela vida e pelo trabalho de Larkin cresceu desde sua morte, impulsionado de certa maneira pelo enigma criado por seus desejos finais de ter seus diários destruídos.

A destruição das memórias de Byron é um dos atos mais notórios de limitação de danos literários. Aqueles próximos a ele queriam proteger sua reputação póstuma, um ato de que estudiosos literários se arrependeram. Um poeta de popularidade similar, duzentos anos depois — Ted Hughes —, seria o centro de outro ato de destruição literária, dos últimos diários de sua primeira esposa, a poeta e escritora igualmente grandiosa, Sylvia Plath. O relacionamento entre Hughes e Plath foi intensamente examinado, tomando várias páginas impressas de discussão e crítica. Um aspecto desse relacionamento que permanece incerto trata do destino de alguns conteúdos do arquivo pessoal de Sylvia Plath, depois de seu suicídio em 1963. Seu suicídio e as circunstâncias do relacionamento entre os dois poetas que levaram até essa tragédia foram foco de muito debate — em particular se o comportamento de Hughes frente a ela foi um fator importante para Plath tirar a própria vida. Os detalhes precisos do estado mental de Plath são desconhecidos, e não só porque Hughes destruiu os diários dela. Ele alega que o ato foi para proteger a reputação de Plath e poupar seus filhos de ler trechos angustiantes nos diários escritos dias antes do suicídio. Muitos especularam que a destruição pode bem ter sido motivada para proteger a reputação do próprio Hughes.

Plath morreu em Londres e na época ainda era casada com Hughes, apesar de estarem separados. Ele estava tendo um caso com Assia Wevill. Como parente mais próximo, e por que Plath não deixou um testamento explícito, Hughes se tornou representante do espólio e manteve muitos dos originais dela entre seus próprios até 1981, quando escolheu vendê-los por meio de Sotheby ao Smith College, com os lucros indo para os filhos, Frieda e Nick Hughes.[9] Aurelia Plath, mãe de Sylvia, decidiu vender as cartas que recebeu da filha para a Biblioteca Lilly da Universidade de Indiana em 1977. Uma das complicações é que Hughes, como representante do testamento da esposa, também tinha o controle dos direitos autorais do espólio literário de Silvya e conduziu a maneira como as próprias palavras de Plath circulariam impressas. Mesmo que o arquivo de Plath tenha chegado até as bibliotecas, a circulação de seus pensamentos, como foram colocados nas cartas para sua mãe e em seus diários particulares, não podiam ser compartilhados impressos sem a permissão expressa de Ted Hughes.[10]

Como representante literário, Hughes pôde direcionar cuidadosamente a reputação de Sylvia como poeta. Pela sua avaliação, os manuscritos que encontrou na escrivaninha da esposa após sua morte foram particularmente poderosos e brilhantes. Em 1965, publicou a primeira coleção póstuma dos poemas dela, *Ariel,* e outros poemas foram lentamente lançados em revistas literárias. *Ariel* tornou-se uma sensação literária e permanece à venda desde sua primeira publicação, tendo reedições em capa dura e brochura e, em tese, gerando uma renda considerável para Hughes. Com a publicação dos *Poemas selecionados*, ficou claro que Hughes alterou a ordem dos poemas em *Ariel* em relação àquela que ele havia encontrado no manuscrito de Plath, removendo alguns e substituindo outros por poemas não publicados. Apesar de Hughes ter explicado que suas motivações eram para evitar causar ofensas a indivíduos vivos retratados na poesia e trazer uma perspectiva mais ampla sobre a obra de Plath, sua intervenção foi vista por alguns como prova de seu desejo de controlar ainda mais o legado dela. Certamente, é evidente, pelo processo do tratamento seguinte do arquivo e pela administração bem cuidadosa e detalhada do processo de publicação, que Hughes estava tão preocupado com a própria reputação quanto com a de sua falecida primeira esposa e que ele considerava ambas inseparáveis.[11]

Em 1982, Hughes publicou *Os diários de Sylvia Plath*, uma versão pesadamente editada e selecionada dos oito volumes de diários manuscritos e compilações adicionais de originais que ele havia acabado de vender para o Smith College. A obra não foi publicada no Reino Unido, onde Hughes e os filhos dele viviam, apenas nos Estados Unidos. No prefácio, ele recontou o processo de descobrir e lidar com os diários inéditos de Plath. Descreve-os como uma "coleção de cadernos e bandos de folhas soltas", mas que havia dois fichários de "capa marrom" que não foram incluídos nos materiais que ele vendeu para o Smith College. Ele nos conta no prefácio que eles cobriam o período que levou à morte dela, durante o momento mais tenso do casamento dos dois. Um dos volumes, ele descreveu como tendo "desaparecido", e o outro confessa ter destruído para proteger seus filhos dos comentários intrusivos e dolorosos que se seguiriam se o conteúdo desse diário viesse a público.[12] Não apenas Hughes destruiu um caderno (pelo menos): ele editou com cuidado sua publicação para que o conteúdo de dois cadernos que cobriam de 1957 a 1959 não fosse incluído, com a intenção de mantê-los fechados para pesquisadores e para publicação até cinquenta anos após a morte de Plath. Por fim, ele cedeu e permitiu que todos os diários remanescentes fossem publicados, uma decisão tomada pouco antes de sua própria morte, em 1998.[13] Ao escrever em outro veículo no mesmo ano, Hughes alterou levemente sua história, mudando até da primeira para a terceira pessoa para contá-la: "O segundo desses dois livros, seu marido destruiu porque não queria que os filhos lessem [...]. O primeiro desapareceu recentemente (e em tese ainda pode reaparecer)".[14]

A crítica Erica Wagner sugeriu que o diário perdido poderia estar em um baú no Arquivo Hughes na Emory University em Atlanta, que não pode ser aberto até 2022 ou até a morte da segunda esposa de Ted Hughes, Carol.[15] O negociante de livros e manuscritos raros que conseguiu vender o arquivo para a Emory, o falecido Roy Davids, sentia que Hughes tinha uma profunda noção de integridade do material, e que, se ele tivesse encontrado o volume, teria apresentado à Smith College para que se juntasse aos outros diários.[16] Outra interpretação, evidentemente, seria que Hughes destruíra ambos os diários, apesar de seu biógrafo mais recente, Jonathan Bate, sentir que outra possibilidade é que tenha sido destruído em Lumb Bank, a casa que Ted e Carol Hughes ocuparam em Heptonstall, Yorkshire, onde ocorreu um misterioso incêndio em 1971. Na época, a polícia local achou que o incêndio poderia ter sido intencional.[17]

Hughes não foi o único membro da família que buscava "administrar" a disseminação das escritas pessoais de Sylvia Plath após sua morte. As cartas de Plath na Biblioteca Lilly na Universidade de Indiana contêm edições feitas com caneta marca-texto preta por Aurelia Plath, e sua seleção editada desses originais, *Letters home* (1975), também estava repleta de cortes e omissões. Essas edições foram feitas por Aurelia, que produziu a publicação. Apesar disso, como Ted Hughes tinha posse dos direitos autorais, ele também tinha a palavra final no que poderia ser publicado. Tanto Aurelia Plath quanto Ted tomaram suas decisões editoriais para proteger as próprias reputações, apesar de o trabalho revelar problemas entre os dois. Aurelia retirou qualquer representação negativa dela por sua filha, e Hughes também ficou ansioso para garantir que qualquer crítica negativa a ele não fosse impressa. Os dois acabaram em uma disputa sobre os pedidos de material que seriam retirados do rascunho do livro. Ele escreveu a Aurelia em abril de 1975:

> Depois que cortei as cartas, pareceu-me que o livro agora carece de um interesse sensacional de qualquer coisa interna sobre mim, e, apesar de faltar essas primeiras cartas amorosas que de alguma forma Sylvia enviou a você em vez de a mim — digo, aquelas primeiras cartas sobre mim —, mesmo assim transmite de modo bem brilhante e completa o relacionamento dela com você. E sei que é o que você queria. Tudo o que de fato fiz, eu, Aurelia, foi extrair minha vida privada, na tentativa de mantê-la assim.[18]

O conjunto de decisões inter-relacionadas da administração do conhecimento no caso de Sylvia Plath deve ser considerado político. O ciclo da liberação subsequente do material tornado público — a venda do arquivo, a primeira edição expurgada dos diários e das cartas, a liberação seguinte ao veto da publicação — originou-se de atos que tinham Hughes no centro, mais do que Aurelia Plath. Ele buscava ganhar o máximo de suas ações — tanto em termos de reputação quanto de finanças, mas, para acrescentar mais complexidade às questões morais em jogo, Hughes precisava garantir sua privacidade. Ele também foi afetado emocionalmente pela morte de Plath e nutria profunda preocupação com os filhos.

Mas a tarefa foi concluída, e agora é possível usar os textos remanescentes de diários para avaliar a vida e a obra de Plath junto à sua escrita, suas cartas e outras formas literárias. Esses textos continuam a fornecer um rico material com o qual se aprecia a contribuição de Plath à literatura. Não podemos compreender totalmente o que foi perdido, mas é possível compreender aspectos de seu estado mental quando estava compondo o que Hughes e os críticos descreveram como sua profunda e significativa obra. Para citar Tracy Brain: "Conhecemos muito pouco sobre o conteúdo desses diários ausentes. Ainda assim, tanto do que os críticos fazem — e não fazem — com a escrita de Plath é afetado por eles. Partes importantes da obra de Plath estão perdidas: as mesmas peças, como se diz, que podem dar sentido a isso".[19] O material destruído discutido neste capítulo podia muito bem ter terminado na biblioteca de uma universidade ou em uma biblioteca nacional se tivesse sobrevivido. Mantidas em uma instituição desse tipo, as coleções não apenas seriam preservadas, mas ficariam disponíveis para alunos estudarem, seriam mostradas em exibições ou digitalizadas para o público.

A escrita contendo os sentimentos íntimos de um autor tem o potencial de transformar nossa apreciação à sua obra. Desde que chegou à Bodleiana, o material de Kafka foi usado por editores como sir Malcolm Pasley para ampliar a reputação do autor por meio de edições acadêmicas. Os manuscritos foram traduzidos em várias línguas e usados para exibições, filmes e peças. É difícil argumentar que o mundo se tornou um lugar mais pobre e menos interessante porque Max Brod desobedeceu aos desejos de Franz Kafka. Mas tal argumento, que em seu cerne sugere que o interesse público de posteridade deve superar os interesses daquele que criou a obra ou de quem representa os interesses do autor, sugere que aqueles que destruíram os diários de Byron ou Plath estavam errados em fazer isso?

Quando olhamos para o conhecimento do mundo antigo, temos de juntar evidências que existem apenas em fragmentos. A obra de Safo foi tão importante que por séculos se referiam a ela apenas como "A Poetisa", assim como Homero era "O Poeta". Os dois épicos de Homero sobreviveram mais ou menos intactos, enquanto os versos de Safo são conhecidos por nós apenas por meio de obras que eles influenciaram muito fortemente, como as de Platão, Sócrates e Catulo. Se a Biblioteca de Alexandria, que sabemos que mantinha um conjunto completo dos versos dela, tivesse sobrevivido, de que modo tão diferente poderíamos ver hoje em dia a literatura do mundo antigo?

Nenhuma das decisões tomadas nesses estudos de caso foi fácil ou direta. Nesse domínio de conhecimento em particular, o privado e o público competem um com o outro pela supremacia. A dificuldade vem do fato de que escritores ganham suas vidas e suas reputações ao tomar parte de um reino público: afinal, a obra deles é "publicada", isso quer dizer "tornada pública". O interesse público nos pensamentos de grandes escritores é claro, mas ainda assim há o direito deles à privacidade. Ted Hughes manteve a privacidade de seus filhos (e a dele própria) em primeiro lugar quando destruiu partes dos diários de Sylvia Plath.

Trabalhando em uma biblioteca que mede o tempo em séculos, uma resposta a essa pergunta é, talvez, olhar a longo prazo. As estantes da Bodleiana estão cheias de manuscritos "trancados". Isso quer dizer que fizemos uma promessa para aqueles que nos doaram ou nos delegaram originais, pelo bem da preservação, de que não vamos tornar os conteúdos disponíveis ao público até certo período combinado ter passado. Isso pode ser após a morte do autor ou proprietário da coleção ou até mais tempo. No caso de Bruce Montgomery, amigo de Oxford de Philip Larkin, concordamos em manter a coleção fechada até trinta anos após sua morte. Os diários de Byron, Plath e Larkin poderiam ter sido preservados, mas permanecerem trancados por décadas, disponíveis para estudiosos apenas depois de um longo tempo da morte daqueles afetados de perto pelo conteúdo do que fora escrito sobre eles. No fim das contas, como Max Brod sabia, a preservação do conhecimento diz respeito a ter fé no futuro.

10
Sarajevo, *mon amour*

NA NOITE DE 25 DE AGOSTO de 1992, bombas começaram a cair em um prédio sobre Sarajevo, capital da Bósnia, o infame local do assassinato que desencadeou a Primeira Guerra Mundial. Não eram bombas comuns, e o prédio não era uma estrutura comum. As bombas eram incendiárias, criadas para provocar rapidamente um incêndio com o impacto, especialmente quando cercadas de material inflamável. O prédio atingido era a Biblioteca Nacional e Universitária da Bósnia e Herzegovina, e as bombas foram disparadas pela milícia sérvia, que cercara a cidade como parte da estratégia do presidente sérvio, Slobodan Milošević, para destruir a Bósnia.

Os sérvios então mandaram atiradores para acabar com os bombeiros e até usaram armas antiaéreas miradas não para o céu, mas horizontalmente. A equipe da biblioteca formou uma corrente humana para retirar materiais da estrutura que queimava, mas um bombardeio incessante e o fogo dos atiradores tornaram isso perigoso demais, de modo que só poucos livros raros puderam ser salvos. Mais cedo, naquele dia, uma funcionária, Aida Buturović, tinha levado um tiro de um franco-atirador.[1] Ela foi uma talentosa linguista, que trabalhava para apoiar a rede colaborativa de bibliotecas no país. Tinha apenas trinta anos e juntou-se a uma lista de catorze mortos e 126 feridos naquele dia em Sarajevo.[2]

O escritor Ray Bradbury lembrou-nos em 1953 da temperatura na qual o papel queima em seu clássico *Fahrenheit 451*, mas uma biblioteca inteira leva um longo tempo para ser destruída. As cinzas dos volumes queimados caíram na cidade sob dias seguidos como "pássaros pretos", nas palavras do poeta e escritor Valerijan Žujo.[3]

Apesar de as motivações para destruir bibliotecas e arquivos variarem de caso para caso, o apagamento de uma cultura particular tem sido uma das mais proeminentes. A destruição dos livros na Reforma Europeia teve um forte sabor religioso, e há uma noção de que comunidades católicas foram alvo da destruição de suas bibliotecas, pois o conteúdo dessas bibliotecas era visto como herege. A destruição da Biblioteca da Universidade de Lovaina tinha também um componente cultural, com seu status nacional como centro de conhecimento. Os ataques a bibliotecas e arquivos durante o Holocausto foram um assalto cultural em um senso mais amplo: não era apenas a religião dos judeus que a máquina nazista buscava erradicar, mas todos os aspectos da existência judaica: de seres vivos até os túmulos de seus ancestrais. A Biblioteca Nacional estava situada em um prédio conhecido localmente como *Vijećnica* (Prefeitura). Abrigava mais de 1,5 milhão de livros, manuscritos, mapas, fotografias e outros materiais. Juntos, esses forneciam a lembrança registrada não apenas de uma nação, mas de uma cultura e de uma região inteira, com uma população muçulmana significativa. Os bombardeios que atingiram o prédio não ocorreram por acaso. A biblioteca não foi pega acidentalmente no fogo cruzado de uma guerra regional. Foi um alvo intencional de forças sérvias que buscavam dominação militar e a aniquilação da população muçulmana. Nenhum outro prédio próximo foi atingido — a biblioteca era o único alvo.[4]

Apenas 45 anos após o fim da Segunda Guerra Mundial e a exposição pública dos horrores completos do Holocausto, com a perpétua repetição do "nunca mais" soando nos ouvidos do mundo, o genocídio cultural mais uma vez voltou à Europa. Emergiu durante a quebra da Iugoslávia em uma série de Estados separados. As motivações para esse genocídio cultural foram um nó completo de questões. O nacionalismo misturou-se ao ódio racial e religioso e recebeu expressão política.[5]

Durante o verão de 1992, muitos estudantes mochileiros que viajavam de trem pela Europa tinham a Iugoslávia em seus itinerários. Em suas mochilas, estavam os novos guias de viagem direcionados a jovens com orçamento apertado. Eles podiam ter pegado a edição mais recente do *Rough Guide Iugoslávia*, que fornecia a eles algumas páginas introdutórias sobre a história da região. Fora dominada pelos turcos por quinhentos anos, fazia fronteira com vários países, muitos bósnios haviam resistido à ocupação nazista durante a Segunda Guerra Mundial e fora unida pelo general Tito. O país sofria os efeitos de anos de comunismo sob o governo de Tito: depressão econômica, subinvestimentos em infraestruturas vitais, hiperinflação e, desde a morte do general em 1980, a coesão da federação de repúblicas estava se despedaçando: "A individualidade da República, ferozmente defendida, persiste. Apenas 4% dos iugoslavos se descrevem como tais em seus passaportes. Greves, manifestações e uma ressurgência de nacionalismo, especialmente na Sérvia, ameaçaram o futuro da aliança pela primeira vez desde a guerra".[6]

A fragmentação social e política foi inevitável, dada a história da região. Os monarcas europeus resistiram ao levante do Império Otomano nos séculos XVI e XVII. O governo otomano da Bósnia durou quase quatrocentos anos. Em 1897, Viena substituiu Istambul como o centro imperial do qual a região era governada. O Império Austro-húngaro aproximava-se de seu pico como força política e cultural na época que suplantou o domínio otomano e, invocando um mandato internacional para "ocupar e civilizar" a província, os novos governantes levaram sua própria ordem administrativa para tratar da região.

O censo de 1910 registrou uma maioria de população ortodoxa (43%) seguida por uma de muçulmanos de 32% e 23% de católicos. Essa complexidade religiosa, na qual nenhum grupo dominava, também estimulou um amálgama cultural em que estilos arquitetônicos, música, comida e culturas se mesclavam. Havia tensões políticas entre grupos étnicos, e essas eram influenciadas pela força das repúblicas vizinhas da Sérvia e da Croácia, ambas as quais alegaram posse das terras da Bósnia, citando a presença de gente com etnia sérvia ou croata como justificativa. A Sérvia, em particular, olhou faminta para seu vizinho. Os sérvios declararam as próprias aspirações nacionalistas desde cedo. Em 1878, conseguiram formar um Estado independente e, no século que se seguiu, iriam continuar a pedir posse da Bósnia, mantendo fortes laços com os sérvios étnicos na República durante a desagregação da Iugoslávia comunista, que uniu os países após a Segunda Guerra Mundial.

Apesar de esse pano de fundo projetar uma grande sombra sobre a Bósnia, muitos visitantes no século XX apontavam como os diferentes grupos étnicos coexistiam de forma pacífica. Em nenhum lugar essa coexistência era mais visível ou notável do que na capital, Sarajevo. "Mesquitas, minaretes, barretes — mantendo o belo oriente à vista enquanto o rio refresca o ar, batendo pela cidade e pela ponte no qual fulano foi assassinado", escreveu Lawrence Durrell.[7] Sarajevo desafia tensões históricas dentro da região, e isso se refletiu na grande biblioteca da cidade, que servia à república toda.

Os Bálcãs, como região, tinham uma forte cultura de livros. Na Idade Média, ordens religiosas católicas, como os cistercianos, estavam presentes na Eslovênia, fomentando a escrita e bibliotecas. Mais ao sul, comunidades judaicas, ortodoxas e otomanas tinham centros florescentes de fabricação de livros. Sarajevo era um dos eixos da cultura do livro. A cidade vangloriava-se de uma das mais belas coleções de volumes árabes, turcos e persas e manuscritos arquivada na Biblioteca Gazi Husrev-beg, estabelecidas pelo segundo "fundador" de Sarajevo no começo do século XVI. Já nos anos 1990, era uma das bibliotecas mais antigas ainda em funcionamento na Europa. A comunidade judaica em Sarajevo também tinha a própria biblioteca, em La Benevolencija. Outras religiões também mantinham bibliotecas. A Ordem franciscana tinha um convento e um seminário em Sarajevo e construiu uma biblioteca para servir à sua missão religiosa.[8] No fim do século XIX, os governantes de Habsburgo, para incentivar a modernização da Bósnia, criaram um museu regional, o Zemaljski Muzej, que continha uma biblioteca de pesquisa. Desde sua fundação em 1888, o museu-biblioteca chegou a aproximadamente 250 mil volumes e preserva um dos maiores tesouros artísticos da região, o Hagadá de Sarajevo.

O Instituto Oriental em Sarajevo, fundado em 1950, também se tornou um grande centro de catalogação da cultura bósnia, com foco em livros árabes, persas e hebraicos, manuscritos e documentos. De significado particular para a região, há uma coleção de documentos em *adžamijski*, uma escrita árabe usada em textos bósnio-eslavos, símbolo dos cruzamentos que fizeram

Sarajevo se tornar um encontro de culturas. A cidade era o centro cultural e intelectual mais importante do sudoeste da Europa.

A Biblioteca Nacional e Universitária da Bósnia e Herzegovina foi fundada em 1945. Em 1992, já tinha 150 mil livros raros, 500 códices medievais, centenas de incunábulos e grandes arquivos, assim como a maior coleção do país de jornais e diários da região, além de material acadêmico de todas as partes do mundo, instrumentos necessários para uma instituição de ensino séria. A biblioteca funcionava como fonte cultural para a nação e base de pesquisa da Universidade de Sarajevo. Uma das funções especiais de uma biblioteca nacional é registrar a herança intelectual de um país, e uma das coleções definidoras na Biblioteca Nacional e Universitária era sua coleção "Bosníaca", uma "coleção de registros", que reunia todas as publicações já impressas na Bósnia e livros sobre a Bósnia, de onde quer que tenham sido impressos ou publicados. A coleção e a equipe naturalmente refletiram a natureza multicultural do país.

O prédio que abrigava a Biblioteca Nacional e Universitária foi original-mente construído no fim do século XIX, no auge do domínio austro-húngaro, como a prefeitura, e desenhado para refletir o legado cultural da história moura da cidade. Posicionado no fim de uma importante via, a Vojvode Stepe, foi criado em um estilo pseudomouro, que os governantes da dinastia de Habsburgo clara-mente acharam que se encaixaria à perfeição com os prédios turcos da área de ruas de paralelepípedos de Baščaršija, o coração da cidade otomana. As coleções foram o derradeiro alvo do bombardeio, mas o significado do prédio não ficava simplesmente em suas associações culturais e intelectuais. De 1910 a 1915, foi o espaço do primeiro parlamento da Bósnia, um símbolo da democracia inde-pendente que os agressores sérvios conheceriam e lamentariam.

Levou três dias (de 25 a 27 de agosto) para a biblioteca queimar, duran-te os quais pode ter sido possível resgatar parte das coleções. Danos provo-cados pela fumaça podem ter tornado os volumes da biblioteca imprestáveis e até nocivos à saúde, mas, se as chamas tivessem sido contidas após as pri-meiras explosões, parte da biblioteca poderia ter sido salva. Mas, então, a in-tensidade do calor explodiu as finas colunas de mármore das salas de leitura principais, fazendo o telhado desabar, o que tornou o resgate da coleção não mais uma opção realista para os bombeiros de Sarajevo. Um deles aparentemente resumiu: "A argamassa despencou durante horas. Isso tornou o trabalho muito difícil".[9] Seus esforços desesperados também foram prejudicados pela baixa pressão da água, devido ao dano no sistema hidráulico da cidade causado pela guerra dos meses anteriores. Os bombeiros trabalharam concentrados em suprimir o foco do incêndio, porém o bombardeio incessante significava que o fogo tomava o prédio sem parar. As primeiras páginas dos jornais mundiais nem sequer estamparam a história.[10]

A Biblioteca Nacional e Universitária talvez tenha sido a perda intelectual e cultural mais flagrante do conflito, mas não foi a única. Por toda a Bósnia, dezenas de bibliotecas e arquivos receberam o mesmo tratamento. Coleções em áreas muçulmanas foram tratadas de forma brutal, e a limpeza étnica de indivíduos equiparou-se à destruição de documentos de registros de propriedade — registros da propriedade de muçulmanos foram destroçados e até mesmo túmulos foram explodidos para minar a sugestão de que muçulmanos haviam sido enterrados em solo bósnio.

Estimou-se que mais da metade dos arquivos provinciais da Bósnia foi destruída: mais de 81 quilômetros de história.[11] Esses documentos registravam em detalhes minuciosos a cidadania dessas comunidades: nascimentos, casamentos e mortes foram anotados por séculos, assim como propriedades de terra (como ditava o costume otomano). Esses documentos fortaleciam a raiz de uma comunidade, permitindo que elas fossem localizadas no tempo e se tornassem pessoais por meio da evidência de famílias que existiram na localidade por sucessivas gerações. Futuras alegações de residência, de propriedade e de posse, o próprio direito de existir, foram apagados, ou foi o que os nacionalistas tentaram fazer. Os registros da existência muçulmana foram "limpos", junto com os próprios humanos ou, como Noel Malcolm colocou: "As pessoas que organizaram tais atos tentavam apagar a história da forma mais literal".[12]

Na cidade de Doboj, depois que as milícias sérvias destruíram a mesquita e a igreja católica, forças especiais (os "boinas vermelhas") chegaram de Belgrado buscando registros de batismo na paróquia católica. Felizmente, de acordo com o padre, "gente de bem, sérvios locais" esconderam os registros a pedido dele, pois ele sabia que haveria novos passos no genocídio cultural que estava sendo infligido à cidade.[13] Em Herzegovina, a região sudoeste do país, a histórica cidade de Mostar também foi alvo dos sérvios. Os arquivos de Herzegovina foram alvos repetidos, junto à Biblioteca do Arcebispado Católico e à Biblioteca Universitária da cidade. A destruição da bela e histórica ponte medieval de Mostar tornou-se um símbolo dos danos provocados à vida cultural da Bósnia durante o conflito, mas milhões de livros e documentos em centenas de bibliotecas públicas e arquivos foram destruídos e esse ataque à cultura recebeu pouca atenção da imprensa.

Outras bibliotecas e arquivos em Sarajevo também sofreram. O Instituto Oriental foi a primeira vítima, com bombas de fósforo branco sendo miradas intencionalmente no prédio em 17 de maio de 1992, as quais aniquilaram toda a coleção. O bombardeio e o inferno resultante destruíram 5 mil manuscritos, 200 mil documentos otomanos, mais de cem registros cadastrais da era otomana (que listavam propriedades de terra) e uma coleção de referência de 10 mil livros e diários impressos. Nem mesmo o catálogo da coleção sobreviveu. Da mesma maneira que a Biblioteca Nacional e Universitária, nenhum outro prédio foi atingido.[14]

As bibliotecas de dez das dezesseis faculdades da Universidade de Sarajevo também foram atacadas e destruídas, em sua maioria, no terrível ano de 1992, com uma perda estimada de 400 mil volumes. Em 8 de junho de 1992, as forças sérvias tomaram o convento franciscano no subúrbio da cidade, e os monges foram expulsos. Sem proteção para a biblioteca do convento, seus 50 mil livros foram saqueados ou destruídos, alguns aparecendo em negociações de antiquários pela Europa nos anos seguintes.[15]

Em setembro de 1992, quando o Holiday Inn em Sarajevo foi bombardeado, a repórter da BBC Katie Adie exigiu furiosamente saber do comandante da bateria sérvia por que o hotel onde todos os correspondentes estrangeiros estavam hospedados fora alvo. Em uma confissão impressionante, ele se desculpou calorosamente, dizendo que o alvo, na verdade, era o Museu Nacional do outro lado da rua. Eles erraram, e as bombas caíram no hotel por engano.[16]

Ao todo, estimou-se que 480 mil metros de arquivos e manuscritos mantidos nas coleções institucionais pela Bósnia e por volta de 2 milhões de livros impressos foram destruídos no conflito.[17]

Desde o momento em que bombas começaram a explodir na Biblioteca Nacional e Universitária, houve um esforço árduo para salvar as coleções. Equipes da biblioteca e o povo de Sarajevo — sérvios, croatas, judeus e muçulmanos — formaram, juntos, uma corrente humana para retirar os livros, mas só conseguiram recuperar menos de 10% das coleções. Os serviços da biblioteca foram heroicamente mantidos — mais de cem estudantes conseguiram completar seus doutorados durante o cerco, apesar das terríveis condições. O Instituto Oriental continuou a oferecer seminários e simpósios, com a equipe operando os serviços de casa. Numerosos grupos ofereceram ajuda, de associações internacionais de bibliotecas a instituições individuais, como a da Universidade de Michigan e a Biblioteca da Universidade de Harvard. A Unesco rapidamente endossou o apelo internacional da comunidade para apoiar a reconstrução da biblioteca.

O reparo do prédio da biblioteca foi feito em estágios, começando entre 1996 e 1997 (financiado por uma doação do antigo governante colonial da região, a Áustria), a princípio com a meta de apenas estabilizar a estrutura. Em 30 de julho de 1998, o Banco Mundial, a Unesco e a Cidade de Mostar lançaram um apelo à restauração da famosa ponte da cidade, trazendo uma competição para financiamento internacional da antiga Iugoslávia. O Banco Mundial colocou a ponte Mostar como "o símbolo da Bósnia", e enormes recursos para a reconstrução foram alocados no projeto pela comunidade internacional, excluindo quase todas as outras iniciativas de herança cultural da Bósnia.[18]

Enquanto isso, o projeto de reconstruir a biblioteca ficou cada vez mais atolado em dificuldades políticas. Em 1999, a Comissão Europeia contribuiu com uma segunda parcela do financiamento, apesar de as obras só terem começado em 2002 e parado novamente em 2004. Dez anos após o fim da guerra, a biblioteca ainda estava em ruínas e a propriedade do prédio era disputada — pertencia à biblioteca ou à cidade? Os dois corpos tinham visões divergentes sobre qual função o prédio deveria ter após a reconstrução. Mas, enfim, após um grande financiamento espanhol e do restante da União Europeia, o prédio foi reconstruído e hoje é um monumento às 15 mil vidas perdidas durante o cerco a Sarajevo. A Guerra dos Bálcãs dos anos 1990 deixou centenas de milhares de mortos e milhões de desalojados ou destituídos. A limpeza étnica que chocou tanto o mundo e que levou Milošević e outros a Haia para serem julgados por seus crimes encobriu uma tragédia paralela: a perda da memória cultural e intelectual da região pela selvageria intencional contra bibliotecas e arquivos.

Os líderes sérvios que planejaram e executaram os selvagens ataques pela Bósnia finalmente foram levados a julgamento no Tribunal Criminal Internacional da Antiga Iugoslávia, realizado na Corte Criminal Internacional em Haia. O líder dos nacionalistas sérvios, Radovan Karadžić, negou que suas forças tivessem sido responsáveis pelo ataque à Biblioteca Nacional e Universitária, culpando a população muçulmana de Sarajevo, pois, como ele alegava, eles não gostavam da arquitetura do prédio.[19] Felizmente, a corte havia nomeado um conselheiro especialista com todo o conhecimento necessário para contrapor essas inverdades: não é de surpreender que foi um bibliotecário quem iria enfatizar o papel das bibliotecas e dos arquivos no genocídio cultural da Bósnia.

András Riedlmayer, da Biblioteca de Belas-Artes da Universidade de Harvard, é doutor em história otomana e tem um extenso conhecimento sobre a história e a cultura dos Bálcãs. Ele ofereceu seus serviços para ajudar a reconstruir as bibliotecas da Bósnia assim que ouviu sobre a devastação e fez incursões de campo para reunir provas pela antiga Iugoslávia.[20] Suas viagens pela região às vezes o deixavam em perigo por causa de minas não localizadas ou rebeliões. Durante seu trabalho para o Tribunal Criminal Internacional, Riedlmayer registrou 534 locais, alguns inspecionados em primeira mão, mas, em outros, ele se baseou em fotografias, depoimentos e outras formas de evidência documental.[21]

Riedlmayer é um dos poucos bibliotecários que encararam criminosos de guerra como Milošević, Ratko Mladić e Karadžić diretamente, olho no olho, em uma corte. Devido a seu conhecimento das bibliotecas e arquivos da região, pediram que Riedlmayer testemunhasse no julgamento de Milošević, retrucando com fatos duros quando o sérvio negou os incidentes dos quais ele foi acusado.[22]

O Tribunal Criminal Internacional abriu um novo terreno para processar com sucesso crimes de guerra contra patrimônios culturais, especialmente contra prédios étnicos e religiosos, assim como bibliotecas e arquivos. No entanto, em comparação com os ataques e os danos causados, o número de processos foi ínfimo, porém estabeleceu um precedente e uma noção de reparação. O destino de bibliotecas e arquivos costumava ficar perdido entre a devastação da guerra. A Convenção de Haia de 1954 para Proteção de Propriedade Cultural na Ocasião de Conflito Armado não fez nada para evitar a devastação da Biblioteca Nacional em Sarajevo ou de outras bibliotecas na Bósnia. Contudo, a existência do tribunal resultou em esforços para esconder a evidência de genocídio e outros crimes de guerra — mostrando, talvez, que as leis tinham certo efeito de dissuasão.[23]

Stanislav Galić, o general sérvio que dirigiu a campanha de atiradores e bombardeios que prejudicou os esforços da equipe da biblioteca, dos bombeiros e dos cidadãos de salvar as coleções da Biblioteca Nacional, compareceu diante da corte e, em 2006, foi sentenciado à prisão perpétua. O sucessor de Galić durante o cerco, Mladić, também foi indiciado em Haia em 1996 por "destruição intencional e injustificável de construções religiosas e culturais [...], como [...] bibliotecas", e também foi condenado à prisão perpétua. Em 2017, foi acompanhado no banco dos réus por Karadžić e Milošević. O último estava com a saúde debilitada e morreu em 2006 antes de o julgamento ser concluído. Apesar da ligação no tribunal entre crimes contra o patrimônio cultural e crimes contra a humanidade, a destruição da Biblioteca Nacional foi apagada da Lista de Incidentes nos pedidos anexados da promotoria para os julgamentos de Karadžić e Mladić, e não houve condenações por sua destruição.[24]

Milhares de prédios históricos foram destruídos na guerra. Os inestimáveis livros, manuscritos e documentos que também foram perdidos não receberam quase nenhuma atenção da imprensa. Tentativas de restaurar coleções danificadas e substituir livros destruídos só repuseram uma fração do que foi perdido. Os conteúdos da biblioteca incluíam muitos itens únicos, um corpo insubstituível de materiais. Destruir a biblioteca atingia o cerne da cultura bósnia e debilitou a habilidade de a universidade educar a próxima geração. Quando questionaram o chefe da Brigada de Incêndio de Sarajevo, Kenan Slinić, sobre o que o motivou e a seus homens enquanto arriscavam suas vidas para salvar a biblioteca, ele respondeu: "Porque nasci aqui e estão queimando uma parte de mim".[25]

Uma biblioteca em Sarajevo conseguiu escapar da destruição. A equipe de pesquisa da biblioteca do Museu Nacional evacuou a maior parte da coleção de 200 mil volumes junto a artefatos do museu, desviando das balas de atiradores e da artilharia do bombardeio que chovia sobre a cidade, em uma média de quatrocentas bombas por dia. O diretor do museu, dr. Rizo Sijarić, foi morto por uma explosão de granada em 1993 tentando arrumar uma capa de plástico para cobrir buracos nos muros do museu, no intuito de proteger as coleções que permaneciam lá dentro.[26]

Essa ação heroica possibilitou que o manuscrito hebraico conhecido como Hagadá de Sarajevo fosse salvo. Trata-se de um importante manuscrito com iluminuras, de longa e complexa história, concebido na Espanha em meados do século XIV e trazido por judeus expulsos da Península Ibérica em 1497. O Hagadá de Sarajevo tornou-se um símbolo de força multicultural e resiliência em Sarajevo e na Bósnia e Herzegovina, e agora é o livro mais famoso da região. Passou por muitas mãos e sobreviveu a muitos conflitos antes de ser comprado pelo Museu Nacional da Bósnia em 1894. Durante a Segunda Guerra Mundial, o manuscrito foi escondido dos nazistas pelo bibliotecário-chefe do museu, Derviš Korkut, que contrabandeou o Hagadá para fora de Sarajevo. Korkut entregou-o a um sacerdote muçulmano na cidade de Zênica, onde foi escondido debaixo das placas do assoalho de uma mesquita e de um lar muçulmano. Em 1992, o Hagadá sobreviveu a uma invasão ao museu e foi encontrado no chão com vários outros itens que os bandidos acreditaram não ter valor. Mais tarde, foi colocado no cofre de um banco. Para apaziguar rumores de que o governo havia vendido o Hagadá para comprar armas, o presidente da Bósnia presenteou o manuscrito de volta ao Museu Nacional em um sêder em 1995 — e lá permanece acessível até hoje.[27] Em novembro de 2017, foi acrescentado ao Registro de Memória do Mundo, mantido pela Unesco para a preservação do patrimônio mundial.

Mas a Bósnia não está sozinha no testemunho de genocídio cultural em tempos recentes. Uma década antes, foi a cidade de Jaffna, capital da província mais ao norte do Sri Lanka, uma região onde disputas entre as comunidades cingalesas e tâmeis têm sido um grande traço da sociedade desde que o país conquistou a independência da Grã-Bretanha em 1948. Em maio de 1981, entre a agitação provocada pelas eleições do governo local, duzentos policiais realizaram um massacre.

Na noite de 1º de junho, a Biblioteca Pública de Jaffna foi queimada e toda a sua coleção de 100 mil livros e 10 mil manuscritos, reunida desde sua fundação, foi destruída. Apesar de ter havido bibliotecas no Sri Lanka desde o começo do século XIX, a primeira realmente pública não chegou antes da criação da Biblioteca Pública de Jaffna em 1934. Embora tenha sido transferida para um novo local e seu acervo tenha sido redefinido entre 1954 e 1959, em 1981 tornou-se "parte da psique de Jaffna e do desejo de seu povo de alcançar altos níveis de educação".[28]

A comunidade tâmil sempre enfatizou a importância da educação, e a queima da biblioteca foi um ato intencional, perpetrado por policiais, com a intenção de intimidar os tâmeis, mas também para destruir suas aspirações futuras. Como o jornalista Francis Wheen escreveu na época da destruição da biblioteca, das livrarias e das redações, foi "claramente um ataque sistemático à cultura tâmil".[29]

Um grupo político tâmil declarou que a destruição das bibliotecas tâmeis pela polícia do Sri Lanka foi parte de uma política de "genocídio cultural".[30] O governo atribuiu a violência de maio e junho de 1981 a forças de segurança desgarradas e, seguindo à pressão internacional, prometeu 900 mil rúpias em compensação. Apesar desse financiamento adicional, a biblioteca ainda não havia sido reconstruída quando 23 membros do Conselho Municipal de Jaffna pediram demissão em protesto a esse fracasso em 2003. Por fim, a instituição reabriu no ano seguinte e continua a ser consultada nos dias de hoje.

No Iêmen, outra cultura está encarando ameaças do mesmo tipo. A guerra civil ceifou dezenas de milhares de vidas e transformou centenas de milhares de pessoas em refugiados. As bibliotecas do Iêmen foram seriamente danificadas. As bibliotecas da comunidade zaidista são um traço único na vida cultural do Iêmen, afinal, a herança intelectual da fé de seu povo é estimulada por manuscritos que estão no país desde o século IX d.C. O zaidismo é um ramo da Shi'a Islam (e de outra forma encontrado apenas em regiões cáspias do norte do Irã) mais forte nas áreas montanhosas do Iêmen. A comunidade zaidista aceita os Houthis — o grupo rebelde que faz oposição às forças de coalizão lideradas pela Arábia Saudita (até 2018, com o apoio dos EUA).

A tradição intelectual zaidista é particularmente rica, conforme refletida nos manuscritos de suas bibliotecas, devido à abertura do grupo a ideias não xiitas e à localização do Iêmen, facilmente acessível a grupos muçulmanos da península Árabe, do norte da África e do oceano Índico. Os zaidistas preservam os conhecimentos dos seguidores da Mu'tazila, uma escola medieval de racionalismo islâmico que promove o uso da razão humana como modo de acessar a sabedoria divina.[31] A destruição das bibliotecas zaidistas ocorreram em parte devido à devastação da guerra, sendo atingidas no fogo cruzado. No entanto, muito disso foi intencional, resultado do ódio sectário de militantes salafi, apesar de haver uma longa tradição de pilhagem e destruição nos vários conflitos que o Iêmen testemunhou.

Tecnologias digitais estão sendo empregadas por bibliotecários para ajudar a enfrentar a permanente perda de conhecimento. Antes de András Riedlmayer testemunhar no Tribunal Criminal Internacional de Haia, ele valorosamente tentava reconstruir as bibliotecas da Bósnia por meio do "Projeto de Coleta de Manuscritos Bósnios". Riedlmayer e bibliotecários ao redor do mundo rastrearam cópias de manuscritos destruídos em bibliotecas do país (em especial as ricas coleções da Biblioteca do Instituto Oriental em Sarajevo). Algumas dessas cópias (a maioria em microfilme) foram encontradas em bibliotecas institucionais; outras, nas coleções particulares de estudiosos. Riedlmayer e seus colegas fizeram cópias digitais. Apenas um pequeno número de manuscritos foi recuperado dessa forma e não é tão importante quanto os originais, mas como uma forma de ajudar as instituições a se recuperarem e pelo conhecimento que oferece às comunidades locais, esse projeto foi um grande avanço.[32]

A digitalização e as cópias também fazem sua parte no Iêmen. Um projeto tocado em conjunto pelo Instituto de Estudos Avançados, em Princeton, e pela Biblioteca de Manuscritos do Museu Hill na Universidade Saint John, em Collegeville, no Minnesota, está digitalizando manuscritos zaidistas no Iêmen e em outros lugares do mundo onde esses foram coletados. Projetos de digitalização que colaboram com a iniciativa norte-americana foram fundados em países europeus, como Itália, Alemanha, Áustria e Holanda. Para ajudar a proteger a cultura do manuscrito zaidista, mais de 15 mil volumes foram digitalizados e disponibilizados para elevar o perfil da comunidade e enfatizar a importância desse raro ramo do conhecimento humano.

Contida nesses manuscritos zaidistas ameaçados está a memória cultural de uma comunidade que se mantém firme desde o século x. Uma biblioteca, fundada em Zafār pelo Imam al-Mansūr bi-Llāh ʿAbd Allāh b. Hamza (que reinou de 1187 a 1217), teve uma existência mais ou menos contínua até hoje, apesar de agora ser mantida na Mesquita de Sanaã. Em face da violenta guerra deflagrada por forças de imenso poder, essa cultura única corre o risco de ser apagada. Apesar dessas ameaças, a preservação do conhecimento continua.[33]

II
CHAMAS DO IMPÉRIO

NO LABIRINTO DE PRATELEIRAS MODERNAS, nas estantes de temperatura controlada da Biblioteca Weston da Bodleiana, você pode encontrar uma pequena extensão que contém uma das coleções fundadoras da instituição, doada em 1599, bem quando a ideia de sir Thomas Bodley estava tomando forma. Essa coleção particular de livros foi doada por seu amigo Robert Devereux, o enérgico conde de Essex, na época um dos homens mais poderosos da Inglaterra, um cortesão dos livros, que por um tempo foi o favorito da rainha. Tire um desses das prateleiras e irá descobrir que está encadernado em couro preto com um brasão entalhado em ouro na capa. O brasão não é de Devereux, como se esperaria, mas do bispo de Faro, cidade localizada no que agora é Portugal.

Faro é descrita em guias de viagem como uma "cidade próspera e agitada". A área ao redor da catedral é recomendada como um "espaço deliciosamente irregular"; e a catedral, mencionada como dona de uma estrutura gótica. Perto do palácio do bispo, ergue-se a Cidade Velha de Faro. Os guias também apontam que, "pilhada pelo conde de Essex, a biblioteca do bispo formou o núcleo da Bodleiana em Oxford".

O roubo de conhecimento tem uma longa história. A coleção de bibliotecas e arquivos pode, às vezes, conter materiais resultantes de pilhagem em guerras e disputas territoriais. Essa apropriação priva comunidades de acesso ao conhecimento tão decisivamente quanto queimar uma biblioteca ou um arquivo. Winston Churchill pode ou não ter originado a citação de que "a história é escrita pelos vitoriosos", mas a história é escrita por meio do acesso ao conhecimento. Este capítulo trata do controle da história e das questões de identidade cultural e política.

O fato de tantos livros antigos estarem agora em Oxford lança um conjunto de perguntas interessantes. Quando corpos de conhecimento, como a biblioteca do bispo de Faro, se tornam alvos políticos legítimos? A remoção deles da comunidade que originalmente os possuía conta como um ato de destruição? Questões similares cercam objetos levados à Europa por meio de iniciativas imperiais e agora são tema de discussão no mundo dos museus, como os bronzes do Benim, encontrados em museus por todo o continente europeu.[1]

A biblioteca do Bispo foi para a Bodleiana por meio de uma rota incomum: como espólio de guerra durante o conflito intermitente com a Espanha (1585–1604), que envolveu muitos fatores. Um foi a religião — a Espanha era um país católico e buscava impor sua fé à Inglaterra, que em um tempo relativamente recente virou as costas para o catolicismo e o papado e estabeleceu a Igreja Anglicana, um ramo protestante do cristianismo com o monarca em sua liderança, e não o papa. A antecessora católica de Elizabeth havia sido casada com o rei espanhol Filipe ii. O casamento foi altamente impopular na Inglaterra, e muito da política estrangeira de Elizabeth havia sido dirigida a minar o poder da Espanha pelo mundo. Os espanhóis, por sua vez, nunca perderam a Inglaterra de vista como potencial alvo para seus próprios objetivos imperiais. A famosa vitória de sir Francis Drake sobre a Marinha espanhola em 1587 foi celebremente chamada de "a queima da barba do rei da Espanha". Enfim, transformou-se em guerra aberta com a tentativa malsucedida da Espanha de invadir o país rival em 1588. A guerra tornou-se um conflito atlântico imperial, que buscava estabelecer o controle sobre os mares e, com isso, acesso a impérios coloniais que iriam trazer poder econômico. A Espanha mostrou como seu controle podia transformar um país em um império global com uma extraordinária riqueza. A Inglaterra viu oportunidades não apenas de defender sua posição religiosa, mas de ir além. Uma década após a derrota da Armada, a Inglaterra ainda usava sua Marinha para atacar e se defender da Espanha.

Essas disputas, em que a religião, a política e o comércio estavam interligados, envolveram várias figuras proeminentes na corte inglesa. Na noite de 3 de junho de 1596, uma expedição marítima liderada por Robert Devereux saiu de Plymouth em direção à Espanha, onde ele recebeu a informação de que outra invasão à Inglaterra estava sendo planejada — um ataque espanhol na Cornualha mais cedo naquele ano já havia espalhado o medo entre os ingleses. A frota chegou ao porto de Cadiz em 21 de junho. Essex foi o primeiro a chegar com suas tropas, invadindo a cidade em um dramático ataque. Alguns dias depois, com a fumaça da queima do porto de Cadiz ainda impregnada nas roupas, as forças de ataque de Essex navegaram para oeste e encenaram uma performance repetida no porto vizinho de Faro, no Algarve. Logo após a chegada, Essex "aquartelou-se na casa do bispo", como um dos relatos contemporâneos descreve. Quando estavam no palácio, Essex e seu grupo de ataque descobriram a biblioteca do bispo Fernando Martins Mascarenhas e, de lá, ele selecionou um baú repleto de livros impressos, todos com o brasão do bispo na capa. Eles retiraram os volumes da biblioteca do palácio e os levaram com todo tipo de pilhagem a bordo de seus navios.[2]

Quando a expedição retornou à Inglaterra, Essex deu a coleção à nova biblioteca de sir Thomas Bodley. Os livros foram arranjados nas novas prateleiras criadas e listadas no primeiro catálogo impresso da biblioteca, publicado em 1605.[3] Para Essex, Bodley e outros no país, esses livros teriam sido vistos como um "prêmio" legítimo. A Inglaterra estava em guerra com o Império Espanhol, defendendo não apenas sua religião, mas seu território. Mascarenhas também foi o infame Grande Inquisidor de Portugal, encarregado do reforço religioso, e como tal pode ter supervisionado a tortura de marinheiros ingleses. O bispo também foi responsável pela censura da Espanha e, sob sua autoridade, houve uma lista de obras condenadas com bases religiosas: o *Index auctorum damnatae memoriae*, lançado em Lisboa em 1624. Uma variante focava autores da lista de livros proibidos, o *Index librorum prohibitorum*, compilado a princípio sob a autoridade da Inquisição Espanhola em Lovaina, em 1546.

É um desdobramento estranho que o *index* espanhol tenha se mostrado uma inspiração para Thomas James, o primeiro bibliotecário. James descreveu que as obras chegaram à sua biblioteca por "providência divina" e que algumas delas tiveram "páginas inteiras grudadas, frases borradas, e os livros haviam sido revirados de maneira sofrida". Ele diz que a simples visão dos livros "provocaria dor no coração de qualquer homem que os visse". Com certeza, as palavras de um verdadeiro bibliófilo e também ardentemente protestante. James ficou particularmente interessado nos livros que os compiladores do *index* católico queriam que seus leitores não fossem capazes de ler. Na verdade, tornou-se uma fonte de ideias para novas adesões da Bodleiana, com a biblioteca publicando, em 1627, uma lista de livros no *index* que não estavam lá e, portanto, alguns dos que mais queríamos adquirir.[4]

Os livros ainda se encontram nas prateleiras da Bodleiana e foram movidos apenas poucos metros ao longo de 419 anos, sendo bem cuidados e estando sempre acessíveis para pesquisadores de todo o mundo. No entanto, Thomas James teve seu nome listado na edição de 1632 do índice espanhol de livros proibidos (o *index Novus librorum prohibitorum et expurgatorum*) e foi, assim, banido na Espanha. Mascarenhas nunca pegou seus livros de volta, mas, talvez, à sua maneira, tenha conseguido se vingar.

Enquanto a tomada da biblioteca do bispo de Faro foi oportunista e não o objetivo primário de expedição, o roubo da Biblioteca Palatina (a biblioteca dos príncipes-eleitores do Palatinado, mantida na cidade de Heidelberg na Alemanha) sem dúvida foi. A Biblioteca Palatina foi uma das mais célebres do século XVI e motivo de orgulho civil, regional e, para os protestantes, religioso. Na Reforma, o povo da cidade de Heidelberg saiu a favor dos reformadores protestantes. Refugiados calvinistas foram recebidos na cidade e na universidade e, em 1563, o *Catecismo Heidelberg* foi promulgado lá, tornando-se a declaração oficial de fé protestante por meio do Palatinado. A biblioteca foi criada por meio da pilhagem da Reforma e, de certa forma, espelhava a transferência de livros de bibliotecas monásticas para seculares. Ela era famosa pelos vários manuscritos antigos da Abadia de Lorsch, bem ao norte de Heidelberg, dissolvida em 1557. Entre os tesouros, estava o famoso *Codex Aureus*, ou *Evangelho de Lorsch*, um manuscrito repleto de soberbas iluminuras do fim do século VIII e testemunha do poder artístico da corte de Carlos Magno.

Quando Heidelberg foi capturada pela Liga Católica de Maximiliano da Baviera em 1622, Gregório XV, que, como o primeiro papa com viés jesuíta conhecia o valor intelectual das bibliotecas, viu uma oportunidade de enriquecer enormemente o acervo papal em Roma, a Biblioteca Apostólica Vaticana. O papa Gregório conseguiu que a poderosa posição de Eleitor do Palatinado — um dos cinco do Sagrado Imperador Romano — passasse a Maximiliano. Isso foi um triunfo para Maximiliano, que, como um agradecimento bem extravagante, presenteou o papa Gregório com a biblioteca de Heildelberg cinco dias após a captura da cidade. Ele escreveu que a biblioteca foi dada "como espólio e em demonstração de meu afeto mais obediente".[5] Por fim, os livros foram transferidos para Roma — as prateleiras eram partidas para atuarem como caixotes de transporte. Foram acrescentados à Biblioteca do Vaticano 3.500 manuscritos e 5 mil livros impressos, quase dobrando as coleções. Não apenas manuscritos medievais foram adquiridos, mas também literatura contemporânea protestante, de uso prático para ajudar o papado a desenvolver contra-argumentos. A remoção da biblioteca foi um símbolo de transferência de poder — o arsenal de heresia desarmado por seu movimento no epicentro da fé ortodoxa. Ao caminhar pela Biblioteca do Vaticano hoje em dia, é possível ver os nomes das coleções adicionadas: "*Codices Palatini Latini*' (onde estão armazenados os *Evangelhos de Lorsch*, por exemplo); e "*Codices Palatini Greci*", os manuscritos em latim e grego da Biblioteca Palatina.

Como o destino da biblioteca do bispo de Faro e da Biblioteca Palatina nos mostram, a remoção forçada de livros e documentos de um país para outro tem uma longa história. Em tempos mais recentes, o fenômeno tornou-se conhecido como arquivos "deslocados ou migrados". O destino desses registros, alguns destruídos para esconder provas de má administração e abuso de poder, outros fisicamente retirados de antigas colônias e levados de volta à Europa — torna-se uma questão-chave sobre quem controla as histórias de antigas colônias: as novas nações independentes ou os antigos poderes coloniais?

O legado do Império toma muitas formas para as nações europeias que espalharam sua influência pelo mundo nos séculos XVIII e XIX. Com frequência, as colônias eram administradas como departamentos do serviço civil do país "natal", com muitos dos administradores coloniais sendo gente que servia em postos em vez de cidadãos do território colonizado. Os arquivos eram uma parte essencial do projeto colonial. Esses registros documentavam, muitas vezes em detalhes notáveis, o comportamento da administração colonial, e o rigor com que se mantinham registros costumava refletir o nível de controle. Como tal, o processo de descolonização e independência de antigas colônias iria tornar os registros criticamente importantes. A documentação do comportamento muitas vezes embaraçoso da administração colonial tornava-os um alvo para destruição, mas também era fonte valiosa para a história e a identidade de uma nova nação — portanto, dignos de preservação.

No decorrer do fim do século XIX e do XX, a prática de arquivo no ocidente evoluiu com noções de "ordem de arquivo" e "integridade de arquivo". Esse pensamento partiu da obra do arquivista britânico sir Hilary Jenkinson (1882–1961), cujo enfoque permanece central à prática moderna hoje. A ordem de um arquivo deve seguir os desenvolvimentos de estruturas administrativas cujos registros estão sendo arquivados. De acordo com a prática estabelecida, os arquivos das colônias são vistos como parte dos arquivos do poder colonial. A prática normal de manter registros, quando o departamento é fechado, iria envolver o uso de processos estabelecidos — avaliando a programação de retenção e eliminação e decidindo quais papéis devem retornar para o "arquivo-mãe", mantido no "país natal". Por volta dos últimos sete anos, isso resultou em uma série de assuntos altamente contenciosos que macularam algumas das novas nações independentes contra seus antigos senhores coloniais, com a legitimidade da narrativa histórica como ponto central.

Essa questão continua sendo importante para a Grã-Bretanha, uma vez que ela tinha o maior império entre os poderes europeus. A retirada de arquivos da colônia pouco antes da independência levou à criação de enormes grupos de arquivos "migrados" de volta ao Reino Unido, mantidos pela organização-mãe dentro do governo, o armazém de registros do gabinete de questões externas e coloniais conhecido como FCO 141. Por muitos anos, a existência desses registros ou era negada ou, no máximo, sujeita a comentários evasivos pelos oficiais, mas agora esse enorme corpo de conhecimento foi admitido de modo formal e público, e os registros transferidos para os Arquivos Nacionais do Reino Unido, catalogados e disponibilizados para estudiosos.[6] Além desses arquivos "migrados", houve muitos exemplos de eliminação deliberada, às vezes por meio de administradores que seguiam procedimentos aceitos para administrar registros, mas houve episódios de destruição para acabar com evidências de comportamentos aterradores perpetrados por antigos oficiais da colônia que teriam sérias consequências políticas e diplomáticas se viessem à tona.

O processo de avaliar registros envolve a seleção de alguns deles, seja para a destruição ou para o retorno, e não implica necessariamente a intenção maldosa de esconder provas. A destruição de registros não teria sido necessariamente realizada para proteger reputações pessoais ou esconder vestígios de mau comportamento. Nem todos os registros gerados por cada departamento do governo podem ser mantidos — fazer isso seria loucura, uma loucura insustentável. A legislação prévia criada para ajudar a administrar registros públicos possibilitou o descarte de documentos sem valor, em especial no Gabinete Colonial que, no começo do século XX, tinha uma vasta burocracia, que gerava uma quantidade enorme de papel.[7] Via de regra, hoje os Arquivos Nacionais mantêm apenas 2% a 5% dos registros gerados por cada departamento do governo, e esse enfoque foi o padrão quando aplicado a registros coloniais. Secretários que trabalhavam nos cartórios (setores que armazenavam e localizavam registros necessários para os administradores) iriam aplicar rotineiramente a orientação que tinham recebido sobre a retenção de registros e destruiriam aqueles que não eram mais necessários para o uso atual ou que sentiam que não tinham mais valor a longo prazo para historiadores. Com frequência, essas decisões eram influenciadas por preocupações mais pragmáticas — haveria espaço suficiente para manter arquivos indesejados?

Após a Segunda Guerra Mundial, muitas das colônias dos poderes europeus fizeram campanha para a independência. O processo afetou, sobretudo, Grã-Bretanha, Bélgica, Holanda e França. Ao decidir o que fazer com esses registros, os administradores coloniais tiveram de tomar decisões: deveriam destruir materiais que não fossem mais necessários, passar para os novos governos independentes ou enviar de volta ao país de origem?

A primeira grande experiência do processo de independência de antigas colônias para o Reino Unido foi a Índia em 1947, seguida de perto pelo Ceilão no ano seguinte. No período que levou à independência, extensões inteiras de registros foram transferidas de volta para o Gabinete Estrangeiro e da Comunidade em Londres, em vez de ser sujeitas à avaliação arquivo a arquivo, o que deveria ter acontecido antes da devolução de qualquer arquivo. Durante o processo de mandar registros de volta a Londres, o diretor do Ramo Especial da polícia do Ceilão ficou surpreso em encontrar a própria ficha entre a massa de material enviada de volta.[8]

A Malásia se tornou independente da Grã-Bretanha em 1957. Em Kuala Lumpur, em 1954 o principal registro do governo colonial da Malásia veio à tona, e grandes números de registros, muitos datados do século XIX, foram destruídos, pois se supôs que fossem duplicatas.[9] Um conhecimento vital do começo da história da Malásia foi perdido. Graças à obra do historiador Edward Hampshire, sabemos que alguns desses registros foram destruídos por motivos mais sinistros. Ele descobriu um que serviu de guia aos administradores coloniais da Malásia, enfatizando que esses "documentos indesejáveis devem permanecer em mãos malaias". Eram aqueles que refletiam a "política ou ponto de vista do governo do Reino Unido, que não é desejado que seja conhecido pelo governo da Federação" e, o que é pior, "poderia soar ofensivo sobre a discussão de problemas e personalidades malaias".[10]

Portanto, a destruição de arquivos servia para esconder o comportamento racista e preconceituoso dos antigos oficiais coloniais. Cinco caminhões de papel foram levados a Cingapura (que ainda era uma colônia britânica na época) e destruídos no incinerador da Marinha Real. Até esse processo foi carregado de ansiedade colonial: "Foi difícil levar a operação discretamente, para evitar exacerbar as relações entre o governo britânico e os malaios, que poderiam não ser tão compreensivos", escreveu o alto comissário em Kuala Lumpur, em uma clássica amostra de eufemismo britânico. O interessante é que foi descoberta uma nota que revelava que o Escritório Colonial queria que o novo governo da Malásia herdasse registros que, na maior parte, estavam completos, com o intuito específico de garantir que "quanto ao material histórico, os britânicos não precisariam se dispor a atacar arquivos por propósitos históricos e que o material deveria ser deixado para ser estudado por historiadores malaios". A razão pela qual essa sugestão não foi seguida, de acordo com Hampshire, deveu-se ao inerente conservadorismo dos oficiais da região.[11]

Os arquivos migrados tornaram-se ainda mais controversos com o tempo, conforme antigas colônias queriam entender seu passado histórico. Em 1963, pouco antes de o Quênia se tornar independente, um secretário que trabalhava na Casa Governamental em Nairóbi queimou vários maços de documentos em um braseiro no quintal. Muitos dos registros acerca da supressão brutal da insurgência Mau Mau foram destruídos por lá. Isso evitou que chegassem às mãos do novo governo. Parte do material voltou para a Grã-Bretanha, ao famoso FCO 141.[12] Foi necessário um grande processo jurídico, aberto em 2011 por veteranos da rebelião Mau Mau em busca de compensação do governo britânico, para que se tornasse pública a existência dos registros, transferidos em quatro caixotes com 1.500 documentos em novembro de 1963. Apenas em 2014 esse material foi analisado, catalogado e passado aos Arquivos Nacionais. A "Emergência Queniana", como os britânicos se referiam em eufemismo à rebelião Mau Mau, forçou um enfoque aos registros mantidos no Quênia por meio de um processo de retenção e eliminação que era inerentemente racista: apenas oficiais que fossem "cidadãos britânicos de descendência europeia" podiam decidir se seriam guardados ou destruídos. A implicação era que não era "seguro" permitir que africanos decidissem o destino da própria história.[13]

Essas experiências não se restringiram à Grã-Bretanha. Outros poderes coloniais europeus passaram por um processo bem similar. Nas Índias Ocidentais, por exemplo, conforme autoridades holandesas deflagravam uma ação reacionária contra a iminente maré de nacionalismo e independência, os arquivos eram um dos símbolos de poder ao qual os holandeses se apegavam, criando a própria versão do FCO 141, conhecida como Arquivo Pringgodigdo, uma coleção de documentos relacionados à causa nacionalista tomada por soldados holandeses em 1948 e analisada em detalhes por sua inteligência militar.[14] A coleção foi formada para incentivar a campanha política para desacreditar os combatentes pela independência, de modo a desenvolver apoio para a guerra contra os rebeldes.

Acabou fracassando em gerar o tipo de histórias que esperavam. Por fim, a Indonésia conquistou sua independência e, após algum tempo, houve uma reaproximação com o governo holandês. Os indonésios começaram a buscar apoio econômico e político de nações ocidentais, dos holandeses em particular e, como parte desse processo, forjou-se um acordo cultural, que permitia que arquivistas indonésios fossem treinados nos Países Baixos, trazendo um grau maior de cooperação. Finalmente, o Arquivo Pringgodigdo foi redescoberto, apesar de ter sido considerado perdido por muitos anos, e voltou à Indonésia em 1987.

Tanto no exemplo britânico quanto no holandês, as antigas colônias tiveram a última palavra. Foram seus administradores que tomaram decisões sobre quais papéis deveriam ser destruídos e quais migrariam para o "país materno". Mesmo assim, suprimiu-se intencionalmente o conhecimento da existência de arquivos litigiosos, e mantiveram-se séries inteiras de registros fora de domínio público, e até suas existências foram publicamente negadas.

Os franceses desenvolveram um posto avançado dos Archives de France na Provença no fim dos anos 1950, chamado de Arquivo Além-mar Francês (AOM), com o objetivo expresso de unir arquivos de gabinetes extintos com aqueles transferidos de "antigas colônias e da Argélia" (que não era vista formalmente como uma colônia pelos franceses, mas como uma parte integral do Estado francês).[15] O primeiro diretor na Provença foi Pierre Boyer, que havia sido responsável pelos Arquivos da Argélia, e ele assumiu seu posto em 1962, ano em que esse país se tornou independente. As coleções eram vastas: 8,5 quilômetros de arquivos preencheram a nova instalação, que foi ampliada em 1986 e 1996. A equipe original de funcionários era pequena, apenas Boyer e outros três, que foram inicialmente auxiliados por uma equipe de soldados da Legião Estrangeira francesa, a famosa unidade militar que teve grande papel na expansão colonial francesa no século XIX. A nova instalação do arquivo dificilmente poderia ficar mais mesclada à experiência colonial francesa.

O próprio Boyer havia sido cúmplice na destruição de arquivos da Argélia no processo de independência, com um episódio agora célebre em que navegou na baía da Argélia em junho de 1962 e tentou afundar trinta caixotes que continham registros policiais. Quando ficou claro que eles não iriam desaparecer sob as ondas, ele os encharcou de combustível e pôs fogo. Supostamente, os arquivos não foram tratados assim só porque ocupavam espaço demais. Os conteúdos poderiam ter sido bem comprometedores e perigosos para a reputação da França se tivessem caído nas mãos de nacionalistas argelinos.[16] Alguns dias antes, o OAS (a organização terrorista clandestina de colonialistas franceses que buscava evitar a independência) pôs fogo na biblioteca da Universidade da Argélia.[17] Esses poucos caixotes são a ponta de um iceberg desconhecido de documentos destruído no país, mas muitas dezenas de milhares de arquivos foram enviados à França. A maioria pode ter terminado na nova instalação comandada por Boyer na Provença. Mas muitas outras foram espalhadas entre os *fonds* (grupos de documento organizados) e outros gabinetes (como o de defesa), como resultado das declarações feitas pelos mais altos escalões na França da época — como a do presidente Valéry Giscard d'Estaing: "Esses arquivos estão entre os elementos constituintes do patrimônio de nossa nação, assim como de nossa soberania nacional".[18] Tudo isso foi retrucado pelo governo da Argélia em várias ocasiões.[19]

A questão dos arquivos ficou mais intensa em 2012, durante as celebrações do 50º aniversário da independência da Argélia — um momento propício para a reflexão histórica e a celebração da construção da nação. A ausência de material de arquivo nacional tornou-se cada vez mais evidente, expondo diferentes narrativas históricas sobre a disputa por independência. Há esperança na Argélia de que o retorno dos arquivos possa ajudar a evitar mais conflitos sociais.

Arquivos deslocados e migrados continuam a ser um assunto controverso entre ex-colônias e seus antigos senhores coloniais. Mesmo hoje, essas relações ainda são complexas. O arquivo do exército da Rodésia foi retirado de lá na época da independência do Zimbábue e, por um tempo, mantido na África do Sul. Por muitos anos, foi guardado no Museu do Império Britânico e da Commonwealth, em Bristol, mas, quando essa instituição fechou devido à falta de financiamento, a coleção ficou órfã. Os Arquivos Nacionais do Zimbábue alegaram que o material era parte do patrimônio nacional do país e que fora retirado ilegalmente. Uma importante fonte histórica permanece inacessível à comunidade internacional de estudiosos e os cidadãos do Zimbábue. Uma das maiores preocupações com esse caso é que os registros revelam detalhes do comportamento do Exército durante o processo de independência que podem não mostrar uma visão muito positiva da organização.[20]

No verão de 2019, a Bodleiana fez uma exibição de manuscritos de sua pequena, porém significativa, coleção etíope e eritreiana. Os manuscritos revelavam informações interessantes sobre a história, a cultura, a língua e a religião da área que agora nos referimos como Etiópia e Eritreia. Entre os manuscritos, há alguns que são parte do que é conhecido como "Tesouro de Magdala".

A expedição de Magdala na Etiópia (1867–1868) foi notável por vários motivos. O Exército britânico-indiano (comandado por sir Robert Napier) invadiu a Etiópia para resgatar criados civis e missionários britânicos mantidos como refém pelo imperador Tewodros II. O imperador ficou zangado com a falha da rainha Vitória em responder a uma carta que ele havia enviado. Os reféns foram libertados, o Exército etíope foi aniquilado e a fortaleza de Magdala foi invadida, sucumbindo a um ataque final em abril de 1868, quando o imperador cometeu suicídio. O Exército britânico-indiano partiu logo em seguida.

Houve uma ampla pilhagem de tesouros artísticos etíopes e artefatos culturais. De acordo com um relato, quinze elefantes e duzentas mulas foram necessários para levar a carga. Uma testemunha, Gerhard Rohlfs, relatou o seguinte:

> Chegamos aos aposentos do rei e os soldados tinham destruído tudo, com pilhas de objetos de todos os tipos por todos os lados [...]. Foi uma verdadeira baderna em larga escala [...]. Na época, não sabíamos que, quando um Exército inglês toma uma cidade, todos os bens que caem nas mãos das tropas são propriedade deles e são vendidos para o benefício comum.[21]

Os objetos pilhados em Magdala seguiram para coleções particulares e do Estado. A maioria dos livros e manuscritos foi para a Biblioteca do Museu Britânico (agora a Biblioteca Britânica), a Bodleiana, a Biblioteca John Rylands, em Manchester (agora parte da biblioteca universitária da cidade), a Biblioteca da Universidade de Cambridge e algumas coleções menores no Reino Unido. O roubo da biblioteca de Tewodro significou privar a Etiópia de tesouros culturais, artísticos e religiosos. Houve pedidos insistentes para que o "Tesouro de Magdala" fosse devolvido ao país.

As coleções desalojadas da biblioteca poderiam ter um papel positivo na sustentação de uma identidade cultural. A exposição da Bodleiana em agosto de 2019 foi visitada por milhares de pessoas de comunidades britânicas, etíopes e eritreianas (inclusive o embaixador etíope na Grã-Bretanha), porém não fez referência a Magdala, mesmo que um dos manuscritos exibido tenha sido um dos tesouros pilhados. A mostra teve curadoria não da equipe da Bodleiana, mas de membros de comunidades etíopes e eritreianas que viviam no Reino Unido.[22] A questão da Magdala e outros exemplos de pilhagem e comportamento imperialista eram bem conhecidos dos curadores, é claro, mas as legendas não fizeram referência a essas histórias. Elas se concentraram em respostas pessoais aos manuscritos, com frequência bem sensoriais, que evocavam memórias de infância e a experiência de estar na África ou de ser de descendência africana, porém morando no Reino Unido e sendo britânico. A evasão sobre a questão da pilhagem não foi intencional. O foco era mais a relação entre as comunidades e os manuscritos (um catálogo da exposição falava explicitamente da procedência do material).[23] A divulgação que a exposição deu aos mundos etíope e eritreiano foi muito positiva para a equipe de curadores, que não queria ofuscar a oportunidade de celebrar a importância dos manuscritos e a cultura que representam.

A retirada do conhecimento de uma comunidade, mesmo que ele não seja destruído, pode ter consequências bem sérias. A narrativa do passado pode ser controlada e manipulada, e a identidade cultural e política pode ser seriamente minada quando comunidades não têm acesso às próprias histórias. Muitas das antigas colônias de potências europeias foram países independentes por muitas décadas, e algumas continuaram preocupadas que suas histórias permanecessem trancadas dentro de armazéns de registros estrangeiros. O ponto mais importante a se ater é que as comunidades de onde esses materiais foram retirados deveriam poder ter controle da narrativa histórica novamente.

12
UMA OBSESSÃO COM ARQUIVOS

EM TODO O MUNDO, REGIMES OPRESSORES mantiveram o controle sobre suas populações por meio de documentações ao longo da história. Na antiga Mesopotâmia, os registros com propósito de levantar impostos talvez tenham sido os primeiros exemplos de controle abrangente do povo. Após a conquista normanda da Grã-Bretanha em 1066, o novo regime vigiava o território para compreender como era organizado, quem possuía propriedades de todos os tipos e onde se encontravam. Isso era escrito em uma série de documentos, o mais famoso sendo o *Domesday Book*. Os regimes acabariam usando serviços de vigilância secreta para manter controle. Durante a Revolução Francesa, o nazismo e o stanlinismo, os cidadãos eram monitorados de perto e documentados em detalhes, e esses registros possibilitavam que um forte controle fosse aplicado.

Ao final da Segunda Guerra Mundial, os russos ficaram com a Alemanha Oriental e metade de Berlim. A República Democrática da Alemanha tomou a linha de frente da Guerra Fria nos 45 anos seguintes. Em 8 de fevereiro de 1950, o regime comunista criou uma organização de segurança de Estado, a Stasi, que funcionava como a polícia secreta da República Democrática da Alemanha, uma agência de inteligência e um serviço de investigação de crimes, e chegou a ter 270 mil funcionários, com 180 mil informantes ou "colaboradores não oficiais". A Stasi acompanhava quase todos os passos das vidas diárias dos alemães orientais, assim como fazia espionagem internacional. A organização mantinha fichas sobre 5,6 milhões de pessoas e detinha um arquivo enorme, que ocupava 111 quilômetros. Além de documentação escrita, o arquivo reunia material audiovisual, como fotos, slides, filmes e registros de som. Havia até um arquivo com amostras de suor e de odores corporais que os oficiais coletavam durante interrogatórios.

Depois que o Comitê Central da Unidade do Partido Socialista recuou em 3 de dezembro de 1989, a Stasi tornou-se o último bastião da ditadura. Os cidadãos estavam em alerta sobre o fato de que a Stasi poderia tentar destruir seus arquivos e registros para cobrir suas atividades. Na manhã de 4 de dezembro, uma fumaça preta foi vista saindo das chaminés do quartel general da Stasi em Erfurt, e deduziu-se que os arquivos estavam sendo queimados. Com a ajuda de outros cidadãos, um grupo feminino, "Mulheres pela Mudança" (em alemão, *Frauen für Verändung*), ocupou o prédio e a prisão vizinha, onde os arquivos eram armazenados por questão de segurança.

Isso instigou a tomada de prédios da Stasi por toda a Alemanha Oriental. Cidadãos invadiram os quartéis-generais em Berlim em 15 de janeiro de 1990. Quando o Ato dos Registros da Stasi foi aprovado em dezembro de 1991, concedeu o direito de que o povo visse os registros. Em janeiro de 2015, mais de 7 milhões de pessoas haviam se inscrito para ver suas próprias fichas.

A Stasi da Alemanha Oriental mostrou-se uma inspiração para o uso de vigilância e documentação para outros regimes opressores na Europa Central, no Leste Europeu e no Oriente Médio. O uso seguinte de seus arquivos seria exemplo de como esses registros podem ser usados para curar uma sociedade partida.

A questão dos arquivos como um elemento central para a ordem social, o controle da história e a expressão de nacionalidade e identidade cultural continua a ser uma preocupação pungente no século XXI. No momento em que escrevo este livro, uma proporção significativa dos arquivos nacionais do Iraque moderno está localizada nos Estados Unidos, o país ainda visto como inimigo por uma parte do povo iraquiano. Esses documentos são essenciais para formar a compreensão completa dos eventos tumultuosos que moldaram o país, a região inteira, e em alguma extensão o mundo todo desde a tomada do poder pelo Partido Ba'ath em 1968. No entanto, também podem servir a um propósito social benéfico para ajudar o Iraque a compreender décadas de conflito civil. A mais importante dessas coleções é a do próprio partido. O Hizb al--Ba'ath al-'Arabī al-Ištirākī (Partido Socialista Ba'ath) foi a única força dominante nos assuntos políticos e governamentais do Iraque por 35 anos. Desde a tomada da presidência em 1979 até sua derrocada em abril de 2003, Saddam Hussein usou a organização e os recursos do partido para exercer um grau extraordinário de controle sobre o país, devido principalmente às organizações estatais de segurança que financiavam a vigilância de cidadãos, uma cultura de informantes e a supressão forçada de qualquer dissidente localizado.[1]

Durante o período de comando de Saddam Hussein, a Stasi da Alemanha Oriental forneceu treinamento e orientação em vários momentos, apesar de modo muito mais limitado do que os iraquianos do Ba'ath teriam desejado.[2] Os iraquianos buscaram a Stasi depois que o Partido tomou o poder em 1968. A Stasi treinou oficiais iraquianos para vigilância secreta (especialmente a instalação de escutas), uso de tinta secreta e decodificação de comunicação, assim como proteção de oficiais políticos de alto escalão.[3]

As coleções do Partido Ba'ath foram levadas para os Estados Unidos graças a um interesse contínuo pelo Iraque por parte da comunidade internacional. Contudo, a presença delas também se deveu à influência de um punhado de indivíduos cuja paixão e determinação seriam cruciais à preservação, muitas vezes diante de críticas profundas e até de risco de vida.

A primeira coleção relaciona-se com o Kuwait. A invasão de Saddam Hussein em 1990 ocorreu na velocidade da luz. O país todo foi tomado e ocupado em 24 horas. Seguindo a invasão, houve a anexação formal e o Kuwait foi declarado uma província do Iraque. A invasão foi totalmente condenada na comunidade internacional. Em novembro de 1990, as Nações Unidas instauraram uma resolução que dava ao Iraque um prazo até 15 de janeiro para se retirar do território do Kuwait e autorizava o uso da força caso as ordens não fossem obedecidas. O ataque aliado ocorreu em 16 de janeiro de 1991, e a liberação da dominação iraquiana se deu em 28 de fevereiro.[4]

Enquanto as forças iraquianas saíam do Kuwait apressadas, grandes volumes de documentos ficaram para trás. Eles foram levados aos Estados Unidos, onde foram digitalizados pela Agência de Defesa. Com o tempo, uma grande gama foi classificada. Arquivos digitais do material do Kuwait acabaram indo para a Hoover Institution, onde são conhecidos como Kuwait Dataset.[5]

A revolta curda de 1991, que seguiu o rastro do desastre no Kuwait, resultou de décadas de atrito entre o governo ba'athista do Iraque e o povo curdo no norte do país. A ferocidade dos ataques do Iraque em meados dos anos 1970, conhecidos como "Anfal", que o Partido Democrático Curdo chamou de "uma guerra racista de extermínio",[6] tornou-se um incidente internacional. Vilas curdas eram rotineiramente bombardeadas, e as armas usadas incluíam napalm e gás venenoso. Forças curdas usaram a tensão no Iraque da Primeira Guerra do Golfo como uma oportunidade de pressionar os iraquianos para fora de seu território e invadir vários centros administrativos, como centros de comando regional do Partido Ba'ath no norte do Iraque, em Sulaymānīyah, Dahuk e Erbil. Enquanto isso acontecia, os curdos tomaram milhões de registros administrativos, que pesavam impressionantes 18 toneladas, segundo algumas estimativas. Os curdos sabiam do valor desses documentos e os levaram para cavernas em partes remotas do Curdistão e outras áreas para preservá-los. A condição dos documentos era precária — estavam enfiados em sacos e caixotes de munição — e haviam perdido toda a "ordem de arquivo". Ainda assim, teriam um impacto profundo em assuntos mundiais e no futuro do Iraque.

Em novembro de 1991, Kanan Makiya viajou para regiões mantidas por curdos no norte do Iraque. Expatriado iraquiano, Makiya é uma figura central na história dos arquivos do Iraque, e por meio dele o registro documental iria se mover a centros de políticas internacionais e determinar a história do Iraque por muitas décadas. Um dos aspectos extraordinários das ações de Makiya é que ele usou arquivos como o cerne de sua campanha, como prova para expor injustiças, o reino de terror e crueldade, e para fazer a comunidade internacional se pronunciar e agir: ele desenvolveria o que chama de uma "obsessão por arquivos".[7]

Os pais de Makiya fugiram do Iraque nos anos 1970. Depois que seu pai se desentendeu com o regime totalitário, eles se mudaram para trabalhar com arquitetura em Londres. Makiya era estudante de arquitetura no MIT, enquanto seus pais fugiam de Bagdá. Em Londres, ele se associou a grupos dissidentes e foi até cofundador de uma livraria árabe, que ajudou a disseminar publicações sobre o Oriente Médio — não apenas cultura árabe clássica, mas principalmente assuntos atuais. Isso porque ele sentia que, na época, o Ocidente estava se "afogando em um mar de mentiras", incapaz de ver a verdade do que acontecia no Iraque de Saddam Hussein.

Em 1989, sob o pseudônimo de Samir al-Khalil, Kanan Makiya publicou um livro chamado *Republic of fear* [República do medo], que se baseava nas fontes que encontrou circulando entre a comunidade dissidente, mas também naquelas que achou na Biblioteca Britânica, na Biblioteca do Congresso e na Biblioteca Widener em Harvard, de maneira a expor a tirania do Iraque de Saddam. Edições seguintes saíram com seu próprio nome e ele se tornou instantaneamente um oponente importante ao regime do Iraque. Em 1991, foi relançado em brochura e atingiu uma nova gama de leitores, afinal a situação política do Kuwait após a invasão iraquiana em 1990 tornou seu conteúdo totalmente relevante e levou o livro às listas de mais vendidos. A partir daí, Makiya transformou-se em uma figura intelectual vital na oposição ao regime do Iraque.[8]

Makiya foi visto como um aliado dos curdos, que mostraram a ele documentos que percebeu que teriam um valor incalculável para aumentar a conscientização sobre as violações de direitos humanos contra os curdos. Como ele próprio coloca, seu livro anterior fora como "um médico que julga uma doença apenas pelos sintomas externos. O que os documentos fariam seria possibilitar que o médico olhasse dentro do corpo do paciente".[9]

Os grupos principais de registros estavam sob controle de organizações políticas curdas aliadas — a União Patriótica do Curdistão e o Partido Democrático do Curdistão —, unidas em seu ódio pelo Iraque de Saddam. Conforme os anos 1990 avançavam, perceberam que entregá-los aos Estados Unidos poderia realmente reforçar o status de suas organizações. Eles chegaram a um acordo que permitia que os documentos fossem levados por avião para fora do norte do Iraque curdo por meio de uma base aérea na Turquia e colocados sob a custódia dos Arquivos Nacionais Norte-Americanos.[10] Assim, os arquivistas puderam trabalhar, realojando-os em 1.842

caixas, possibilitando que fossem manuseados em segurança pela equipe da Agência de Inteligência de Defesa e Vigia da Oriente Médio, sob a direção de Joost Hiltermann, cuja equipe digitalizou 5,5 milhões de documentos ao final de 1994. Nesse ponto, os documentos eram tratados como um arquivo. Em 1997, o Comitê de Relações Internacionais do Estado transferiu os documentos (e uma cópia dos arquivos digitais) para a custódia da Universidade do Colorado, em Boulder. A transferência foi feita estritamente sob os termos nos quais Kanan Makiya insistiu: os arquivos continuavam a pertencer ao povo iraquiano, mantidos em confiança com os Estados Unidos até que existisse um Estado no Iraque disposto a preservá-los em um arquivo similar ao estabelecido na Alemanha, onde os documentos da Stasi se tornaram disponíveis ao público.[11] ∕

Em 1992, Kanan Makiya estabeleceu um pequeno grupo de pesquisa chamado Projeto de Pesquisa e Documentação do Iraque (IRDP), com base no Centro para Estudos do Oriente Médio da Universidade de Harvard, e conseguiu que cópias dos arquivos digitalizados da maioria das caixas (mas nem todos) fossem dadas ao IRDP. Durante o ano seguinte, os materiais digitalizados foram inclusos em um sistema de dados e metadados foram acrescentados aos arquivos: nomes de indivíduos, departamentos de origem, eventos-chave e sumários dos conteúdos. Em 1999, o site do IRDP vangloriava-se de ser "a maior coleção de registros iraquianos a se tornar pública". A intenção de Makiya era que fosse estudada e analisada para o bem da sociedade iraquiana. Esse propósito social mais amplo transformou-se em algo mais urgente devido às violações de direitos humanos que aconteciam diariamente no norte do Iraque. Foi o cerne do que ele estava tentando fazer: oferecer provas de injustiça e aumentar a conscientização sobre o que ocorria com o povo curdo, para que houvesse pressão na comunidade internacional para intervir. Contudo, tal dilema ético logo ficou claro. Publicar documentos originais era colocar a vida dos iraquianos em risco, afinal disponibilizar esses documentos on-line para pesquisa expunha nomes e detalhes pessoais de muitos indivíduos que poderiam se complicar. Tomou-se a decisão de tirar do website qualquer arquivo que revelasse detalhes pessoais.

A defesa de Makiya por uma mudança de regime no Iraque, que ele desenvolveu por meio das informações que coletou dos arquivos capturados pelos curdos, tornou-se muito influente em círculos de política externa norte-americanos com a virada dos anos 1990 para o século XXI. Ele foi uma das vozes ouvidas pela Casa Branca quando o clima começou a mudar em direção a uma segunda Guerra do Golfo e uma remoção forçada de Saddam e do partido Ba'ath do poder. Os arquivos iraquianos nos Estados Unidos começaram a ser revirados em busca de pistas sobre armas de destruição em massa. A visão apaixonada de Makiya sobre o regime do Iraque começou a fazer uma diferença no endurecimento de atitudes em Washington.

Uma virada crítica para ele foi a aparição em um programa popular de assuntos contemporâneos na TV. Era então apresentado pelo veterano comentarista político Bill Moyers, junto do escritor Walter Isaacson e do historiador Simon Schama, em que ele incitava uma segunda Guerra do Golfo e fazia uma profunda defesa de uma transição bem-sucedida. O programa, transmitido em 17 de março de 2003, foi direto ao assunto mais comentado do dia: a esperada invasão do Iraque. "O exército norte-americano não vai apenas lá destruir coisas. Vai construir", disse Makiya a Moyers. O apresentador questionou-o sobre as provas de injustiças e ele respondeu, referindo-se aos arquivos: "Temos provas saindo pelos ouvidos. Tenho listas de gente desaparecida. Acabei de dizer: 1,5 milhão foram mortas, iraquianos mortos, desde 1980, violentamente pelas mãos do regime".

Posteriormente no programa, Moyers fez a pergunta de 1 milhão de dólares: "E você está convencido de que a guerra é a opção certa?" Makiya respondeu: "Não há alternativa. Já há uma guerra acontecendo. E é uma guerra deflagrada contra o povo iraquiano".[12]

Essa defesa foi muito influente nos círculos do governo. Às vésperas do conflito, Kanan Makiya era próximo da liderança dos EUA, com George Bush informando-o pessoalmente de que haveria uma invasão. Menos de um mês depois, forças norte-americanas invadiram o Iraque, e Makiya assistiu à invasão no Salão Oval com o presidente.[13] Ele não estava preparado para o caos que ocorreria.

"Arquivos da Antiguidade perdidos em incêndio de Biblioteca de Bagdá", proclamou o *Guardian* em 15 de abril de 2003. O jornal ainda relatou que: "Enquanto chamas tomavam a Biblioteca Nacional de Bagdá ontem, destruindo manuscritos de vários séculos, o Pentágono admitiu que havia sido pego desprevenido pelo amplo saque de antiguidades, apesar de meses de avisos de arqueólogos norte-americanos".[14] Conforme a invasão continuava, o foco de atenção alterou-se de bibliotecas para museus. Antiguidades roubadas iriam dominar a imprensa mundial. Mounir Bouchenaki, diretor-geral assistente de cultura da Unesco, descreveria o roubo de artefatos como uma "catástrofe para o patrimônio cultural do Iraque". Igualmente catastrófico para o país, se não mais, foi a destruição e o sequestro dos arquivos e bibliotecas, que iriam continuar de maneira quase invisível para a imprensa internacional nos quinze anos seguintes.

Enquanto formas tradicionais de documentação estavam sob ataque, outras novas emergiam. A invasão do Iraque foi o primeiro conflito na história moderna a ser noticiado ao vivo nas mídias sociais. O "Blogueiro de Bagdá", Salam Abdulmunem, forneceu uma visão vívida da capital, evocando o medo do que estava por vir. "Filas absurdas em postos de combustíveis", postou ele, em 18 de março de 2003, acrescentando que havia "rumores de retratos desfigurados de Saddam nos distritos de Dorah e de Thawra". A televisão ainda era acessível aos iraquianos, e Salam escreveu: "As imagens que vimos na TV noite passada [...] foram terríveis. A cidade toda parecia estar em chamas. A única coisa em que eu conseguia pensar era: 'Por que isso tem de acontecer em Bagdá?'. Quando um dos prédios que eu realmente amo sofreu uma grande explosão, quase fui às lágrimas". A Segunda Guerra do Golfo (como se tornou conhecida a partir daquele momento) teve um terrível custo de vidas humanas: entre 4 mil e 7 mil civis iraquianos e 7 mil a 12 mil membros de forças de segurança perderam suas vidas. Menos de duzentos britânicos e norte-americanos das tropas foram mortos.[15]

Os arquivos do partido Ba'ath estavam sendo abandonados à própria sorte em uma série de câmaras subterrâneas, enquanto as bombas norte-americanas caíam na cidade. O arquivo é conhecido por vários nomes, porém é mais comumente chamado de Coleção Regional do Comando Ba'ath (BRCC). Em sua maior parte, foi abrigado em uma rede de cômodos abaixo dos quartéis-generais do partido Ba'ath em Bagdá. Além desse grande arquivo de papel, havia uma coleção de registros de áudio feitos a pedido dos Serviços de Segurança do Iraque. Uma vez que o partido tinha uma posição tão central e proeminente no país, seus papéis essencialmente tomaram a forma de registros de Estado (ao contrário da maioria dos países que podem separar com mais facilidade registros de partidos políticos de arquivos nacionais.)

Kanan Makiya não tinha noção disso como uma coleção e sentia menos ainda que se tornaria uma parte tão importante em sua vida e do futuro de seu país nos anos por vir. Ele havia sido convidado para uma reunião no sul do Iraque em junho de 2003, com cerca de sessenta outros iraquianos para "pensar sobre a transição". Estava otimista sobre o futuro do país pós-Saddam: "O Iraque é rico o bastante, desenvolvido o suficiente, e tem recursos humanos para se tornar uma força tão grande na democracia e na reconstrução econômica do mundo árabe e muçulmano quanto foi na autocracia e na destruição", escreveu pouco depois da invasão.[16]

A Bagdá pós-invasão era um lugar de caos, rumores e destruição. Quando um capitão do Exército dos Estados Unidos pediu a Kanan Makiya orientações sobre uma grande quantidade de documentos no porão dos quartéis-generais centrais do partido Ba'ath em Bagdá, Makiya ficou curioso. Ele foi levado a um labirinto de porões "parecido com a caverna de Aladim". O porão tinha água até o joelho em alguns pontos, e não havia eletricidade, mas essa rede de cômodos continha prateleiras e mais prateleiras de documentos, muitos deles em suportes que haviam caído, espalhando seus conteúdos no chão. Makiya examinou alguns deles e pôde ver logo de cara que aquela era uma grande fonte de informação. Ele soube instantaneamente que tinham que ser salvos.

Os pais de Makiya construíram uma casa grande em Bagdá antes de fugirem do país em 1971, e isso foi felizmente na Zona Verde, uma área protegida pelos militares norte-americanos. Ele encontrou oficiais baseados lá e conseguiu usar sua influência com Paul Bremer, o administrador civil mais experiente na Autoridade de Colisão Temporária, para tirar os documentos e transferi-los para seu controle. Ele mal podia acreditar em sua sorte: a antiga casa de seus pais se tornou o quartel-general oficial da organização que ele estabelecera para lidar com os arquivos iraquianos, a Fundação da Memória Iraquiana. O material começou a ser transferido para o porão da casa e o processo de digitalização começou.[17]

A Hewlett-Packard doou escâneres. Assim, a equipe da fundação, com acréscimo de uma equipe de voluntários iraquianos, pôde escanear 80 mil páginas por mês (como o arquivo hoje soma mais de 6 milhões de páginas, sem dúvida não foi rápido o bastante).[18] Era um trabalho bem perigoso: houve tentativas de destruir o arquivo, possivelmente perpetradas por antigos oficiais do partido Ba'ath, e membros da equipe receberam ameaças de morte. Em dado momento, um míssil caiu no telhado da casa, mas por milagre não explodiu. Devido à violência na guerra civil no Iraque, foi tomada a decisão de remover o arquivo, o que pareceu uma medida sensata.

O Departamento de Defesa financiou a transferência sob supervisão da equipe de Makiya, para um enorme hangar militar na Virgínia. Lá, uma instalação de processamento em alta escala foi montada, com uma linha de montagem capaz de escanear mais de 100 mil páginas por dia. Dentro de nove meses, o trabalho foi todo realizado. Documentos dessa coleção e do material capturado pelos curdos foram provas reconhecidas pelo tribunal para acusar Saddam Hussein de crimes contra a humanidade. Ele foi considerado culpado e sentenciado à morte por enforcamento em 30 de dezembro de 2006.

Os arquivos do Partido Ba'ath agora estão na Hoover Institution na Universidade de Stanford, na Califórnia. Os vários relatos sobre a mudança do arquivo concordam que foi originalmente montado como um arranjo temporário.[19] O arquivo seria mantido e administrado por uma equipe altamente profissional, mas a história já estava sendo controlada pelo vencedor da Segunda Guerra do Golfo. Saad Eskander, diretor da biblioteca e do arquivo nacionais iraquianos, escreveu:

> No espaço de três dias, a biblioteca e o arquivo nacionais iraquianos perderam uma grande porção da memória histórica do Iraque. Centenas de milhares de documentos e livros raros foram perdidos para sempre [...]. Como resultado direto de dois incêndios e pilhagens, os Arquivos Nacionais perderam cerca de 60% de seus materiais. Em resumo, foi um desastre nacional em grande escala. Essas perdas não têm compensação. Formavam a memória histórica moderna do Iraque.[20]

O material encontrado pelos curdos e o Arquivo do Partido Ba'ath não foram as únicas coleções tiradas do Iraque. Os arquivos da Polícia Secreta Iraquiana também acabaram na Universidade do Colorado, em Boulder.[21]

Coleções de documentos em inúmeros prédios do governo e da defesa foram descobertas e removidas. Essas coleções eram muito maiores do que os Arquivos do Partido Ba'ath e foram levadas para o Qatar, onde foram digitalizadas para ajudar na busca por armas de destruição em massa, sendo essa uma motivação bem diferente da entrega de documento pelos curdos, que iria expor os abusos de direitos humanos. Esse conjunto de arquivos é o maior de todos — estimado a ter mais de 100 milhões de páginas. Foram feitas seleções e lançadas on-line pelo Centro de Pesquisa de Registros de Conflitos da Universidade de Defesa Nacional. A maioria desses registros foi devolvida em maio de 2013, quando 35 mil caixas em 634 pallets foram colocados em aviões de carga e enviados de volta ao Iraque.[22] Contudo, os Arquivos do Partido Ba'ath permanecem nos Estados Unidos.

Dado o colapso da sociedade civil no Iraque e o papel que os arquivos desempenharam na invasão, a remoção de arquivos foi a coisa certa a se fazer? Kanan Makiya agora lamenta sua incitação ao ataque de 2003, mas não a remoção de arquivos. O Estado iraquiano estava "podre nos anos 1990 [...], esvaziado por sanções do Ocidente".[23] Em consequência, a invasão de 2003 não foi uma guerra de fato, pois não houve oposição: "Todo o castelo de cartas veio abaixo". Ninguém fora do Iraque, inclusive ele próprio e os tomadores de decisões da administração Bush, percebeu que o Estado iraquiano estava tão corroído. Nem ele esperava que a ordem social evaporasse tão rápido após a invasão; "a bola de neve da catástrofe que foi o pós-2003 no Iraque me embasbacou".[24]

Os arquivos tiveram uma parte importante em moldar os argumentos políticos que levaram à Segunda Guerra do Golfo e à sua conclusão. O impacto de duas guerras no Golfo foi profundo, estimulando o terrorismo global em uma escala sem precedentes, com a catástrofe social e econômica que varreu o Iraque e outros países da região, e as mortes de centenas de milhares pelo globo possivelmente tenham sido o resultado. Essa ausência contínua dos arquivos iraquianos prolongou as feridas dessa sociedade? É possível contrastar os efeitos do acesso aos arquivos no Iraque com o da Alemanha Oriental após o colapso do comunismo. O contraste entre o que aconteceu nos países do antigo bloco oriental e no Iraque é algo que me intrigou por muitos meses enquanto eu lutava com os problemas éticos da remoção dos arquivos iraquianos. Qual foi o custo disso?[25] Na Alemanha, uma organização chamada Autoridade Gauck foi montada após a queda do Muro de Berlim em 1989 para administrar o processo de abertura e, de maneira bem controlada, liberar o acesso público aos arquivos da Stasi. O Iraque poderia ter alcançado níveis similares de progresso social como a abertura dos arquivos — embora mediada pela Autoridade Gauck — que aconteceu na antiga Alemanha Oriental? Provavelmente, o processo alemão teve sucesso porque a economia da Alemanha Ocidental era forte o suficiente para possibilitar que tivesse bons recursos. Joachim Gauck, ex-padre da Alemanha Oriental que formou a Autoridade Gauck, desenvolveu uma organização sofisticada que controlaria com cuidado a liberação de informação a cidadãos para não comprometer a segurança de outros. Em 1994, Gauck empregou 3 mil pessoas com um enorme orçamento, e elas processaram milhões de pedidos de acesso às informações dos arquivos.[26] Sem fundos para cuidar devidamente da questão, o projeto todo teria sido desastroso. Esse bem que poderia ser o caso no Iraque.

Outro conjunto de documentos relatando a história mais recente do Iraque apareceu em várias apresentações on-line diferentes e sem relação. A mais elevada e controversa dessas divulgações foi trabalho de Rukmini Callimachi, uma jornalista do *New York Times* infiltrada no exército iraquiano. Ela acessou prédios recentemente tirados do controle do Estado Islâmico e se deparou com 15 mil páginas de documentos e discos rígidos de computador — informação que foi crucial para o trabalho dela nos "Arquivos do Estado Islâmico", relacionado com a organização terrorista, que começou como uma ramificação da Al-Qaeda e tentou tomar controle do território da Síria e do Iraque. Callimachi não recebeu nem tentou ter permissão para remover os documentos do território iraquiano. Ela apenas os olhou. Desde essa época, trabalha com a Universidade George Washington para digitalizar, traduzir e publicar on-line os documentos, junto a um extenso material jornalístico na forma de *podcasts* e artigos jornalísticos, só permitindo que outros tenham acesso a eles após suas próprias matérias terem sido publicadas. Esse processo levanta questões similares em torno da autoridade legal e moral de remover e publicar documentos de qualquer país estrangeiro.[27]

Os documentos revelaram informações importantes sobre como o califado estabelecido em junho de 2014 pelo Estado Islâmico operava. Há muitos detalhes sobre o trabalho das estruturas administrativas e a maneira como revelaram a vida de gente comum por meio de, por exemplo, tabelas de preços (indo de cesarianas a frutas) ou o detalhamento das punições para certos crimes (a morte para homossexuais, oitenta chibatadas para quem fosse visto bebendo vinho). Esses documentos são muito diferentes dos primeiros removidos do Iraque, pois o Estado Islâmico não é uma organização iraquiana, mas um corpo transnacional que se estende pelo Iraque e pela Siría e não substitui as estruturas políticas do Iraque, mas impõe uma nova. Questões éticas vitais com relação ao comportamento de Callimachi permanecem: os documentos foram retirados ilegalmente? Foi responsável publicá-los, em especial quando indivíduos vivos são mencionados nos documentos, colocando suas vidas potencialmente em risco?

A quantidade de documentos publicada por Callimachi é pequena em comparação com os vastos depósitos removidos pelo governo dos EUA, mas mostra o papel central e contínuo dos arquivos no entendimento de eventos políticos e sociais pelo globo. Durante a última década, a presença dos arquivos iraquianos, especialmente aqueles do Partido Ba'ath, foi assunto de grande debate crítico, envolvendo indivíduos e organizações proeminentes. A questão central permanece: foram tirados de modo ilegal? Devem ser devolvidos?

Os documentos iraquianos têm uma história complexa. A primeira parcela, encontrada pelos curdos, desempenhou um papel decisivo na incitação da Segunda Guerra do Golfo, mas também expôs o terror do regime de Saddam Hussein. Os curdos não podem ser culpados por usar isso para atrair atenção para os horrores provocados contra eles. Os documentos do Partido Ba'ath salvos no Iraque por Kanan Makiya mostram o controle exercido pelo regime em detalhes chocantes. O papel dos informantes, a execução dos dissidentes, a guerra contra os curdos, todos os detalhes desses aspectos da vida no Iraque foram amplamente conhecidos a partir daí. Se tivessem permanecido em Bagdá, talvez até os militares norte-americanos tivessem dificuldade de protegê-los. Mas os documentos não estiveram nas mãos do povo iraquiano, e não foi possível para eles ter desempenhado um papel no desenvolvimento social de seu país como aconteceu na abertura dos arquivos da Stasi na Alemanha Oriental. Inspirado pelos museus do Holocausto na Europa e na América e pela experiência da África do Sul, onde a Comissão de Verdade e Reconciliação usou arquivos e depoimentos orais como parte do processo de cura social, Kanan Makiya viu a possibilidade de criar em Bagdá um museu para abrigar o material que ele pôde encontrar. As atrocidades do passado tinham de ser "lembradas."

Os iraquianos tiveram uma década para tentar esquecer os últimos quarenta anos. Uma nova geração merece a oportunidade de se "lembrar" ou de entender o que aconteceu, mas como iraquianos, mais do que membros de um regime imposto. Tristemente, enquanto escrevo isso no começo de 2020, os arquivos iraquianos mantidos na Hoover Institution não foram devolvidos para que o governo iraquiano os guardasse. A situação geopolítica na região não tornou possível o retorno dos registros, mas, sem a oportunidade de usar esses arquivos para encarar o passado, o povo iraquiano lutará para seguir em direção ao futuro.

13
O DILÚVIO DIGITAL

ESTAMOS EM UM MOMENTO DA HISTÓRIA em que o modo como interagimos com o conhecimento muda de maneira considerável. A era em que agora vivemos é a de "abundância digital", em que a informação on-line satura nossas vidas.[1] O volume de dados criados diariamente, mantidos de forma digital e disponível na internet, é espantoso. Em um minuto típico de 2019, 18,1 milhões de mensagens de texto eram enviados, 87.500 pessoas postavam tuítes e mais de 390 mil aplicativos eram baixados no mundo.[2] Não apenas devemos nos preocupar com a narrativa desses textos ou imagens, mas os dados encobertos que os sustentam também são parte do conhecimento da sociedade.

Muitas bibliotecas e arquivos agora são coleções "híbridas", incluindo tanto a mídia tradicional quanto a digital. Em muitas instituições, as coleções digitais com frequência dividem-se em duas categorias: aquelas que foram digitalizadas de coleções existentes de livros, manuscritos e registros e os que "nasceram digitais", criados dessa maneira desde o início, como e--mails, arquivos de texto, planilhas, imagens digitais etc. Os estudiosos não apenas escrevem artigos em publicações eruditas; suas pesquisas geram uma imensa quantidade de dados. A escala das coleções digitais de muitas bibliotecas e arquivos tem crescido rapidamente. Por exemplo, na Bodleiana, temos por volta de 134 milhões de arquivos digitais de imagens, espalhados por diversos locais de armazenamento, que requerem preservação.[3] Tornou-se normal tamanha abundância de informação. Agora, tomamos como naturais a facilidade e a conveniência de poder acessar dados e vemos as oportunidades de pesquisa em todos os campos como uma rotina.

Conforme nossa vida cotidiana é cada vez mais desempenhada de forma digital, o que isso significa para a preservação do conhecimento? Como a mudança digital foi conduzida por um número relativamente pequeno de poderosas empresas de tecnologia, quem será responsável pelo controle da história e pela preservação da memória da sociedade? O conhecimento é menos vulnerável ao ataque quando controlado por organizações privadas? Bibliotecas e arquivos deveriam ainda atuar conduzindo a memória digital de uma geração para a outra, como fizeram desde as antigas civilizações da Mesopotâmia?

Bibliotecas e arquivos não foram muito ativos em digitalizar suas coleções e colocá-las on-line para serem compartilhadas. O fenômeno de Distributed Denial of Service [Ataque de Negação de Serviço] (DDoS) é familiar a qualquer um que publique informação on-line. Os DDoS passam por um software que sujeita um site público a um bombardeio de questões, milhares ou até dezenas de milhares por segundo, de uma gama de endereços de internet. Com frequência, utilizam um tipo de software automatizado chamado de *botnet*. Isso normalmente sobrepuja os servidores que abrigam o site atacado. Esses tipos de ataques podem ser regulares e frequentes, e às vezes são trabalho de hackers desocupados que são atraídos pelo desafio de "derrubar" o site de uma instituição grande, famosa, venerada ou respeitada (como a Bodleiana, que sofre ataques de tempos em tempos). No entanto, há evidências crescentes de que alguns países também estejam usando DDoS contra rivais e inimigos. As organizações que recebem esses ataques respondem construindo uma infraestrutura mais forte, cada vez mais dispendiosa. Entretanto, esse tipo de ataque é apenas a ameaça mais "direta" presente no mundo digital. Há outras formas mais traiçoeiras.

Há um novo desafio para a continuidade de bibliotecas e arquivos e que afeta a sociedade como um todo. O conhecimento em forma digital é cada vez mais requisitado por um número relativamente pequeno de empresas muito grandes, tão poderosas que o futuro da memória cultural está sob controle delas, quase de maneira involuntária, com consequências e implicações que estamos apenas começando a descobrir. Elas estão coletando conhecimento criado por todos nós e agora se referem a ele simplesmente como "dados". Esses dados são reunidos do mundo inteiro e, como se relacionam com nossa interação com suas plataformas, as empresas costumam ter acesso exclusivo a eles. Estão usando-os para manipular nosso comportamento de diversos modos, a maioria tentando moldar nossos hábitos de consumo, mas essa influência também entra em outras áreas da vida — como nosso voto e até nossa saúde. Fazem isso de forma velada, o que torna difícil que as pessoas compreendam esse processo.

A rápida ascensão dessas empresas, com suas bases globais de clientes e vastas receitas, não tem precedentes. Talvez o paralelo mais próximo tenha sido da Igreja Católica Romana na Idade Média e na Renascença. Da mesma maneira, a Igreja Católica manteve tantos poderes espirituais quanto temporais sobre vastas regiões do planeta, com imensos interesses financeiros. Sua autoridade foi mantida em apenas um indivíduo, ainda que ele trabalhasse dentro de uma estrutura de poder que dava imensa autoridade a um número relativamente pequeno de pessoas. Uma crença comum na época, junto a um linguajar comum, possibilitou que seu sistema global fosse mantido e expandido. Hoje, o Facebook vangloria-se de sua "comunidade global única", e as estatísticas mostram que o Google tem uma fatia opressora do mercado de busca on-line e, consequentemente, a maior parcela de *adtech*, os dados usados para rastrear o comportamento de usuários desses serviços, que então são vendidos para anunciantes on-line (e outros).[4] As grandes empresas de tecnologia da China, como a Tencent e a Alibaba, têm bilhões de usuários que interagem com a plataforma várias vezes ao dia. Todas as empresas oferecem espaço grátis para guardar imagens, mensagens, música e outros conteúdos para seus usuários, ocupando vastas quantidades de armazenamento com tecnologia de nuvem (a Amazon agora é a maior fornecedora de armazenamento de dados por meio de sua subsidiária Amazon Web Services). Habituamo-nos a "curtir" ou interagir com postagens e anúncios criados por outros usuários e anunciantes de mídias sociais. O poder que essas empresas agora têm fez o historiador Timothy Garton Ash se referir a elas como "superpoderes privados".[5] E a forma como essas empresas operam foi chamada de "capitalismo de vigilância".[6]

No fim de 2019, o site de compartilhamento de fotos Flickr, esforçando-se para seguir na competição com rivais como o Instagram, anunciou que iria reduzir a quantidade de armazenamento gratuito para usuários. Após fevereiro de 2019, os usuários de contas gratuitas foram limitados a mil fotos e vídeos, e qualquer excesso seria automaticamente deletado pela empresa. Milhões de usuários do Flickr descobriram que grande parte de seu conteúdo fora removido de maneira permanente. O que aconteceu com o Flickr nos mostra que serviços "gratuitos" não são nada gratuitos de fato. Seu modelo de negócio baseia-se no comércio de dados do usuário (muitas vezes sem que o usuário saiba); e, quando fatias de mercado são perdidas para competidores, os serviços "gratuitos" têm de dar espaço a serviços pagos *premium* (*freemium*). Armazenar não é o mesmo que preservar.[7]

O problema que o caso do Flickr expõe é o da confiança em empresas que agora controlam o conhecimento on-line. Os usuários ativos saberiam das mudanças e, talvez, pudessem migrar os dados para outras plataformas. Outros que não agiram rápido o bastante talvez tenham perdido imagens de seus entes queridos ou o registro fotográfico de uma aventura. Tudo em um piscar de olhos. Consumidores tiveram experiências similares com outras plataformas "gratuitas", como o MySpace e o Google+, os quais foram encerrados em 2019 com pouco aviso. O YouTube destruiu milhares de horas de vídeos com registros da Guerra Civil na Síria em 2017.[8] Informações preciosas foram perdidas, muitas para sempre.[9] Esses sites e as empresas que os mantêm são motivados por ganho comercial e respondem (na maior parte) a acionistas. Eles não têm uma missão de benefício público, e qualquer conhecimento que armazenam é mantido apenas para sustentar suas operações comerciais.

As bibliotecas e os arquivos estão tentando lidar com essa nova ordem de informações e desempenhar um papel positivo na preservação do conhecimento digital, mas essa missão é complexa e dispendiosa. A Biblioteca do Congresso, por exemplo, anunciou uma parceria inovadora com a gigante da mídia social Twitter em 2010, com o intuito de desenvolver um arquivo completo de toda a plataforma, seu passado, presente e futuro desde o lançamento em março de 2006. A Biblioteca do Congresso foi uma das instituições líderes em trabalhar com preservação digital. Como a biblioteca nacional da nação mais rica do planeta, parecia uma colaboração natural com uma empresa de tecnologia à frente da revolução de mídias sociais.

Infelizmente, devido a limitações de financiamento, o acordo foi encerrado em 2017, com a biblioteca agora preservando apenas tuítes "de forma seletiva".[10] Dado o poder de plataformas sociais como Twitter e Facebook e o uso feito delas por organizações e líderes envolvidos com a política e outros aspectos da vida pública, a falta de qualquer registro sistemático preservado pode não ser saudável para uma sociedade livre.

Cada vez mais representamos nossa vida nas mídias sociais. Só precisamos encontrar maneiras de bibliotecas e arquivos ajudarem a sociedade a permanecer aberta. Conforme a esfera política abraça a informação digital, vemos o surgimento de fake news e "fatos alternativos". Preservar o conhecimento de maneira a informar cidadãos e fornecer transparência na vida pública vêm se tornando uma questão crítica para o futuro da democracia. O comportamento de empresas de tecnologias, especialmente de mídias sociais e dados que foram empregados em campanhas políticas, está cada vez mais sendo examinado. Os arquivos podem ser vitais para evidenciar seus comportamentos.

Bibliotecas e arquivos que preservam arquivos da web tornam-se particularmente importantes, afinal podem fornecer bases permanentes para uma grande gama de projetos humanos documentados on-line em sites, blogs e outros recursos fundamentados na rede. As declarações públicas de candidatos políticos, executivos e oficiais do governo aparecem na rede (com frequência, para vergonha desses), e há um sentimento crescente de que devem ser preservados de modo que o público, a mídia e, enfim, os eleitores possam exigir que seus representantes respondam a essas declarações.

O arquivamento da web é uma ferramenta relativamente nova. O UK Web Archive, por exemplo, é um esforço colaborativo de seis bibliotecas de copyright do Reino Unido e da Irlanda.[11] Têm usufruído do privilégio de "depósito legal": as publicações impressas devem ser enviadas para bibliotecas designadas desde o Ato de Licenciamento de 1662 e a Lei de Patentes da Rainha Ana em 1710. O arquivamento do domínio de rede do Reino Unido começou em 2004 como uma iniciativa da Biblioteca Britânica, com sua coleção de sites cuidadosamente selecionados por meio de uma tática com base em permissão voluntária, em que os sites são selecionados para captura e cada responsável é contatado e tem de dar sua permissão explícita antes que a página seja acrescentada ao arquivo.[12] Desse modo, todos os sites preservados foram deixados disponíveis a público. Só em 2013 a legislação de depósito legal foi atualizada quando o Regulamento de Depósito Legal Não Impresso foi aprovado. Esses regulamentos transferiram esse sistema voluntário para um obrigado por lei e controlado pelas seis bibliotecas de depósito legal que agora cofinanciam o vasto empreendimento.[13]

Arquivar a rede é uma tarefa complexa, e os alvos estão em constante movimento. Muitos sites desaparecem ou mudam de endereço com frequência. O UK Web Archive mostra uma impressionante taxa de atrito entre os sites que capturou ao longo do tempo. Das páginas preservadas em um ano, por volta da metade desaparece da rede aberta em dois anos ou não pode ser encontrada por algum motivo (a explicação técnica é que os endereços de rede não são estanques). Após três anos, passa para uns 70%. Apesar desses problemas, o arquivo da web está crescendo. Em 2012, mantinha cópias regulares dos arquivos de 20 mil sites. No fim da última varredura completa da rede britânica, realizada em 2019 — processo que leva quase um ano —, o arquivo continha cópias de mais de 6 milhões de sites, que contavam com mais de 1,5 bilhão de recursos de rede. Ele também mantém acervos mais detalhados de mais de 9 mil "coleções especiais" selecionadas, que nossas equipes de curadores identificaram como mais significativas para pesquisa. Essas são varridas com muito mais frequência: mensalmente, semanalmente ou até diariamente. Houve 500 milhões de acessos enquanto os sites eram varridos com regularidade.[14]

Uma das coleções especiais de blogs e sites da UK Web Archive capturou 10 mil páginas relacionadas ao referendo de 2016 sobre a permanência do Reino Unido na União Europeia (UE), conhecido como "Brexit", assim como os desdobramentos políticos da votação. Em junho de 2016, a campanha *Vote Leave* [Vote pela Saída] deletou uma grande quantidade de conteúdo de seu site público, como referências de uma promessa de campanha segundo a qual seriam gastos 350 milhões de libras por semana no Serviço Nacional de Saúde (NHS) se a Grã-Bretanha deixasse a UE, algo que em 2019 causou imensa controvérsia. Felizmente, o UK Web Archive capturou o site antes de o conteúdo ser deletado.

O acesso ao conhecimento na rede agora é uma necessidade social. No entanto, em 2007 os estudiosos Jonathan Zittrain, Kendra Albert e Lawrence Lessig, de Harvard, descobriram que mais de 70% dos sites citados em artigos do *Harvard Law Review* e outros jornais jurídicos e, sobretudo, 50% das URLS no site público da Suprema Corte dos EUA tinham falhas, sofrendo do que é chamado na comunidade de preservação digital como *linkrot* [link quebrado]. Esses sites são de enorme importância: como a sociedade pode se comportar a não ser que saiba quais são as leis que a regem?[15]

O crescimento de informação digital foi mais rápido do que as bibliotecas e os arquivos foram capazes de acompanhar, e outras instituições adiantaram-se para preencher as lacunas. O maior arquivo da web, o Internet Archive, é um bom exemplo desse tipo iniciativa particular. Fundado pelo pioneiro da internet Brewster Kahle em 1996, sua base fica em São Francisco. O slogan do arquivo — "acesso universal a todo conhecimento humano" — é típico do pensamento ousado que se encontra nessa parte da Califórnia. Desde que foi fundado por meio de seu serviço-chave denominado Wayback Machine, ele capturou mais de 441 bilhões de sites. Esse conteúdo pode ser acessado pela internet, e a ferramenta foi toda desenvolvida a partir do uso de rastreadores que "varrem" dados da web pública e os capturam. Nenhuma permissão é pedida, e não há base legal explícita para a atividade deles, que equivaleria ao regulamento de depósito legal no Reino Unido.

O Internet Archive em si tornou-se sujeito a tentativas de destruição do conhecimento que abriga. Em junho de 2016, o Internet Archive foi atacado por um imenso DDoS perpetrado por grupos irados porque o arquivo abrigava sites e vídeos criados por membros da organização extremista Estado

Islâmico e seus apoiadores, mas a iniciativa fracassou. O que o incidente enfatiza é a linha relativamente tênue entre aquisição legítima e provisão de acesso ao conhecimento e censura daquilo que seja considerado ofensivo à maioria dos cidadãos ou usado como ferramenta de propaganda para grupos legitimamente banidos por suas visões violentas ou ilegais.[16]

O que mais me preocupa sobre o Internet Archive é sua sustentabilidade a longo prazo. É uma organização pequena, com um conselho que supervisiona suas atividades, mas opera com uma base de financiamento modesta. Não tem uma base-mãe para cuidar dele — talvez esse seja o motivo pelo qual foi capaz de crescer tão depressa —, porém isso poderia fornecer uma maior capacidade de longevidade. Em algum momento, deve se tornar parte ou se aliar a uma instituição maior, que compartilhe seus objetivos a longo prazo de preservar o conhecimento do mundo e disponibilizá-lo. Usei o Internet Archive muitas vezes, e ele é incrivelmente valioso. Quando me mudei com minha família para Oxford em 2003, tivemos de travar uma batalha com a Autoridade de Educação Local para possibilitar que nossos dois filhos frequentassem a mesma escola primária. Pudemos provar que a informação pública da autoridade sobre sua política mudou em certa data acessando as cópias do site preservadas pela Wayback Machine.

O Internet Archive é um lembrete de que há certas áreas da vida pública em que arquivos e bibliotecas não acompanham as necessidades da sociedade. Elas tendem a ser instituições cautelosas, lentas. Em muitos casos, isso tem sido um de seus pontos fortes, pois as estruturas que constroem tendem a ser resistentes. Minha impressão é de que o Internet Archive é agora um "corpo de conhecimento organizado" de enorme importância para a sociedade global, mas que corre riscos em seu estado independente atual. A comunidade internacional de bibliotecas e arquivos precisa se juntar para desenvolver novas formas de apoiar sua missão.

O trabalho do Internet Archive é um exemplo do que eu chamaria de "arquivamento público" ou "arquivamento ativista", iniciativas que emergem de membros preocupados da sociedade, que tomam a tarefa para si mesmos, independentemente das "organizações da memória", como bibliotecas e arquivos. Às vezes, essas atividades de arquivamento público podem mover-se mais rápido do que as atreladas a instituições, particularmente com a ascensão das fake news, situação em que, mais uma vez, o arquivo público possui um papel importantíssimo.

Um dos traços da vida política nos Estados Unidos sob a administração Trump foi o uso presidencial das mídias sociais — Donald Trump tinha impressionantes 73,1 milhões de seguidores no Twitter em 28 de fevereiro de 2020 (equivalente a 22% da população dos EUA) e 17,9 milhões de seguidores no Instagram. Esses enormes números dão a ele a habilidade de alcançar diretamente o público que vota nos Estados Unidos. Suas declarações em mídias sociais, portanto, têm um poderoso impacto, com consequências potencialmente profundas para o mundo todo. A organização Factbase tem rastreado o *feed* e o que é deletado pelo ex-presidente no Twitter. Desde que Trump entrou no Twitter, em 2009, até 28 de fevereiro de 2020, ele tuitou impressionantes 46.516 vezes, e um pequeno número — 777 — das postagens foi deletado, em tese por ele próprio ou membros de sua equipe. Sob o rigor do Ato de Registros Presidenciais, o Twitter presidencial acabaria tornando-se parte do Arquivo Presidencial e, se esse fosse o caso, seria responsabilidade da Administração de Arquivos e Registros Nacionais.[17]

O Ato de Registros Presidenciais depende de uma cooperação entre o escritório presidencial e os Arquivos Nacionais. O arquivista-chefe dos Estados Unidos não pode, na verdade, forçar o presidente ou sua equipe a obedecer ao Ato. O Ato requer que o presidente "tome todos os passos que sejam necessários para garantir que as atividades, deliberações, decisões e políticas que refletem o desempenho dos deveres constitucionais, legais, oficiais e cerimoniais sejam devidamente documentados, e que tais registros sejam preservados e mantidos como registros presidenciais". No entanto, o presidente também tem o critério de "abrir mão desses registros presidenciais que não tiverem mais valor administrativo, histórico, informativo ou como evidência". O Ato declara que essa negação só pode acontecer se o conselho do arquivista dos Estados Unidos for consultado, porém não é exigido por lei que o presidente venha a aderir a esse conselho. Como tal, durante o mandato de um presidente norte-americano, o arquivista tem a habilidade limitada de tomar quaisquer passos necessários para preservar os registros presidenciais, além de buscar o aconselhamento de dois comitês do Congresso.

Apesar de Donald F. McGahn II, o conselheiro da Casa Branca para a presidência, ter emitido um memorando para toda a equipe em 17 de fevereiro de 2017 sobre a obrigação de manter os registros presidenciais (como definido pelo ato), expressamente se referindo às comunicações eletrônicas, ainda é preciso saber se a administração (ou de fato o presidente), está obedecendo ao Ato. A declaração não tem força por causa da suposição inerente de que todos os presidentes honrem o sistema. A utilização de tecnologias, como os aplicativos de mensagens criptografadas (por exemplo, o WhatsApp é bem conhecido por ser usado pelo círculo interno de conselheiros do presidente), que permitem que sejam automaticamente deletadas após um período preestabelecido pelo usuário da rede social, e outros "meios de comunicação eletrônica com base na internet para conduzir negócios oficiais" é expressamente proibida sem a aprovação do Gabinete da Casa Branca.[18] O uso dessas tecnologias deveria ter fornecido a oportunidade de orientação buscado pelo arquivista dos Estados Unidos, e numerosos comentaristas alegaram que esse uso dificulta o Ato de Registro Presidencial.[19]

Antes de se tornar presidente, Donald Trump manteve um videolog (*vlog*) de 2011 a 2014, que foi montado no canal de YouTube das Organizações Trump. Ele deletou a maior parte antes de 2015 (apenas 6 das 108 postagens originais ainda são encontradas no YouTube), mas o Factbase mantém um registro disso em seu site, a fim de acrescentar aos registros públicos. Uma das seções do site cobre entrevistas que o ex-presidente concedeu na mídia durante seu mandato. A predominância de entrevistas concedidas a veículos de mídia controlados pela News Corp é um dos dados reveladores que o Factbase torna disponível ao público: 36,4% de todas as entrevistas foram dadas a organizações da empresa. O Factbase avaliou, capturou, transcreveu e tornou tudo isso pesquisável, mas não é a única ferramenta criada para registrar o comportamento on-line do ex-presidente. Um site chamado Trump Twitter Archive também tenta rastrear os tuítes de modo similar.[20]

O trabalho que o Factbase, o Trump Twitter Archive e outros realizaram é tornar as declarações públicas do ex-presidente disponíveis para o exame da população, de uma maneira a que nenhum outro presidente foi sujeito antes, pelo menos não durante seu mandato. Esse "conhecimento público" é essencial para a saúde de um sistema democrático livre, particularmente um no qual o cargo político mais poderoso do mundo usa canais de mídias públicas extensamente para promover sua agenda política. Esse trabalho é ainda mais importante quando o presidente ou sua base de apoio costumam deletar essas declarações públicas. O trabalho apoia-se em capturas de tela dos tuítes de Trump, que então são seguidas por rotinas automatizadas para transcrever, acrescentar metadados e colocar em uma base de dados para análise posterior.

Outro exemplo de arquivamento público foi desenvolvido por uma organização independente no Reino Unido chamada Led by Donkeys. Operando na esfera pública tanto on-line quanto de forma física por meio da análise de outdoors e outras manifestações publicitárias espalhadas pelas ruas de grandes cidades, a Led By Donkeys ("Conduzidos por Burros" — o nome tem sua origem em uma frase usada durante a Primeira Guerra Mundial, quando a infantaria britânica com frequência era descrita como "leões conduzidos por burros", dando uma noção do que os homens do *front* pensavam de seus generais) preserva declarações de políticos importantes que agora mudaram de posição e as tornam públicas — essencialmente, fazendo com que se manifestem perante os eleitores.[21]

Essas atividades de arquivamento público revelam a importância de preservar a informação que pode fazer políticos responderem por seus comentários. O discurso político com frequência é um campo de batalha entre verdade e mentira, mas a arena digital amplifica a influência que a falsidade pode ter no resultado de eleições. Iniciativas de arquivos públicos como Factbase e Led By Donkeys a mim parecem preencher um vazio no qual instituições públicas poderiam e deveriam estar salvando esse tipo de informação de maneira mais sistemática.

Um dos "corpos de conhecimento organizado" mais usados no momento atual é a enciclopédia on-line Wikipédia. Fundada em 2000, ela cresceu rapidamente, acrescentando seu milionésimo registro depois de seis anos. Apesar das muitas críticas e inegáveis limitações, é agora um recurso enorme e muito utilizado, com cerca de 5 a 6 mil cliques por segundo em seus 6 milhões de registros. As bibliotecas e os arquivos, longe de se sentirem ameaçados por isso, desde o começo escolheram trabalhar com ela.

O conhecimento mantido na Wikipédia é sujeito a ataques. Empresas de relações públicas, por exemplo, foram pagas para editar ou remover material com o qual seus clientes se sentissem desconfortáveis. Uma bebida popular, a cerveja Stella Artois (que já tomei uma ou duas vezes), costumava ter o apelido de *wife-beater* [espancador de esposa]. Esse é um fato verificável confirmado por fontes e incluído no artigo da Wikipédia sobre a Stella Artois. Esse apelido não é mais tolerado na sociedade ocidental e, em algum momento, foi deletado. A conta que fez isso, por sinal, pertencia à empresa de relações públicas Portland Communications. Membros da comunidade da Wikipédia restauraram as referências deletadas.[22]

Políticos deletaram referências ingratas na Wikipédia no dito "escândalo dos gastos" (uma série de revelações feitas pelo *Daily Telegraph* e outros jornais relatando despesas ilegais realizadas por membros do Parlamento britânico). Ao analisar os endereços de IP dos computadores que fizeram mudanças nas biografias desses parlamentares, o jornalista Ben Riley-Smith revelou que as referências, apesar de verificáveis no domínio púbico, foram deletadas de dentro do Palácio de Westminster.[23]

A Wikipédia é construída em uma cultura de transparência. Qualquer postagem tem todas as mudanças registradas e estas ficam visíveis para todos. A natureza do conteúdo deletado (ou alterado), a data e a hora em que foi feito e que conta fez a mudança, tudo isso pode ser visto. A Wikipédia organiza equipes de "vigilantes" que regularmente leem um número de entradas pré-identificadas que sabem que serão sujeitas a apagamento maldoso ou edição incorreta. Qualquer um com uma conta pode se eleger para "vigiar" qualquer seleção de páginas, de modo a notar qualquer mudança feita em sua área de interesse.

Cada contribuinte também tem um registro de contribuição visível a todos. Então, se alguém só está fazendo edições sobre certos indivíduos ou tópicos, essa informação também é visível a outros usuários. Apesar de haver uma camada humana de "vigilantes", eles são auxiliados por uma camada tecnológica de ferramentas de software (ou *bots*) que fazem certa "vigilância" automatizada de larga escala.

A própria Wikipédia monitora o site como um todo. Seus *bots* podem detectar eventos como uma parte significativa de um artigo sendo deletada ou um comentário homofóbico ou racista sendo acrescentado. Quando uma grande quantidade de texto é inclusa, eles automaticamente procuram no Google frases do artigo para detectar plágio. Quando a equipe de um político deleta material, vários *bots* e editores humanos monitoram essa ação, podem ver os padrões de edição feitos pela mesma conta ou computador e restaurar o material deletado com um clique. Às vezes, as tentativas de deletar ou censurar a Wikipédia geram por si só uma história na mídia, o que então é citado no artigo.

A mudança na criação de conhecimento para o formato digital impõe desafios para administradores que, encarando o dilúvio digital, se esforçam para lidar com o fardo de grandes quantidades de informação. Em dezembro de 2018, o governo do estado norte-americano do Maine revelou que sofrera uma perda catastrófica de documentos públicos da administração dos governadores Angus King e John Baldacci, com a maioria dos e-mails do governo local enviados antes de 2008 sendo irremediavelmente perdidos e muitos outros tipos de registros destruídos por oficiais antes de chegarem aos Arquivos do Estado do Maine. Não foi perdida apenas informação para futuros historiadores, mas esses e-mails também podiam conter informações vitais em casos importantes, registros de e-mail, quando reunidos, podem contar uma história em detalhes suficientes para ajudar a garantir uma condenação ou evitar que um réu vá para a cadeia.[24]

Há outras áreas da vida em que o acesso futuro ao conhecimento será de importância crítica e nas quais os interesses comerciais não serão necessariamente benéficos. Um bom exemplo é o da indústria nuclear. Como sociedade, de fato precisamos estar seguros em um futuro distante — não apenas em cinco ou dez anos, mas centenas e até milhares de anos à frente — como, por exemplo, onde exatamente armazenamos o lixo nuclear, em que consiste o material, quando foi colocado lá, em que tipo de recipiente, e assim por diante. Esses dados existem hoje, porém o desafio com que a Autoridade de Desativamento Nuclear e outras instituições do tipo hoje se deparam é como podem estar certos de que empreendedores, empresas de mineração, de fornecimento de água, assim como autoridades e governos locais em, digamos, quinhentos anos, terão acesso garantido a toda essa informação. Precisamos saber onde encontrar a informação, em que formato está armazenada e como poderá ser acessada, além de garantir que poderemos compreendê-la quando realmente precisarmos. Quando negócios dão errado, como no caso da Enron nos primeiros anos do século atual, o litígio pode tornar-se muito mais fácil se soluções de preservação digital ficarem mais disponíveis no mundo corporativo — como empregados da Enron deletaram vastas quantidades de e-mails e outras informações digitais, prejudicando o trabalho dos auditores que tentavam descobrir o que estava acontecendo e tornando o processo judicial mais difícil e custoso.

A preservação do conhecimento fundamentalmente não se baseia no passado, mas no futuro. As antigas bibliotecas da Mesopotâmia continham uma preponderância de textos que continham previsões para o futuro: astrologia e adivinhação. Os governantes queriam ter informações para ajudá-los a decidir a melhor hora para ir à guerra. Hoje, o futuro continua a depender do acesso ao conhecimento do passado e será ainda mais assim, afinal a tecnologia digital muda a maneira com que podemos prever o que irá acontecer. Também será contingente com a forma com que o conhecimento criado por nossas vidas digitais será conduzido para ganho político e comercial por organizações que estão se tornando cada vez mais poderosas.

A indústria de tecnologia agora lança enormes investimentos na "internet das coisas", na qual muitos aparelhos domésticos, como geladeiras, estão conectados à internet, operando pela passagem de dados por sensores. A internet das coisas está chegando ao campo das vestimentas, além de relógios e joias. Esses aparelhos são criados para monitorar nossa saúde, gerando quantidades enormes de dados biométricos. O volume de dados chegará ao ponto em que médicos serão capazes de fazer previsões precisas de nossa saúde futura. Isso irá ajudar na prevenção de doenças, mas também abrirá várias questões éticas. Quem deterá esses dados? Talvez queiramos compartilhar esse material com nosso médico, mas iríamos gostar de compartilhar com o plano de saúde? É possível que bibliotecas e arquivos possam atuar bem mais no fornecimento de informação digital pessoal, tornando-se locais em que os cidadãos possam controlar quem têm acesso a esses dados, porém onde o uso anônimo agregado da informação possa ser facilitado para propósitos de saúde pública. Se esse conhecimento for destruído, pode ter consequências profundas para os indivíduos, pois ficamos mais presos do que nunca a sistemas digitais de saúde.

Em junho de 2019, a Microsoft anunciou que estava tirando do ar uma enorme base de dados de imagens de rostos humanos, mais de 10 milhões de imagens ao todo, relacionadas a 100 mil indivíduos, que havia sido usada para treinar sistemas de inteligência artificial com reconhecimento facial ao redor do mundo. As imagens foram coletadas sem permissão, sendo "varridas" da rede aberta.[25] Outras bases de dados similares, disponíveis abertamente na rede, foram descobertas pelo pesquisador Adam Harvey, cujo trabalho resultou em vários conjuntos de reconhecimento facial identificados, incluindo exemplos criados pelas universidades Duke e Stanford. Havia até um conjunto de dados tirado de postagens de grupos transgêneros no YouTube, que foi usado para treinar o reconhecimento facial de inteligência artificial para transexuais.[26]

Até pouco tempo, as preocupações sobre a coleta de dados gerados por usuários de serviços on-line centravam-se na invasão de privacidade e no risco de monetização dessa informação. As preocupações agora estão migrando para áreas mais amplas. Com tantas campanhas políticas no território das mídias sociais, como podemos ter certeza de que nossos *feeds* não estão sendo manipulados ilegalmente e que a campanha on-line está sendo feita de maneira aberta e justa, com o consentimento de indivíduos, a não ser que os dados coletados por essas empresas possam ser arquivados para exame público?

Durante 2017 e 2018, ficou claro que os dados gerados por usuários do Facebook foram usados, de modo quase certamente ilegal, por uma empresa particular, a Cambridge Analytica, para criar uma campanha política focada. Ao mesmo tempo, uma das maiores agências de crédito, a Equifax, comprometeu a informação financeira de mais de 147 milhões de usuários por meio de uma violação de dados inadvertida.[27] Esses casos levantaram questões sobre informações de indivíduos na posse de empresas privadas, sob estruturas legislativas fracas ou inexistentes. Também foi alegado que vários governos usaram a manipulação dessas plataformas para própria vantagem política. O

Cambridge Analytica há muito desapareceu, porém felizmente vários arquivos da web capturaram o site antes que ficasse off-line. Em 21 de março de 2018, a página exibia o seguinte aviso: "Os dados direcionam tudo o que fazemos: a Cambridge Analytica usa-os para mudar o comportamento do público". As pessoas então podiam ler o convite: "visite a nossa divisão comercial ou a nossa divisão política para saber como podemos ajudá-lo". Com escritórios em Nova York, Washington, Londres, Brasil e Kuala Lumpur, o Cambridge Analytica era formado por mercenários digitais, focados em colocar a socie-dade global a serviço de qualquer um disposto a pagar, não importando qual fosse a intenção política ou comercial. O site alegou que reunira 5 mil pontos de dados sobre cada eleitor norte-americano que usa a internet.

Os arquivos de rede desse site parecem ter apenas traços do compor-tamento da empresa, mas a Cambridge Analytica tinha acesso a dados de impressionantes 87 milhões de usuários do Facebook sem o consentimento destes. A gama completa de suas atividades permanece pouco clara, e os detalhes completos do que aconteceu depois ainda estão sendo descober-tos. "Ninguém viu o conjunto de dados do Facebook para a campanha do Trump", comentou no Twitter Carole Cadwalladr, jornalista investigativa do jornal *The Guardian* que cobriu o caso. "Ninguém viu o arquivo de anún-cios. Ninguém sabe o que a Cambridge Analytica fez. Ninguém sabe o que funcionou. *Se é que algo funcionou*. É por isso que precisamos de provas".[28]

Arquivar conjuntos de dados criados por grandes empresas de tecno-logia, como os anúncios no Facebook, os posts no Twitter ou os dados "in-visíveis" de usuários colhidos por empresas de *adtech* é, creio eu, um dos maiores desafios que se propõem a instituições encarregadas da preserva-ção do conhecimento. Bibliotecas e arquivos podem apenas fazer incursões modestas em uma área em que os volumes de dados são vastos. Mas a so-ciedade precisa que esses arquivos existam e precisa poder entender o que nossa cultura está fazendo hoje e qual é o papel de indivíduos, corporações e outros elementos vitais na forma como a sociedade está mudando.

O problema do arquivamento das mídias sociais é intimidante e nós vimos, no caso do Twitter, que a preservação de toda uma plataforma de mídia social se mostra um desafio maior do que a maior biblioteca do mun-do pode encarar. Esses sites são dinâmicos, mudam a cada segundo e são apresentados a cada usuário de forma única e personalizada. Precisamos arquivar as comunicações na própria plataforma e a transmissão de dados que lhe serve de base. As mensagens são uma coisa, mas as curtidas, as "cutucadas" e outras ferramentas sociais que as plataformas oferecem podem nos contar muito sobre o comportamento social, a cultura, política, saúde e muito mais. Na minha visão, preservar as grandes plataformas de mídias sociais e *adtech* está se tornando uma das questões críticas do período atual.

No entanto, começam a surgir algumas táticas para arquivar mídias sociais. No verão de 2019, a Biblioteca Nacional da Nova Zelândia anunciou um projeto que pedia que neozelandeses doassem seus perfis do Facebook para a Biblioteca Alexander Turnbull. Jessica Moran, líder da equipe de serviços digitais, explica em seu blog:

> Esperamos coletar uma amostra representativa de arquivos de Facebook. Queremos construir uma coleção que pesquisadores futuros possam usar para compreender o que salvamos e como usamos plataformas de mídias sociais como o Facebook, mas também entender melhor o rico contexto da cultura e vida digitais do começo do século xxi. Em troca de sua doação, podemos oferecer um depósito digital comprometido em preservar esses arquivos no futuro.[29]

A Biblioteca Nacional da Nova Zelândia sublinhou duas questões-chave. Primeiramente, as instituições de memória devem começar a arquivar a informação mantida nas maiores plataformas de mídias sociais; e o futuro precisa saber o que aconteceu no passado, e isso não pode ser feito no nível da plataforma (há, atualmente, mais de 2,5 bilhões de usuários ativos mensais no Facebook por todo o mundo) — deve ser feito tratando de partes menores de cada vez. Uma amostra de usuários em um país relativamente pequeno como a Nova Zelândia é uma forma muito boa de lidar com um problema tão grande. Em segundo lugar, eles sabem que alguns usuários do Facebook estão interessados em ter suas histórias preservadas por uma instituição pública. Fundamentalmente, a Biblioteca Nacional também faz declarações bem claras sobre respeitar a privacidade de qualquer um que doe seu material no Facebook.

* * *

A sociedade foi lenta demais para acompanhar as realidades comerciais que o mundo de grandes dados e computação onipresente criou. Nossas leis e instituições não conseguiram acompanhar o ritmo de uma indústria agora incrivelmente rica, com gente muito esperta trabalhando nela. Como o cientista de dados Pedro Domingos disse: "Quem tiver os melhores algoritmos e mais dados vence".[30] A construção das plataformas e da "indústria de dados" ao redor delas criou o que Shoshana Zuboff coloca como "reino do conhecimento privado", apesar de "reinos" talvez ser uma analogia melhor. Todos esses dados e essas tecnologia foram criados "para propósitos de modificação, previsão, monetização e controle".[31] O aviso dado por Zuboff e outros autores que estudaram o crescimento do capitalismo de vigilância é que uma quantidade desproporcional da memória do mundo agora foi terceirizada para empresas de tecnologia sem que a sociedade perceba ou seja realmente capaz de compreender as consequências. No cerne da relação atual entre o público e as maiores empresas de tecnologia está o problema da confiança. Todos nós usamos seus serviços, em parte porque nos tornamos dependentes delas, porém cada vez mais o público não confia nelas. A sociedade criou um enorme banco de conhecimento, mas privatizou sua propriedade, sua administração e seu uso, mesmo que o conhecimento tenha sido criado livremente por indivíduos ao redor do mundo. Em tese os proprietários de empresas começam a ser vistos pelo público com uma noção de medo e suspeita distópica.

Um estudo de 2016 da Pew Research relatou que 78% dos adultos norte-americanos acreditavam que as bibliotecas os guiavam a informações confiáveis e corretas. Os números são ainda maiores entre o grupo de 18 a 35 anos (os ditos "millennials"). Não há estudos de longo prazo que permitam que enxerguemos essa tendência no tempo, mas os pesquisadores da Pew perceberam que esses níveis de confiança cresciam entre adultos e são um contraste flagrante com os níveis de confiança em empresas financeiras e organizações de mídias sociais.[32] E até governos.

Visto que a confiança do público em bibliotecas e arquivos é alta (e crescente), talvez eles venham a se tornar locais onde indivíduos possam armazenar seus dados pessoais? Talvez a sociedade esteja começando a entrar em uma era que desafiará o domínio dos "superpoderes privados" e trazer os interesses da sociedade para primeiro plano. Podemos conceber um futuro no qual dados de indivíduos sejam colocados nas mãos de instituições públicas como comissários confiáveis de dados da sociedade?

Certas condições precisariam ser atendidas. Primeiro, teria de haver uma legislação para estabelecer as instalações e instituir um regulamento.[33] O público devia ser consultado e envolvido no desenvolvimento das políticas e na forma como o sistema seria estabelecido. Essas leis precisariam ser harmonizadas pelas fronteiras geopolíticas.

Segundo, teria de haver níveis significativos de financiamento para possibilitar que bibliotecas cumprissem essa tarefa. Isso poderia se derivar de um "imposto de memória" pago pelas empresas de tecnologia.[34]

Organizações como a Coalizão de Preservação Digital seriam atores vitais na preservação digital, e entidades estatais, como a Biblioteca Britânica, os Arquivos Nacionais e suas organizações-irmãs na Escócia, no País de Gales e na Irlanda do Norte poderiam trabalhar em colaboração para esse fim. Modelos de trabalho poderiam ser estabelecidos — da mesma forma que a responsabilidade compartilhada de depósito legal que, como vimos, foram estendidos em 2013 para publicações digitais. Ainda que não sejam perfeitos, a legislação e o sistema construídos por seis bibliotecas de depósito legal funcionam.

Isso em si não seria suficiente. É necessária uma nova arquitetura de dados para a internet, que permita que o indivíduo controle quem tem acesso a seus dados.[35] O Regulamento de Proteção Geral de Dados (GDPR, na sigla em inglês), que chegou com força ao Reino Unido com o Ato de Proteção de Dados de 2018, percorreu um longo caminho na Europa para aumentar a proteção dos dados das pessoas.

A mudança do conhecimento da sociedade do domínio pessoal para o comercial trouxe questões imensas que a sociedade precisa encarar. Os direitos de indivíduos certamente estão em jogo. Em outras áreas da vida, há uma noção de "dever de cuidado", nas quais empresas e instituições têm de seguir padrões — por exemplo, sobre o design e a operação de prédios públicos. Essa noção poderia e deveria ser aplicada ao mundo digital.[36] Se não arquivarmos os dados que estão sendo explorados, nunca iremos realmente compreender a extensão total dessa exploração e o efeito dela. Até termos um arquivo completo da propaganda política do Facebook, não poderemos avaliar como o eleitorado foi influenciado. Sem essa informação para a análise, o estudo e o questionamento sobre essas organizações e a propaganda em suas plataformas, nunca saberemos a verdade.

Daqui a cem anos, historiadores, cientistas políticos, meteorologistas e outros profissionais buscarão respostas sobre como o mundo de hoje se tornou o que é. Há ainda tempo para bibliotecas e arquivos tomarem o controle desses organismos digitais de conhecimento para preservá-lo de ataques e, ao fazer isso, proteger a sociedade.

14
PARAÍSO PERDIDO?

A RENOVAÇÃO DA BIBLIOTECA BODLEIANA por sir Thomas Bodley seguiu a destruição da antiga biblioteca da universidade na década de 1550. Em duas ocasiões, no desdobramento de uma guerra civil sangrenta, ordens oficiais foram proclamadas pela assembleia da universidade determinaram que os livros escritos por John Milton fossem queimados no quadrilátero das Antigas Escolas, fora da biblioteca, junto a obras de outros escritores religiosos associados à perda da causa puritana, como John Knox, John Goodwin e Richard Baxter. De acordo com Anthony Wood, em 16 de junho de 1660, livros de Milton e Goodwin foram "reunidos e queimados" depois de terem sido "retirados das bibliotecas onde estavam".[1]

Milton foi um grande apoiador da biblioteca, enviando uma cópia especial de seu *Poemas* (1645), encadernado com outros panfletos para seu amigo John Rous, que foi o segundo bibliotecário de Bodley. O volume continha um poema especialmente escrito por Milton em louvor ao bibliotecário e à biblioteca, expressando sua satisfação por seus poemas encontrarem um "lar feliz e imperturbável" por lá.[2] Milton também escreveu de modo notório uma eloquente defesa ao livre discurso em seu *Areopagítica* (1644). Em 1683, a Bodleiana encontrou-se em uma posição particularmente difícil: deveria ceder à pressão das autoridades da universidade e entregar para a queima esse volume especial ou deveria preservar os escritos do defensor da liberdade de expressão? Com uma mentalidade independente, a Bodleiana — estabeleci-da como uma biblioteca "apenas de referência" em sua fundação, que notoriamente havia se recusado a emprestar um livro ao rei Carlos I quando ele residia em Oxford em 1645 durante a Guerra Civil (apesar de o parlamento se estabelecer na biblioteca)[3] — tomou a perigosa decisão de desafiar as autoridades e esconder os volumes. Uma nota escrita à mão mantida na cópia pessoal do catálogo da Bodleiana mostra que eles foram cuidadosamente omitidos do catálogo público para manter o segredo de sua existência.[4] A consequência disso é que ainda podem ser consultados hoje.[5] Como os casos explorados neste livro mostram, bibliotecários e arquivistas tiveram um papel vital na preservação do conhecimento por vários séculos.

Por meio deste livro, tentei transmitir a longa história dos ataques ao conhecimento e o impacto que a destruição de bibliotecas e arquivos tiveram em comunidades e sociedades como um todo. Ainda assim, o conhecimento ainda hoje está sob ataque. A ignorância sobre a história gera uma complacência do tipo que possibilitou o lento declínio da Biblioteca de Alexandria e criou uma vulnerabilidade que levou algumas bibliotecas a serem destruídas durante a Reforma Protestante, como a da Universidade de Oxford.

A complacência toma várias formas. Quase certamente encorajou os oficiais do Ministério do Interior na destruição dos registros de imigrantes protegidos pela lei Windrush,* uma vez que supuseram que a informação era mantida em outro local. Somos complacentes hoje por não preservarmos adequadamente o conhecimento em formato digital, e a complacência está levando governos a reduzir verbas para o armazenamento de acervos na nuvem.

Arquivistas e bibliotecários desenvolveram estratégias e técnicas para proteger o conhecimento sob seus cuidados. Como indivíduos, com frequência mostram níveis impressionantes de comprometimento e coragem em salvar coisas da destruição, sejam eles os homens e as mulheres da Brigada de

---

* Em 1948, o governo britânico concedeu o direito à cidadania a todos aqueles nascidos nas colônias, ato que ficou conhecido como Lei Windrush. Contudo, não foram concedidos documentos a esses cidadãos. Em 2018, devido às medidas anti-imigração da primeira-ministra Theresa May, imigrantes e seus familiares começaram a ser perseguidos, inclusive aqueles que antes haviam sido beneficiados por essa lei, o que gerou um escândalo de grandes proporções no Reino Unido. (N.E.)

Papel em Vilna nos anos 1940 ou Aida Buturović, morta em Sarajevo em 1992, ou Kanan Makiya e seus colegas na Fundação da Memória do Iraque em Bagdá nos anos 2000.

"Não há poder político sem o poder sobre os arquivos", escreveu Jacques Derrida, o grande crítico francês, em sua clássica obra *Mal de arquivo*.[6] Essa mensagem foi aprendida por regimes autoritários e pelas maiores empresas de tecnologia, os "superpoderes privados" do mundo, que tomaram controle dos arquivos quando estes se transferiram para o campo digital (e, em muitos casos, onde não). A complacência da sociedade significa falta de regulamento, de controle e de privacidade envolvendo os corpos mais poderosos de conhecimento já vistos: as plataformas de mídias sociais e os conjuntos de dados *adtech* da era digital (tentei mostrar isso no capítulo anterior). Como Orwell nos avisou em seu *1984*: "O passado era apagado, o apagamento era esquecido, a mentira se tornava verdade".[7]

Nas últimas décadas, a profissão de bibliotecário passou pelo que se chama de "alteração do serviço".[8] Quando comecei como bibliotecário, uma mudança estava ocorrendo, com as necessidades de usuários colocadas à frente das prioridades da equipe da biblioteca. Isso foi uma estratégia necessária, e a profissão tornou-se muito melhor por causa disso. Como resultado, ficamos menos preocupados com preservação. Mesmo com bibliotecários e arquivistas tornando-se bem hábeis no uso de novas tecnologias, esforçamo-nos para direcionar subsídios suficientes em direção à preservação digital.

Enquanto a sociedade começa a encarar a nova era digital, precisamos rever as prioridades. A preservação deve ser vista como um serviço à sociedade. Por fim, o financiamento que as "organizações da memória" recebem do governo e de outros organismos de financiamento é o fator mais crítico em possibilitar "a preservação como um serviço" para adaptar a natureza mutante do conhecimento na era dos dados digitais. O financiamento para bibliotecas foi reduzido por líderes políticos nos Estados Unidos, que muitas vezes supõem que a informação on-line as tornou redundantes.

A realidade mostra exatamente o contrário: as bibliotecas são tão utilizadas nos Estados Unidos que estão sobrecarregadas.[9] Precisamos que bibliotecários e leitores digam a seus políticos eleitos que priorizem as bibliotecas e os arquivos, como fizeram em Columbus, Ohio, em 2016, onde o eleitorado votou para pagar mais impostos a fim de manter seu sistema público de bibliotecas. Nossos organismos profissionais precisam ter vozes mais ativas; e nossas comunidades, ser incentivadas a acrescentar suas vozes a nosso favor. A preservação do conhecimento apoiou-se de forma crítica nas pessoas. Profissionais qualificados são fundamentais para garantir que a tarefa básica dessas organizações possa ser realizada. O teórico de biblioteconomia do século XVIII Gabriel Naudé declarou que uma pilha de livros era tanto uma biblioteca quanto um conjunto de soldados era um exército.[10] É a equipe da biblioteca que transforma a pilha de livros em um "organismo de conhecimento ordenado". Esses funcionários são guardiões da verdade, coletando conhecimento analógico e digital. Sem eles, com sua mistura de habilidades, dedicação e paixão por preservação, vamos continuar a perder conhecimento.

Em novembro de 2018, o professor Philip Alston, relator especial das Nações Unidas sobre pobreza extrema e direitos humanos, publicou uma poderosa declaração sobre a condição da sociedade britânica: "A assistência digital foi terceirizada para bibliotecas públicas e organizações da sociedade civil. As bibliotecas públicas estão na linha de frente para ajudar os digitalmente excluídos e digitalmente analfabetos que querem reivindicar seu direito ao conhecimento universal."[11]

Uma das maneiras com que os bibliotecários estão encarando os desafios de financiamento e a mudança para o digital é trabalhando de forma mais colaborativa. A preservação de conhecimento agora depende dessa parceria. Como o nível do desafio é muito grande, nenhuma instituição pode realizar esse trabalho sozinha. De vários modos, esse se tornou o padrão após a Reforma Protestante: os livros de bibliotecas medievais da Europa foram preservados por centenas de bibliotecas diferentes, indo da Bodleiana (que guarda em seu acervo milhares de livros medievais) à Biblioteca da Shrewsbury School, que tem só um punhado. Essa ideia de coleção distribuída nunca foi explícita, mas já em 1600 meu antecessor, Thomas James, fez um catálogo listando todos os manuscritos presentes nas bibliotecas de Oxford e Cambridge. Um catálogo muito mais amplo foi publicado em 1696 por Edward Bernard, um acadêmico em Oxford, que listava todos os manuscritos em bibliotecas institucionais e particulares na Grã-Bretanha.[12] Estudiosos reconheceram a necessidade de compartilhar a preservação do conhecimento desde o início. Redes informais expandiram-se com o tempo e tornaram-se mais formais. Um bom exemplo disso são as Bibliotecas de Depósito Britânicas e Irlandesas, que compartilharam a responsabilidade e o custo do depósito legal por meio de colaborações de várias frentes.

As bibliotecas cada vez mais compartilham também o armazenamento de conhecimento. Em Nova Jersey, a imensa instalação da ReCAP (sigla em inglês para Consórcio de Pesquisas de Coleções e Preservação) é um depósito compartilhado de materiais impressos e arquivos, cofundada e coadministrada pela Universidade de Princeton, pela Universidade de Columbia e pela Biblioteca Pública de Nova York. Os custos para operar grandes instalações como essas são altos, e, se podem ser compartilhados, todos saem ganhando. Na esfera digital, a ação coordenada foi desenvolvida para distribuir o fardo da preservação. O projeto Clockss baseia-se em um modelo bem tradicional, derivado dos processos de impressão e é aplicado à preservação digital pela equipe da Biblioteca da Universidade de Stanford. O conceito original que desenvolveram é incrivelmente simples e atraente, baseado na máxima "Várias cópias mantêm tudo seguro" (Lockss, na sigla em inglês), mas se baseava em uma base de dados vaga e muitas vezes incompleta compartilhada entre as instituições participantes. Colaboração e confiança são fundamentais para o sucesso do Clockss (Lockss Controlados, de acordo com a sigla em inglês), que aplica um conceito semelhante ao do Lockss, porém preservando uma quantidade maior de material, incluindo jornais acadêmicos. Hoje, o sistema abarca mais de 33 milhões de artigos.[13]

Preservar conhecimento nunca foi algo sem custos. O financiamento está no cerne de uma biblioteca sustentável e bem-sucedida. Sir Thomas Bodley reconheceu isso no século xvi, fornecendo pessoalmente uma "base fixa anual". Hoje em dia, chamaríamos isso de uma doação, para dar fundos à sua nova biblioteca a fim de "comprar livros [...], manter salários e outras questões pertinentes". Ele achava que o motivo pelo qual se destruiu a biblioteca medieval foi a falta de financiamento e falta de pessoal.[14]

No mundo digital, o conhecimento está se tornando inerentemente instável, e sua durabilidade depende das instituições que o mantêm. Bibliotecas e arquivos do Reino Unido têm tido dificuldades para enfrentar os desafios da "austeridade" impostos ao setor público pelo governo em resposta à crise financeira global de 2007 e 2008. Em autoridades locais, que são responsáveis por bibliotecas públicas e por escritórios locais de registro, o financiamento para esses serviços tem de competir com escolas, hospitais e coleta de lixo doméstico.

Na África do Sul, a tarefa de arquivar a Comissão da Verdade e Reconciliação após a queda do Apartheid foi dada aos Arquivos Nacionais da África do Sul, mas a efetividade do trabalho se mostrou severamente obstruída pela falta de financiamento. O problema era simples: não havia equipe o suficiente para realizar o trabalho. Isso impactou o processo de transferência de registros de departamentos do governo para arquivistas, o que resultou em acúmulos de registros não processados. Indivíduos ficaram incapazes de acessar essa "memória compartilhada", e o processo de curadoria nacional foi menos eficaz. Essas são decisões políticas, e a legislação para requerer a abertura de arquivos do governo e para apoiar os direitos dos cidadãos é uma coisa, mas o direcionamento de recursos para possibilitar que a legislação seja aplicada é outra.[15]

O apoio a bibliotecas e arquivos pelo globo é um tema que envolve pressão extrema. Na Nigéria, historiadores recentemente levantaram preocupações com os Arquivos Nacionais temendo que eles estejam "em um estado bem lastimável" e que precisem ser revigorados para se compreender o lugar de tal país na África. Eles pediram que o governo federal "injete mais vida nos registros e serviços dos Arquivos Nacionais".[16] Em julho de 2019, o conselho consultivo dos Arquivos Nacionais da Austrália alertou que, como os arquivos foram menosprezados pelo governo, estavam em "risco", tendo perdido 10% do orçamento a cada ano desde 2014.[17] O presidente do conselho consultivo disse que "o arquivo digital da nação está atualmente fragmentado em centenas de sistemas separados e entidades do governo, expostos ao comprometimento, à obsolescência e à perda".[18]

Bibliotecas e arquivos precisam manter grandes quantidades de material físico: livros, manuscritos, mapas e tudo mais, assim como lidar com o rápido crescimento de coleções digitais que com frequência são custosas. O desafio da coleção "híbrida" é contratar equipes adicionais com as habilidades, experiências e mentalidades certas (como arquivistas digitais ou gerenciadores de registros eletrônicos). Isso também significa investir em sistemas técnicos e processos de fluxo de trabalho que obedeçam aos padrões da indústria. Por enquanto, são os bibliotecários e arquivistas os responsáveis pelo passado; e são eles os guardiões do futuro. Há anos, esses profissionais trabalham com o desenvolvimento de softwares, práticas de dados e comunicação acadêmica.

Os governos podem lidar com esse problema de financiamento por meio da taxação de grandes empresas de tecnologia. Os "superpoderes privados", com suas estruturas multinacionais, têm sido hábeis em evitar impostos. Anteriormente, sugeri que um "imposto de memória" poderia ser um modo de lidar com problemas de financiamento.[19] As empresas de tecnologia que lucram tanto conosco e pagam tão poucos impostos regulares podiam ter de financiar a própria área que estão minando: a memória social. Uma porcentagem pequena, talvez de 0,5% sobre seus lucros, poderia fornecer um financiamento substancial que as instituições de memória púbica utilizariam para sustentar seus trabalhos.

Se outros países aprovassem leis similares, poderia ser formada uma rede para enfrentar o desafio de arquivar a vasta gama de conhecimento abrigada pelas empresas de mídias sociais. Já mostrei que bibliotecas e arquivos colaboram de maneira bem eficaz nesse sentido. Elas poderiam fazer mais, em especial se tivessem um financiamento extra. Como vimos, arquivar o Twitter mostrou-se um desafio grande demais até para a Biblioteca do Congresso; e o desafio de arquivar o Facebook, o WeChat, o Weibo, o Tencent e outras plataformas de mídias sociais pode ser ainda maior. Ainda assim, quanto mais seguimos sem uma tentativa sustentável de arquivar grandes plataformas de mídias sociais, mais fraca nossa sociedade será. Vamos perder a noção da riqueza da interação humana e não seremos capazes de compreender como nossa sociedade foi influenciada e afetada pelas mídias sociais.

A vida moderna torna-se cada vez mais obcecada com o curto prazo. Investidores buscam retornos instantâneos, e o comércio tornou-se automatizado em um nível que bilhões de negócios são feitos a cada hora na bolsa de valores. A fixação com o curto prazo é evidente em muitos segmentos da vida. O pensamento de longo prazo ficou fora de moda. A memória da humanidade, o conhecimento que criou em toda sua variedade de formas, de tábuas cuneiformes à informação digital, nunca é de uso puramente de curto prazo. Pode ser mais barato, mais conveniente, mais fácil e mais rápido destruir o conhecimento do que avaliar, catalogar, preservar e torná-lo disponível, porém abandonar o conhecimento em favor da conveniência de curto prazo é um caminho certeiro para enfraquecer o embasamento na verdade de nossa sociedade.

Conforme o conhecimento e a verdade continuam a ser alvos de ataque, precisamos continuar a ter fé em nossos arquivos e em nossas bibliotecas. A preservação deve ser vista como um serviço para a sociedade, pois é a base da integridade, do senso de pertencimento, e garante a diversidade de ideias, opiniões e memória. As bibliotecas e os arquivos têm alta confiança do público em geral. Ainda assim, recebem financiamentos cada vez menores. Isso está acontecendo quando a preservação do conhecimento mantido na forma digital é uma enorme necessidade para sociedades abertas e democráticas. Não há tempo para complacência. O próximo ataque ao conhecimento está prestes a acontecer. No entanto, se pudermos dar às bibliotecas, aos arquivos e às pessoas que trabalham neles apoio suficiente, eles vão continuar a proteger o conhecimento e torná-lo disponível a todos.

Conclusão
Por que sempre precisaremos de bibliotecas e arquivos

Gostaria de enfatizar cinco funções das bibliotecas e dos arquivos que deixam de existir quando eles são perdidos ou destruídos. Os bibliotecários e os arquivistas fazem seu trabalho e pedem por maiores financiamentos, mas o poder de decisão muitas vezes está em outro canto. São para os detentores de poder que essas cinco funções das bibliotecas e dos arquivos são dirigidas. Isso é o que perdemos quando essas instituições são destruídas ou minguam sem apoio:

- Primeiro: elas apoiam a educação da sociedade como um todo e de comunidades específicas que atende.
- Segundo: elas fornecem uma diversidade de conhecimento e ideias.
- Terceiro: elas apoiam o bem-estar de cidadãos e os princípios de uma sociedade livre por meio da preservação de direitos vitais e incentivando a integridade na tomada de decisões.
- Quarto: fornecem um ponto fixo de referência, possibilitando que a verdade e a mentira sejam julgadas por meio de transparência, verificação, citação e reprodutibilidade.
- Quinto: ajudam a enraizar as sociedades em suas identidades históricas e culturais por meio da preservação do registro escrito desses grupos humanos e dessas culturas.

O papel educativo das bibliotecas e arquivos é mesmo poderoso. As bibliotecas oferecem oportunidades de pensamento crítico e possibilitam a exploração de novas ideias em um ambiente acolhedor. Na maioria das bibliotecas, o acesso é gratuito ou tem um custo muito baixo, e os clientes são tratados igualmente, não importam seus históricos ou propósitos de estudo. Nos anos 1990, a Biblioteca Nacional e Universitária da Bósnia e Herzegovina, em Sarajevo, apoiou a educação não apenas dos estudantes e pesquisadores na principal instituição de ensino superior da região, mas de todo o país. Atacá-la prejudicou gravemente a educação de uma geração. Hoje, as bibliotecas de universidades e faculdades ao redor do planeta continuam a servir imensas populações de estudantes e pesquisadores. Em 2017 e 2018, só no ano acadêmico, houve mais de 40 milhões de interações com as coleções da Bodleiana, indo de downloads de artigos de jornal à busca de manuscritos medievais em suas estantes. A comunidade acadêmica da Universidade de Oxford que acessou esse acervo tanto de forma física quanto digital foi de aproximadamente 30 mil indivíduos. Multiplique esses números pelas 130 universidades presentes no Reino Unido, ou as milhares dos Estados Unidos, então pelo mundo todo, e você terá uma noção da centralidade das bibliotecas e sua contribuição para o progresso da sociedade.

Do mesmo modo, os sistemas públicos de bibliotecas e arquivos locais são cruciais para as comunidades a que servem. O trabalho que fazem está o tempo todo em expansão, conforme as necessidades de seus usuários mudam e evoluem. Milhões de livros são emprestados todo ano só no Reino Unido. A realidade do financiamento para essas instituições é extremamente desafiadora. No Reino Unido, entre 2017 e 2018, o financiamento para bibliotecas públicas caiu para £30 milhões, mais de 130 bibliotecas fecharam e 500 passaram a ser gerenciadas por voluntários, em vez de bibliotecários profissionais.[1] Dada a importância das bibliotecas públicas na educação, isso sem dúvida irá exacerbar a desigualdade social e reduzir a mobilidade social. Lemos com horror como a biblioteca pública de Jaffna foi um alvo proposital em um ataque às oportunidades educacionais de uma comunidade local. Ainda assim, bibliotecas públicas estão sendo fechadas em todo o mundo graças a cortes de verbas.

Na era da "austeridade", as bibliotecas públicas em vários países encontram-se na linha de frente do auxílio às suas comunidades, implantando medidas inovadoras. A Biblioteca Pública de Nova York começou a "emprestar" artigos de vestuário como gravatas e pastas para ajudar indivíduos que não podem arcar com visuais "elegantes" para entrevistas de emprego. No Reino Unido, conforme o governo migra tantos de seus serviços para plataformas on-line, as bibliotecas públicas respondem com serviços voltados àqueles excluídos da fronteira digital.

A preservação do conhecimento pode ter um papel educacional profundo. A questão das mudanças climáticas talvez seja a mais urgente com que o mundo se depara, e um importante estudo recente analisa dados do clima contidos em um extraordinário registro de arquivos que detalha as colheitas de uva em Beaune, a capital do vinho da Borgonha, entre 1354 e 2018. Há um conjunto incrivelmente rico de dados sobre clima nesses registros, constituído sem interrupções, talvez o maior conjunto contínuo de registros do clima na Europa. Meteorologistas descobriram que podem usar esses dados para mostrar que a frequência de climas extremos nos séculos passados era atípica, mas que esses extremos se tornaram a norma desde uma mudança considerável no clima notada desde 1988.[2] Os registros foram criados por alguns dos maiores vinhedos do mundo, mas apresentam um notável potencial para outros usos além daqueles para os quais foram originalmente criados. Nem sempre sabemos do valor do conhecimento que estamos perdendo quando ele é destruído ou negligenciado.

Segundo, eles fornecem uma diversidade de conhecimentos e ideias. As bibliotecas e arquivos tornam possível encarar o presente e o futuro por meio de uma compreensão profunda do passado. As ideias que encontramos, as histórias que entendemos e a cultura com que lidamos irão nos ajudar a nos tornar quem somos. Contudo, precisamos que esse conjunto de ideias e informações seja constantemente renovado se queremos ser inovadores. Isso é verdade não apenas no caso de, digamos, os campos criativos de arte, música e literatura, mas de maneira mais geral. A democracia que temos na Grã-Bretanha apoia-se na circulação livre de ideias de maneira a soprar vida no espírito questionador de nossos processos democráticos. Em parte, isso significa liberdade de imprensa, porém os cidadãos precisam ter acesso ao conhecimento de todos os tipos de opinião. As bibliotecas adquirem conteúdos dos mais diversos e isso possibilita que nossas visões sejam confrontadas e que os cidadãos se informem, conforme a afirmação de John Stuart Mill em *A liberdade*, de que "apenas por meio de diversidade de opiniões há, no estado do intelecto humano, uma chance de jogo limpo para todos os lados da verdade".[3]

Em 1703, Henry Aldrich, deão da Igreja de Cristo, sugeriu ao grande astrônomo Edmond Halley que ele deveria trabalhar em antigas obras científicas gregas, seguindo sua indicação como professor da Cátedra Saviliana de Geometria em Oxford. Um dos projetos que Halley iniciou foi continuar a obra de um grande estudioso de línguas, Edward Bernard, que consultara um manuscrito árabe da importante obra de geometria do cientista grego Apolônio de Éfeso, *Sobre a divisão de um raio* na Bodleiana. Halley, ao completar a obra de Bernard, traduziu e publicou um texto em 1706.[4] Como Isaac Newton, o amigo e colaborador de Halley, notoriamente disse: "Se enxerguei mais longe, foi por ficar nos ombros de gigantes". Gerações de bibliotecários e colecionadores preservaram esses antigos textos da destruição para que pudessem fornecer conhecimento diverso capaz de despertar novas descobertas.

Essa diversidade pode ser rejeitada por regimes opressores, bloqueando a oportunidade de aprendizado e testagem de ideias e opiniões. Na Turquia, o regime de Erdoğan começou em agosto de 2019 a destruição de livros associados a seu oponente, Fethullah Gülen. Até a publicação desta obra, 300 mil exemplares foram removidos de escolas e bibliotecas. Editoras também foram atacadas, o que gerou críticas de instituições ao Pen Clube local. É difícil imaginar o que a destruição de livros em bibliotecas pode causar além de tornar os livros mais cobiçados.

A não ser que bibliotecas e arquivos possam operar sem interferência do governo, seu papel em fornecer acesso a um conhecimento que pode desafiar autoridades ou visões preconcebidas irá desmoronar. No longo conflito interno da Guatemala, a atuação da polícia no estado de opressão de seus cidadãos e o abuso dos direitos humanos foram altamente controversos. O acesso a esses registros ajudava os guatemaltecos a entender a história recente, porém, em março de 2019, a equipe foi demitida e o acesso à documentação foi encerrado. A partir daí, fizeram-se apelos para que esses arquivos fossem protegidos de danos e interferência política e que cópias fossem realizadas e depositadas na Suíça e na Biblioteca da Universidade do Texas, em Austin.[5] Assim como nas bibliotecas zaidistas no Iêmen, os ataques ao conhecimento buscam erradicar a diversidade de opiniões e ideias, mas a comunidade internacional de estudiosos pode usar tecnologias digitais para preservar o material.

Em terceiro lugar, as bibliotecas apoiam o bem-estar de cidadãos e os princípios de uma sociedade livre por meio da preservação de direitos vitais e incentivam a integridade na tomada de decisões. Nas palavras do historiador Trevos Aston, os arquivos podem ser "fortificações para a defesa de nossos direitos".[6] Esses direitos podem ser desrespeitados quando se perde material de arquivo, como no caso da antiga Iugoslávia, onde registros foram destruídos pela milícia sérvia, em uma tentativa intencional de privar cidadãos muçulmanos de seus direitos e erradicar a memória da presença muçulmana na Bósnia e Herzegovina.

Nas últimas três décadas, o papel desempenhado pelos arquivos para auxiliar os direitos de cidadãos em saber o que aconteceu em seus países e Estados, como na Alemanha Oriental e na África do Sul, foi de importância fundamental para restabelecer a democracia. Milhares de sacos de material picado foram encontrados nos arquivos da Stasi localizados no bairro de Lichtenberg, em Berlim, que "provaram o zelo daqueles com medo da evidência datilografada de suas atividades", de acordo com Joachim Gauck, o primeiro comissário federal para os Registros do Estado de Segurança da Antiga República Democrática da Alemanha (conhecido mais coloquialmente como Autoridade Gauck).[7] O processo de abertura dos arquivos Stasi foi muito importante para antigos países comunistas da Europa Central e do Leste Europeu. A forma como o Estado operava seu regime de controle tornou-se transparente a ponto de permitir o acesso do povo a seus arquivos.[8] No fim de junho de 1994, apenas cinco anos após a queda do Muro de Berlim, mais de 1,85 milhão de pedidos foram feitos para acessar arquivos da Autoridade Gauck.[9]

A mudança da documentação da vida cotidiana, dos negócios e do governo para o mundo digital traz questões complexas. A preservação digital torna-se um dos maiores problemas a se lidar: se não agirmos imediatamente, nossos sucessores nas gerações futuras irão lamentar nossa inércia. O arquivamento da rede e das mídias sociais é uma preocupação particularmente urgente. Em 2012, os cientistas da computação Hany SalahEldeen e Michael Nelson examinaram uma grande amostra de postagens de mídias sociais relacionadas a grandes acontecimentos, como o Prêmio Nobel de Barack Obama, a morte de Michael Jackson, a Revolução Egípcia e o levante na Síria. Seus estudos revelaram uma taxa chocante de perda: 11% das postagens desapareceram de sites no prazo de um ano e a taxa de atrito continuou. Como vimos em sites que cobriram o Brexit, e com registros na rede de outros eventos contemporâneos importantes, preservar esses sites irá se tornar cada vez mais importante para a liberdade de nossas vidas políticas e sociais.

As bibliotecas e os arquivos estão desenvolvendo acervos de rede como parte de suas atividades de preservação, às vezes auxiliados pela legislação de depósito legal (como no Reino Unido). É preciso haver uma ação bem mais ousada para desenvolver um arquivamento de sites de domínio nacional amparado pela lei e devidamente financiado. O Internet Archive continua a ser o líder e é a instituição de memória que precisa guiar o arquivamento da rede como parte vital da memória social.

Em quarto lugar, as bibliotecas fornecem um ponto de referência fixo, possibilitando que a verdade e a mentira sejam atestadas pela verificação, citação e reprodutibilidade. A ideia de manter o conhecimento pode ter começado com a administração de impostos no mundo antigo, mas deveria ser colocada objetivamente na era moderna com noções de responsabilidade. "Todos os registros foram destruídos ou falsificados [...] não há dado que não tenha sido alterado. E esse processo continua dia a dia, minuto a minuto. [...] A única coisa que existe é um presente sem fim, no qual o Partido está sempre certo", escreveu Orwell em *1984*.[10] Para evitar essa situação, precisamos preservar registros e torná-los acessíveis.

234 *Richard Ovenden*

O verão de 2019 testemunhou protestos em massa contra o governo de Hong Kong, alguns dos maiores protestos não violentos na história moderna. E, apesar de terem sido marcados por atos ocasionais de violência, a maior parte deles mostra a preocupação ampla dos cidadãos de Hong Kong que a independência de sua sociedade seja ameaçada pela República Popular da China. Os registros públicos de Hong Kong não são sujeitos a nenhuma legislação que controla o que é mantido ou quais direitos os cidadãos têm para acessar a própria história ou do governo da cidade. Em 2018, relatos oficiais sugerem que 4.400 metros de registros foram destruídos (mais ou menos metade da altura do monte Everest) pelo Serviço de Registros do Governo. Há a preocupação de que registros sensíveis, como o tratado dos Protestos de Ocupação de 2014, ou dos protestos bem mais amplamente aderidos em 2019, tenham sido destruídos. Além disso, campanhas pedem leis que obriguem oficiais a serem mais transparentes na manutenção de registros, possibilitando que o governo seja responsabilizado. Um editorial do jornal *South China Morning Post* colocou de modo eloquente em abril de 2019 (antes de a onda de protestos surgir): "Arquivos e acesso livres são marcas de um bom governo".[11] Aprovar legislação de arquivo não irá resolver os problemas com que Hong Kong se depara, mas será um grande passo em direção à abertura e à integridade no governo.

Os arquivos e as bibliotecas apoiam suas comunidades fornecendo infraestrutura que sustenta a responsabilidade. A responsabilização tornou-se importante na ciência contemporânea. "Reprodutibilidade da ciência" e "ética de pesquisa" são os termos da vez na comunidade científica, porém eles remetem à mesma coisa: o público pode acessar os dados-base de modo que as alegações feitas por cientistas possam ser verificadas (ou o resultado de experimentos reproduzidos) por outros pesquisadores? Esse processo requer que os dados sejam mantidos de maneira independente para que possam ser livremente acessados — alguns dos financiadores de pesquisa no Reino Unido (como o Conselho de Pesquisa Científica Ambiental e Física) agora requerem que pesquisadores depositem os dados conectados à pesquisa que financiaram em repositórios de dados reconhecidos.

O volume de artigos científicos aumentou bastante nos últimos anos, em parte impulsionado pela pressão de cientistas em publicar rapidamente suas descobertas — muitas vezes, para estar à frente de grupos rivais de pesquisa. Jornais científicos também tiveram sua parte em incentivar cientistas a escrever artigos de alto nível que anunciassem dados importantes. A pressa em publicar e a natureza competitiva da publicação levaram a alguns casos notáveis de "ciência falsa" nos quais descobertas anunciadas foram essencialmente inventadas e em que os resultados não podem ser replicados por outros pesquisadores. Um artigo recente sobre *fake science* [ciência falsa], publicado pela Royal Society em Londres (uma das instituições mais antigas e respeitadas do mundo), alardeava que "é especialmente importante que o mundo científico como um todo mantenha os mais altos padrões de comportamento ético, honestidade e transparência, procurando sustentar o padrão-ouro da integridade na pesquisa e validar informações". Os autores admitiram que, "infelizmente, várias forças estão trabalhando contra essa aspiração. As pessoas do mundo da ciência não são imunes a ambições pessoais e a pressões predominantes que ditam o comportamento em geral".[12]

Para combater essas tendências, tem havido um foco crescente na ética da pesquisa no mundo acadêmico, trazendo para o primeiro plano a noção de "reprodutibilidade de pesquisa". Isso significa ser capaz de obter resultados científicos consistentes usando os mesmos dados, metodologia, código e condições de análise. E publicar dados de pesquisa com acesso livre pode ajudar a reconstruir confiança e transparência. As bibliotecas são vitais para esse processo, pois costumam abrigar repositórios institucionais de acesso livre, artigos de pesquisa e dados para as comunidades científicas. As equipes ajudam a guiar pesquisadores por meio desse processo, apoiando a elaboração de planos de manutenção de dados a ponto de aplicá-los ao financiamento da pesquisa e aconselhando quanto a aspectos técnicos, como os de metadados.

Por fim, as bibliotecas ajudam a embasar a sociedade em suas identidades culturais e histórias por meio da preservação do registro escrito. A ideia de que bibliotecas e arquivos são vitais para ajudar comunidades a apreciarem sua "noção de lugar" e "memória coletiva" não é novidade. Tomei consciência disso pela primeira vez na adolescência, quando descobri que a Biblioteca Pública de Deal tinha uma seção de história local, repleta de livros obscuros, panfletos e jornais (assim como índices especiais e catálogos).

Milhares de cidadãos de Deal usaram a coleção no decorrer dos anos para pesquisar a história de seu lar ou um incidente do passado da cidade, mas especialmente as histórias de suas famílias. Bibliotecas, escritórios de registros e centros de memória local reúnem narrativas maravilhosamente ricas. Em geral, materiais bem raros são adquiridos (com frequência por doação). Esse trabalho não é celebrado e, muitas vezes, se mostra muito mal financiado. Uma renovação quanto à ênfase da história local poderia ajudar nossas comunidades a ter maior noção de seu lugar no mundo e ajudar a aproximá-la, oferecendo uma maior compreensão de quem somos e de onde viemos.

A noção de identidade de um povo costuma tornar-se alvo de ataques. A perseguição nazista à literatura judaica e "não alemã" foi um sinal de alerta na política de genocídio contra o Povo do Livro. Na Bósnia, os ataques sérvios aos arquivos e a destruição da Biblioteca Nacional e Universitária nasceram do desejo de apagar a memória da participação muçulmana na história e na cultura da Bósnia. Devemos ver todos os ataques aos livros como um "primeiro sinal de alerta" de que ataques a seres humanos não estão muito longe.

Há uma coleção de relatos sobre a destruição intencional de conhecimento como um aspecto rotineiro do colonialismo e do imperialismo. Como vimos, a questão conhecida como "arquivos furtados e migrados" torna-se cada vez mais visível. Esses materiais têm importante papel em moldar narrativas históricas para Estados independentes recentes, especialmente agora que entramos em um período em que alguns desses países comemorarão aniversários de independência. Muitas vezes, parte da felicidade em ter 75, 60, 50 anos de idade pode incluir a celebração da história das conquistas desde a data de independência. Mas também pode refletir fatos ocorridos num passado mais distante, nos antigos períodos coloniais, às vezes comparando o "aqui e o agora", às vezes tratando de injustiças históricas, às vezes simplesmente relatando a história. A história da era colonial depende de arquivos e publicações de tal época. O acesso à história pode tornar-se politicamente sensível. "O que foi queimado não fará falta" é um comentário proferido por um oficial britânico em 1963, ao instruir sua equipe na avaliação de registros em Bornéu do Norte antes da independência.[13]

O retorno do conhecimento pode ajudar sociedades a compreender seus próprios locais no mundo e resolver o passado, em especial quando ele foi difícil, como vimos com o Iraque, a Alemanha e a África do Sul. Em novembro de 2018, um relato controverso sobre a restituição de artefatos culturais, escrito por Bénédicte Savoy e Felwine Sarr, foi publicado na França. O relatório Savoy-Sarr provocou grandes discussões na comunidade internacional de museus sobre o tratamento de coleções adquiridas durante a era colonial ao pedir um retorno completo e incondicional de artefatos africanos. O relatório simplesmente comenta que: "Na África, todos os nossos interlocutores insistem não apenas na restituição de objetos de patrimônio cultural mantidos em museus, mas também a necessidade de uma séria reflexão sobre a questão de arquivos".[14]

Essas cinco funções não pretendem ser as únicas, mas apenas um modo de sublinhar o valor da preservação do conhecimento para a sociedade. As bibliotecas e os arquivos detêm a longa visão da civilização em um mundo que atualmente tem uma visão de curto prazo. Ignoramos sua importância a nosso próprio risco.

AGRADECIMENTOS

A IDEIA PARA ESTE LIVRO surgiu meio por acaso, na primavera de 2018, depois de um artigo que publiquei no *Financial Times* sobre a importância dos arquivos no Escândalo Windrush. Por algum tempo, eu me preocupava com a necessidade de criar consciência pública sobre a importância da preservação do conhecimento, e a questão de Windrush mostrou que olhar para a natureza dos ataques ao conhecimento podia ser uma forma útil para lidar com o problema. Fui muito auxiliado no desenvolvimento da ideia por minha agente, Catherine Clarke, da Felicity Bryan Associates, que me ofereceu um apoio enorme em todo o processo.

Meus primeiros agradecimentos devem ir para meus colegas na Bodleiana. Durante as pesquisas para este livro, usei as coleções da Biblioteca de Ciências Sociais, da Biblioteca Memorial Leopold Muller, da Radcliffe Camera, da Biblioteca Sackler Library, da Biblioteca de Direito Bodleiana, da Biblioteca Weston e das Salas de Leitura Superior e Inferior na Antiga Bodleiana, busquei incontáveis livros, documentos e mapas do Depósito de Livros e das estantes da Weston, pedi que documentos fossem fotografados no Imaging Studio e fiz um uso pesado de nossos recursos e serviços digitais. Toda a equipe trabalhadora, leal e dedicada da Bodleiana merece os mesmos agradecimentos. Minha incansável, eficiente e animada equipe de diretoria, comandada pela imperturbável Rosemary

Rey, organizou minha vida profissional e fez a pesquisa para que a redação deste livro fosse possível. Recebi orientações especializadas de vários de meus colegas curadores e gostaria de agradecer especialmente a Chris Fletcher, Martin Kauffmann, Chrissie Webb, Mike Webb, Mamtimyn Sunuodola, Mai Musié e César Merchan-Hammann. Martin Poulter, então *wikimedian* residente na Bodleiana, foi muito esclarecedor sobre o trabalho da *Wikipédia*. A Universidade de Oxford é uma instituição extraordinária para qualquer trabalho intelectual, que permite que múltiplas perspectivas de quase qualquer assunto sejam acessadas com grande eficiência. Meus colegas da Balliol me deram um grande apoio, ouvindo pacientemente minhas perguntas frequentemente ingênuas. Gostaria de agradecer especialmente a John-Paul Ghobrial, Seamus Perry, Rosalind Thomas, Enrico Prodi, Tom Melham e Andy Hurrell, além de Phil Howard, que foi de grande ajuda como diretor do Instituto de Internet de Oxford. Os colegas da Balliol que participaram de meu conselho de pesquisa em maio de 2019 fizeram comentários valiosos. Dois estudantes universitários da Balliol, Avner Ofrath (agora no pós-doutorado da Universidade de Bremen) e Olivia Thompson, trabalharam comigo como pesquisadores-assistentes neste livro, e eu não teria conseguido finalizá-lo sem a dedicada pesquisa deles e suas várias sugestões importantes.

Outros amigos e colegas em Oxford que me deram generosamente orientações e *expertise*: Jonathan Bate, Christian Sahner, sir Noel Malcolm, James Willoughby, Meg Bent, Sandy Murray, Piet van Boxel, Paul Collins, Andrew Martin, Sandy Murray, Meg Bent, Cecile Fabre, George Garnett, Alan Rusbridger, Paul Slack, sir Keith Thomas, Steve Smith, Adam Smith, sir Nigel Shadbolt, Anne Trefethen, Julia Walworth e Henry Woudhuysen. E me beneficiei muito por frequentar as maravilhosas palestras de Lyell de Richard Sharpe em Oxford, em maio de 2019, sobre o relevante tema das bibliotecas medievais da Grã-Bretanha. Sua morte repentina, enquanto este livro era editado, foi um grande golpe para mim e para o campo dos estudos medievais. Stephanie Dalley salvou-me de vários erros crassos.

Fui muito bem assistido por Andrea Dautović, do Museu Nacional da Bósnia e Herzegovina, Claire Weatherall, do Hull History Center, e pela eminente fotojornalista Ashley Gilbertson. Sara Baxter, Hattie Cooke e

Emma Cheshire me ajudaram a obter as autorizações do Pen Clube e da Faber para o uso das citações de Philip Larkin.

Alguns amigos e colegas foram particularmente generosos e, sem eles, eu não poderia ter escrito este livro. Encabeçando a lista está Joseph Sassoon, que compartilhou seu profundo conhecimento sobre a história recente do Iraque e me apresentou a Kanan Makiya, que foi incrivelmente prestativo, permitindo-me entrevistá-lo, e ele, por sua vez, me apresentou a Hassan Mneimneh, Haider Hadi e Eric Wakin da Hoover Institution. Também agradeço a Joseph de forma mais ampla pela orientação e pelo apoio ao escrever esta obra. Ele e Helen Jackson foram anfitriões maravilhosos em Washington. Timothy Garton Ash discutiu longamente tanto sobre o espaço dos arquivos na memória (e no esquecimento) nacional quanto os perigos dos "superpoderes privados" no reino digital, e sua própria escrita foi muito influente e fonte de inspiração.

David Ferriero, arquivista dos Estados Unidos, e Jeff James, CEO dos Arquivos Nacionais do Reino Unido, foram fontes de sabedoria sobre os assuntos atuais dos arquivos em ambos os lados do Atlântico; e William Waung compartilhou seu conhecimento sobre a situação de Hong Kong. O conhecimento de András Riedlmayer sobre o destino das bibliotecas e arquivos na Bósnia não tem comparação, mas sua generosidade em compartilhar seu conhecimento é típico dos melhores bibliotecários. Seu papel nos tribunais de crimes de guerra merece maior apreciação em minha profissão.

Outros colegas imensamente prestativos ao redor do mundo foram Ismael Serageldin, que conversou comigo sobre a moderna Biblioteca de Alexandria; Sabine Schmidtke, que compartilhou detalhes de seu trabalho com os zaidistas; Jon Taylor, perito nas coleções cuneiformes do Museu Britânico; e Helen Hockx-Yu, Brewster Kahle, Andy Jackson, da Biblioteca Britânica, que me proporcionaram um vasto conhecimento sobre arquivo de rede. John Y. Cole e Jane Aikin forneceram um auxílio valioso na Biblioteca do Congresso, especialmente me permitindo ler o importante trabalho de Jane sobre a história da Biblioteca, ainda em rascunho. David Rundle compartilhou os frutos de sua pesquisa na biblioteca de Duke Humfrey. Bryan Skib ajudou-me com fontes da Universidade de Michigan e Vint Cerf deu toques fundamentais em várias questões digitais. John Simpson compartilhou suas memórias da Bósnia. A equipe do Led by Donkeys, especialmente James Sadri, interrompeu sua campanha para falar comigo. Uma das descobertas mais extraordinárias que fiz pessoalmente foi a incrível instituição conhecida como Yivo em Nova York, e gostaria de prestar um tributo especial a Jonathan Brent, Stefanie Halpern e Shelly Freeman que foram maravilhosamente generosos ao explicar o pano de fundo das operações contemporâneas de sua organização única e especial. Eles também me apresentaram a David Fishman no Seminário Teológico Judaico em Nova York, que passou várias horas falando sobre a Brigada de Papel. Eu me baseei muito na própria obra de David sobre os inspiradores indivíduos de Vilna. Robert Saunders compartilhou suas ideias sobre a ligação entre conhecimento público e democracia. Pierre Delsaerdt e James Keating verificaram referências no último minuto. Meus três mais velhos amigos, David Pearson, Bill Zachs e o reverendo Michael Suarez, foram fontes de bons conselhos, sábias ideias e sólido apoio.

Gostaria de agradecer a vários editores por publicar e por melhorar bastante dos diversos artigos que formaram as primeiras expressões deste livro. Lionel Barber e Jonathan Derbyshire, no *Financial Times*; Lorien Kite, no *Financial Times Weekend*; Kenn Cukier, no *Economist*; e Kenneth Benson, no *Carnegie Reporter*.

Tenho uma enorme dívida com minha editora na John Murray, Georgina Laycock, que, com sua assistente, Abigail Scruby, foi fundamental para moldar este livro. Por meio de suas orientações editoriais cuidadosas e detalhadas, elas transformaram minha prosa. A preparação sábia de Martin Bryant melhorou muito o livro, e Caroline Westmore guiou sua produção com muita habilidade. Também gostaria de prestar tributo a Sharmila Sen, da Harvard University Press, por seu apoio durante o projeto.

A maior dívida de todas é com minha família: minhas filhas Caitlin e Anna e, em especial, minha abnegada esposa Lyn, sem a qual este livro simplesmente seria um projeto impossível de ser terminado. Devo tudo a ela.

Richard Ovenden
Oxford, junho de 2020.

Notas

Introdução

1. Rydell, *The Book Thieves*, p. 9, e Ritchie, *The Nazi Book-Burning*. Para o Institute of Sexual Studies, veja Bauer, *The Hirschfeld Archives*, pp. 78-101.

2. Orwell, *1984, p. 273*.

3. Trump fez alegações iniciais sobre o tamanho de seu público em um discurso nos quartéis-generais da CIA em Langley, na Virgínia, em 21 de janeiro de 2017 (Casa Branca, *Remarks by President Trump and Vice President Pence at CIA Headquarters*). Em sua primeira entrevista televisionada como presidente, também em 21 de janeiro de 2017, o então secretário de imprensa, Sean Spicer, declarou: "Esse foi o maior público que já testemunhou uma posse — ponto —, tanto pessoalmente quanto por todo o planeta". Uma comparação de imagens da Mall durante a posse de Trump e de Barack Obama em 2009, incluindo as liberadas pela Reuters (clicadas pelos fotógrafos Lucas Jackson e Stelios Varias), não sustenta essa alegação. Keith Still sugeriu em uma análise para o *New York Times* que o público de Trump foi cerca de um terço do de Obama ("Trump's inauguration vs. Obama's: Comparing the Crowds", por Tim Wallace, Karen Yourish e Troy Griggs, *The New York Times*, 20 de janeiro de 2017).

Números de audiência também contradizem a declaração de Spicer. A Nielsen relatou que 30,6 milhões de espectadores assistiram às cerimônias de posse, 19% abaixo dos 37,8 milhões de espectadores que viram em 2009, enquanto o recorde de público é de Ronald Reagan, que atraiu 41,8 milhões. Por fim, de acordo com a WMATA, o órgão de trânsito da área de Washington, 193 mil viagens foram feitas pelo sistema de metrô até onze da manhã do dia da posse de Trump. Na mesma hora no dia da posse de Obama em 2009, esse número era de 513 mil. Os números para o dia todo, da abertura das estações, às quatro da manhã, até o fechamento foram de 570.557 viagens na posse de Trump em 2017 e 1,1 milhão em 2009. Kellyanne Conway, conselheira do presidente, negou tais evidências como "fatos alternativos" em uma entrevista com Chuck Todd na NBC, em 22 de janeiro de 2017. Mais tarde, revelou-se que as fotos da posse de Trump foram manipuladas a seu pedido (Swaine, "Trump Inauguration Photos Were Edited After He Intervened", *The Guardian*, 6 de setembro de 2018). O próprio presidente Trump permanecia preocupado com a questão em 3 de novembro de 2018, ao tuitar o vídeo de um apoiador da fila de um comício em Montana, com o comentário: "Pousando em Montana agora — pelo menos todo mundo admite que minhas filas e multidões são bem maiores do que as de Barack Obama" (@realDonaldTrump no Twitter).

4. Gentleman, *"Home Office Destroyed Windrush Landing Cards Says Ex-Staffer"*.

5. Investigações seguintes mostraram que parte dessa mesma informação foi mantida em diferentes registros em uma série dos Arquivos Nacionais; veja Wright et al., *Windrush Migrants*.

6. Ovenden, *The Windrush Scandal*.

7. Para uma introdução geral, veja Posner, *Archives in the Ancient World*, e Pedersen, *Archives and Libraries in the Ancient Near East*.

8. "Metadados" é um termo usado para informações que descrevem outras formas de dados, tipicamente digitais.

9. Veja Pedersen, *Archives and Libraries in the Ancient Near East*, pp. 237-82, e os ensaios em König et al., *Ancient Libraries*.

10. A lista sobrevive em um fragmento de papiro escavado em Oxirrinco, atualmente parte do acervo da biblioteca do Trinity College, em Dublin; veja Hatzimichali, *Ashes to ashes? The Library of Alexandria After 48 BC*, pp. 173-4.

11. Burke, *A Social History of Knowledge*, p. 138; Weiss, *Learning from Loss: Digitally--Reconstructing the Trésor des Chartes at the Sainte-Chapelle*, pp. 5-8.

12. Naisbitt, *Megatrends*, p. 24.

13. Rosenzweig, *Scarcity or Abundance?*

14. Winters; Prescott, *Negotiating the Born-Digital*, pp. 391-403

15. Sobre a fundação da Bodleiana, veja Clapinson, *A Brief History of the Bodleian Library*. Para uma introdução das coleções da Bodleiana, veja Hebron, *Marks of Genius*, e Vaisey, *Bodleian Library Treasures*.

16. Hansard, Debates da Câmara de Comuns, 13 de março de 1850, vol. 109, pp. 838-50. Veja os ensaios em Black e Hoare, *Cambridge History of Libraries*, vol. III, parte um, e Max, *Tory Reaction to the Public Libraries Bill, 1850*, pp. 504-24.

17. Alsop, *Suffrage Objects*.

18. Black, *The People's University*, p. 37.

19. Travers, *Local Government*.

20. Busby, Eleanor, "Nearly 800 Public Libraries Closed Since Austerity Launched in 2010".

21. Asmal; Asmal; Roberts, *Reconciliation Through Truth*, p. 6.

22. Garton Ash, *True Confessions*, p. 1.

23. "Truth and Reconciliation Commission", *Final Report*, pp. 201-43.

24. Thomas Jefferson para Isaac Macpherson, 13 de agosto de 1813. Veja Lipscomb e Bergh (org.) *The Writings of Thomas Jefferson*, vol. 13, pp. 333-5.

Capítulo 1: Argila partida sob os morros

1. Apesar de alguns estudiosos atualmente duvidarem se ele, de fato, fez essa jornada.

2. Xenofonte, *Anabasis* 3.4.7-12.

3. Antecessor ligeiramente mais velho de Xenofonte, Heródoto aponta os assírios quando menciona o saque de Nínive (*Histórias*, 1.106). Como Xenofonte ao menos conhecia por alto a obra de Heródoto, sua ignorância sobre os assírios intrigou estudiosos. No entanto, o detalhe da tempestade por Xenofonte é reminiscente da descrição do profeta Naum sobre a queda de Nínive (Naum 2:6-7); e o historiador posterior, Diodoro da Sicília, mencionou um oráculo declarando que ninguém seria capaz de capturar Nínive, a não ser que primeiro o rio se voltasse contra ela (Diodoro, 21.26.9). Então, a implicação é que a memória local dos assírios fora tão bem apagada por seus inimigos que ele não pôde identificá-los como os habitantes dessas cidades outrora tão grandiosas. Veja Haupt, *Xenophon's Account of the Fall of Nineveh*, pp. 99-107.

4. Buckingham, *Travels in Mesopotamia*, II, 211.

5. Rich, *Narrative of a Residence in Koordistan, and on the Site of Ancient Nineveh* (1836), I, p. 2.

6. Ibid., p. XXII.

7. Lloyd, *Foundations in the Dust*, p. 9.

8. Ibid., p. 108.

9. Reade, *Hormuzd Rassam and His Discoveries*, pp. 39-62.

10. Robson, *The Clay Tablet Book in Sumer, Assyria and Babylonia*, p. 74.

11. Layard, *Discoveries in the Ruins of Nineveh and Babylon*, pp. 344-5.

12. Ibid., p. 345.

13. Finkel, *Ashurbanipal's Library*. Irving Finkel realizou um grande trabalho para compreender a importância da Biblioteca de Assurbanipal.

14. Ibid., p. 80.

15. Robson, *The Clay Tablet Book*, pp. 75-7.

16. Finkel, *Ashurbanipal's Library*, p. 82.

17. *Cuneiform Texts from Babylonian Tablets in the British Museum* 22,1 (BM 25676 = 98-2-16, 730 e BM 25678 = 98-2-16, 732). Tradução adaptada de Finkel, *Ashurbanipal's Library*, p. 82, e Frame; George, *The Royal Libraries of Nineveh*, p. 281.

18. Frame; George, *The Royal Libraries of Nineveh*, pp. 265-83.

19. Parpola, *Assyrian Library Records*, 4FF.

20. MacGinnis, *The Fall of Assyria and the Aftermath of the Empire'*, p. 282.

21. Veja especialmente ibid.

22. Robson; Stevens, *Scholarly Tablet Collections in First-Millennium Assyria and Babylonia, c.700-200 BCE*, p. 199.

23. Posner, *Archives in the Ancient World*, p. 56; Pedersen, *Archives and Libraries in the Ancient Near East*, pp. 241-4.

Capítulo 2: Uma pira de papiro

1. Bagnall, *Alexandria: Library of Dreams*, p. 349.

2. Strabo, 17.1.8, citado em Hatzimichali, *Ashes to ashes? The Library of Alexandria after 48 BC*, p. 170, nº 7.

3. McKenzie; Gibson; Reyes, *Reconstructing the Serapeum in Alexandria*, pp. 79-81.

4. Amiano Marcelino, *History*, 22.16.12.

5. Roger Bagnall tem o argumento mais convincente sobre esse tema. Bagnall, *Alexandria, Library of Dreams*, pp. 351-6, com discussão das fontes.

6. Citado em Rajak, *Translation and Survival*, p. 45. Para uma tradução da passagem inteira, veja McKenzie; Gibson; Reyes, *Reconstructing the Serapeum in Alexandria*, pp. 104-5.

7. Suetônio, *Lives of the Caesars*, 8.3.20; Bagnall, *Alexandria: Library of Dreams*, p. 357.

8. Amiano Marcelino, *History*, 22.16.3, citado em Barnes, *Cloistered Bookworms in the Chicken-Coop of the Muses*, p. 71.

9. Dio, *Roman History*, 42.38, citado em Casson, *Libraries in the Ancient World*, p. 46.

10. Isso é relatado mais vivamente por Gibbon em *Decline and Fall*, III, pp. 284-5.

11. Ibid., p. 83.

12. Bagnall, *Cloistered Bookworms in the Chicken-Coop of the Muses*, pp. 71-2; Jacob, *Fragments of a History of Ancient Libraries*, p. 65.

13. McKenzie; Gibson; Reyes, *Reconstructing the Serapeum in Alexandria*, pp. 86, 98-9. A data do incêndio de 181 d.C. é dada por Jerônimo em sua versão da *Crônica de Eusébio* (veja McKenzie; Gibson; Reyes, p. 86, com referências). O escritor cristão Tertuliano em 197 d.C. afirma ter visto os livros da Septuaginta na Biblioteca de Serapeu (*Apologeticum*, 18.8). Essa é a primeira referência de uma biblioteca. Como ele escreveu logo após o incêndio de 181, isso pode sugerir que o incêndio não destruiu o acervo. Dio (*Roman History Epitome*, 79.7.3) relata um incêndio em 217, que milagrosamente não danificou o templo.

14. A destruição do Broucheion (aposento real) por Aureliano é narrada por Amiano Marcelino, *History*, 22.16.15.

15. Gibbon, *Decline and Fall*, III, p. 285.

16. Ibid., pp. 284-5.

17. Sobre esse incêndio e o relato de Galen, veja Tucci, *Galen's Storeroom, Rome's Libraries, and the Fire of* A.D. 192.

18. Plutarco, Emílio Paulo 28.6, relata o ataque à biblioteca. Veja Affleck, *Priests, Patrons, and Playwrights*, pp. 124-6.

19. Houston, *The Non-Philodemus Book Collection in the Villa of the Papyri*, p. 183.

20. Posner, *Archives in the Ancient World*, pp. 71-2.

21. Strabo, 13.1.54; Coqueugniot, *Where Was the Royal Library of Pergamum?*, p. 109.

22. Bagnall, *Alexandria: Library of Dreams*, p. 352.

23. Casson, *Libraries in the Ancient World*, pp. 52-3.

24. Hatzimichali, *Ashes to Ashes?*, p. 173.

25. MacLeod, *Introduction: Alexandria in History and Myth*, p. 4.

26. Veja Pfeiffer, *Politics, Patronage and the Transmission of Knowledge*; Burnett, *The Coherence of the Arabic-Latin Translation Program in Toledo in the Twelfth Century*; Gutas, *Greek Thought, Arabic Culture*.

27. A imagem é reproduzida em Clark, *The Care of Books*, p. 41.

28. Reynolds e Wilson, *Scribes and scholars*, pp. 81-3.

29. Ibid., p. 54.

30. Breay e Story (org.), *Anglo-Saxon Kingdoms*, pp. 126-9.

31. Isso é discutido posteriormente no capítulo 8. Veja também Stroumsa, *Between "Canon" and Library in Medieval Jewish Philosophical Thought*.

32. Bloom, *Paper Before Print*, pp. 48-9.

33. Ibid., pp. 119-21.

34. Veja Biran, *Libraries, Books and Transmission of Knowledge in Ilkhanid Baghdad*, pp. 467-8.

35. Veja Hirschler, *Medieval Damascus*, e Hirschler, *The Written Word in the Medieval Arabic Lands*; Biran, *Libraries, Books and Transmission of Knowledge in Ilkhanid Baghdad*.

36. Thomson, *Identifiable Books from the Pre-Conquest Library of Malmesbury Abbey*; Gameson, *The Earliest Books of Canterbury Cathedral: Manuscripts and Fragments to c.1200*; Lapidge, *The Anglo-Saxon Library*, capítulo 2, "Vanished libraries of Anglo-Saxon England", pp. 31-52.

37. Meehan, *The Book of Kells*, p. 20.

38. Gameson, *From Vindolanda to Domesday*, pp. 8-9.

39. Ganz, *Anglo-Saxon England*, pp. 93-108.

40. Ibid., p. 103.

41. Bodley, *The Life of Sir Thomas Bodley*, sig. A2v.

Capítulo 3: Quando os livros eram ninharia

1. Leland, *De uiris illustribus*, p. XXII.

2. Ibid., p. LIII.

3. Harris, *Motheaten*, p. 472. Harrison, *The Description of Britain* (1587), p. 63, citado em Harrison e Edelen, *The Description of England*, p. 4.

4. Bodleian, MS. Top. Gen. c. 3, p. 203. Toda a jornada de Leland foi reconstruída em Leland, *De uiris illustribus*, pp. LXI-XCV.

5. A biblioteca medieval foi analisada com muitos detalhes por Bruce Barker-Benfield em *St. Augustine's Abbey, Canterbury*.

6. Leland, *De uiris illustribus*, pp. 67, 69.

7. Ibid., pp. 315, 321.

8. Ibid, p. 66.

9. Ibid., p. 386.

10. A marca de prateleira na Bodleiana hoje é MS. Auct.F.4.32.

11. Veja a nota sobre o catálogo on-line da Bodleiana, *Medieval Manuscripts in Oxford Libraries*. Disponível em: http://medieval.bodleian.ox.ac.uk/catalog/ manuscript_675. Acessado em 29 de fereveiro de 2020.

12. Há um comovente relato em Knowles, *The Religious Orders in England*, pp. 348-9.

13. Ibid., p. 381.

14. Wood, *History and Antiquities of the University of Oxford*, vol. 1, p. 141.

15. Dixon, *Sense of the Past in Reformation Germany*, pp. 184-6.

16. Leland, *The Laboryouse Journey*, sig. Bi.

17. Veja Ker, *Pastedowns in Oxford Bindings*, e Pearson, *Oxford bookbinding 1500-1640*.

18. Veja Watson, *A Descriptive Catalogue of the Medieval Manuscripts of All Souls College Oxford*, pp. 28-30; Ker, *Pastedowns in Oxford Bindings*, p. XI.

19. Duffy, *The Stripping of the Altars*, pp. 181-3.

20. Carley, *The Dispersal of the Monastic Libraries*, pp. 284-7.

21. Watson, *Thomas Allen of Oxford*, p. 287.

22. Ovenden, *The Manuscript Library of Lord William Howard of Naworth*, p. 306.

23. O manuscrito agora está na Biblioteca Britânica, MS. Royal 1.A.XVIII, Veja *Libraries of King Henry VIII*, p. XLV.

24. O manuscrito agora está na Biblioteca Britânica, MS. Royal 2.C.x, veja *Libraries of King Henry VIII*, p. XXXIX.

25. *Libraries of King Henry VIII*, pp. XLIII-XLVI.

26. Citado em Leland, *The Itinerary of John Leland*, II, p. 148.

27. O maior grupo de manuscritos a deixar esta costa foram os 250 manuscritos das casas dominicanas enviados para o cardeal Cervini em Roma, agora na Biblioteca do Vaticano. Veja Ker, *Cardinal Cervini's Manuscripts from the Cambridge Friars*; Carley, *John Leland and the Contents of English Pre-Dissolution Libraries: The Cambridge Friars'*, pp. 90-100.

28. Esse relato de John Leland apoia-se no estudo incrível de James Carley. Leland, *The Laboryouse Journey*, sig. BIIIV.

29. Leland, *De uiris illustribus*, p. XXIV.

30. Ibid., p. XLIII.

31. Wood, *The Life of Anthony Wood from 1632 to 1672, Written by Himself*, p. 207.

32. O melhor relato é de Vincent em *The Magna Carta*.

33. Ovenden, *The Libraries of the Antiquaries*, p. 528.

CAPÍTULO 4: UMA ARCA PARA SALVAR O CONHECIMENTO

1. Citado por Philip, *The Bodleian Library in the Seventeenth and Eighteenth Centuries*, pp. 2-3.

2. Ker, *Oxford College Libraries Before 1500*, pp. 301-2.

3. Parkes, *The Provision of Books*, pp. 431-44, 456-7.

4. A história sobre as bibliotecas medievais em Oxford é melhor contada por Parkes em *The Provision of Books* e Ker em *Oxford College Libraries Before 1500*.

5. Veja Rundle, *Habits of Manuscript-Collecting: The Dispersals of the Library of Humfrey, Duke of Gloucester*, pp. 106-16; *Duke Humfrey's Library & the Divinity School, 1488-1988*, p. 46.

6. Veja *Duke Humfrey's Library & the Divinity School, 1488-1988*.

7. Correspondência pessoal do dr. David Rundle.

8. Citado em *Duke Humfrey's Library & the Divinity School, 1488-1988*, p. 123.

9. Ibid., pp. 18-49.

10. O relato mais recente do começo de vida de Bodley está em Goldring, *Nicholas Hilliard*, pp. 40-59.

11. Bodley, *The Life of Sir Thomas Bodley*, p. 15.

12. *Letters of Sir Thomas Bodley to the University*, pp. 4-5.

13. Peterson, *The Kelmscott Press*, pp. 45-7.

14. Na verdade, isso significa que todos os livros na Inglaterra viriam à biblioteca, já que a Companhia tinha quase um monopólio sobre a impressão e publicação. A história é melhor contada por Barnard em *Politics, Profits and Idealism*.

15. Veja Clapinson, *A Brief History of the Bodleian Library*, pp. 20-2.

16. Reproduzido em Burke, *A Social History of Knowledge*, pp. 104-5.

17. Naudé, *Advice on Establishing a Library*, pp. 67-8.

18. Bodley, *Reliquiae Bodleianae*, p. 61.

19. Ovenden, *Catalogues of the Bodleian Library and Other Collections*, p. 282.

20. Southern, *From Schools to University*, p. 29.

21. Slack, *Government and Information in Seventeenth-Century England*, p. 38.

22. Tyacke, *Archives in a Wider World*, p. 216.

23. Ovenden, *Scipio Le-Squyer*.

24. Slack, *Government and Information in Seventeenth-Century England*, pp. 42-3, citando John Graunt.

25. Slack, *The Invention of Improvement*, pp. 116-20.

26. Buck, *Seventeenth-Century Political Arithmetic'*, p. 71.

27. Pepys, *The Diary of Samuel Pepys*, vol. 5, p. 142.

28. Webster, *The Great Instauration*, p. 194.

29. Rozenberg, *Magna Carta in the Modern Age*.

30. Prest, *William Blackstone*, p. 165.

31. Essa é uma passagem muito citada, aqui tirada de Ovenden, *The Libraries of the Antiquaries*, p. 528.

32. Bepler, *The Herzog August Library in Wolfenbüttel*, p. 18.

33. Citado por Philip, *The Bodleian Library in the Seventeenth and Eighteenth Centuries*, pp. 6-7.

Capítulo 5: O espólio do conquistador

1. Gleig, *A Narrative of the Campaigns of the British Army at Washington and New Orleans*, p. 128.

2. Ibid., pp. 127, 134.

3. Madison, *The Papers of James Madison*, 1, p. 269.

4. Ostrowski, *Books, Maps, and Politics*, pp. 39-72.

5. Ibid., pp. 12-14.

6. Veja Beales e Green, *Libraries and Their Users'*; Carpenter, *Libraries;* Ostrowski, *Books, Maps, and Politics*.

7. Citado em Johnston, *History of the Library of Congress*, p. 23.

8. Ibid., p. 19.

9. McKitterick, *Cambridge University Library*, pp. 418-19; Ostrowski, *Books, Maps, and Politics*, pp. 44-5.

10. Citado em Johnston, *History of the Library of Congress*, p. 38.

11. Ibid., p. 517.

12. Fleming, *History of the Book in Canada*, p. 313.

13. Vogel, *Mr. Madison Will Have to Put on His Armor*, pp. 144-5.

14. A história é contada em Johnston, *History of the Library of Congress*, pp. 65-6. Para Caldwell, veja Allen C. Clark, *Sketch of Elias Boudinot Caldwell*, p. 208.

15. Gleig, *A Narrative of the Campaigns of the British Army at Washington and New Orleans*, p. 129.

16. Agradeço à sugestão de John Y. Cole. Jane Aikin generosamente compartilhou o rascunho sobre sua nova história da Biblioteca do Congresso.

17. Gleig, *A Narrative of the Campaigns of the British Army at Washington and New Orleans*, p. 132.

18. Ibid., p. 124. O presente de Rosenbach é relatado em *Annual Report of the Librarian of Congress for the Fiscal Year Ended June 30, 1940*, p. 202. Rosenbach conta a história do livro em *A Book Hunter's Holiday*, pp. 145-6.

19. Citado em Johnston, *History of the Library of Congress*, pp. 69-71.

20. Ibid., p. 71.

21. Ostrowski, *Books, Maps, and Politics*, pp. 74-8.

22. Ibid., p. 75.

23. Citado em Johnston, *History of the Library of Congress*, pp. 86, 90.

24. Ibid., p. 97.

25. Ibid., p. 168.

26. Fox, *Trinity College Library, Dublin*, pp. 90, 121; McKitterick, *Cambridge University Library*, p. 152; Harris, *A History of the British Museum Library*, p. 47.

27. Ostrowski, *Books, Maps, and Politics*, pp. 81-3.

28. Johnston, *History of the Library of Congress*, p. 154.

29. Conaway, *America's Library*, p. 68.

Capítulo 6: Como desobedecer a Kafka

1. MacCulloch, *Thomas Cromwell*, pp. 1-3.

2. Citado em Krevans, *Book-Burning and the Poetic Death-Bed: The Legacy of Vergil*, p. 198.

3. Carta a Thomas Love Peacock, 10 de agosto de 1821 em *Letters of Percy Bysshe Shelley* (org. F. L. Jones), vol. II, p. 330.

4. Locker-Lampson, Frederick. "Tennyson on the Romantic poets". In: Page, Norman. *Tennyson: Interviews and Recollections*. Basingstoke: Palgrave Macmillan, 1983, pp. 175-6.

5. O melhor panorama da empresa de John Murray está em *The Seven Lives of John Murray*, do grande Humphrey Carpenter.

6. Carpenter, *Seven Lives*, pp. 128-9.

7. Citado em Carpenter, *Seven Lives,* p. 134.

8. Diário de Hobhouse, Biblioteca Britânica Add. MS 56548 ff. 73v-87v, transcrito por Peter Cochran e citado em ibid., p. 132.

9. Meu relato da queima é tirado da síntese de Carpenter extraída de várias fontes em *Seven Lives*, pp. 128-48.

10. Citado em Balint, *Kafka's Last Trial*, p. 128.

11. *Cardinal Mercier in Ann Arbor*, p. 65

12. Ibid., p. 642.

13. Ibid., pp. 402-3.

14. Ibid., pp. 475-6.

15. Murray, *Kafka*, pp. 39-43.

16. Balint, *Kafka's Last Trial*, p. 135.

Capítulo 7: Uma biblioteca queimada duas vezes

1. Coppens, *Leuven University Library 1425-2000*, p. 160. Ele foi executado por um pelotão alemão por escrever esse bilhete.

2. J. de la Court, *Recueil des ordonnances des Pays-Bas autrichiens. Troisième série: 1700-1794*, pp. 276-7.

3. Coppens, *Leuven University Library 1425-2000*, pp. 52-5, 73-4.

4. O melhor relato da biblioteca está em *Leuven University Library 1425-2000*.

5. "A Crime Against the World", *Daily Mail*, 31 de agosto de 1914, p. 4.

6. Toynbee, *The German Terror in Belgium*, p. 116; *La Croix*, 30 de agosto de 1914.

7. Schivelbusch, *Die Bibliothek von Löwen*, pp. 27-31.

8. Ibid., pp. 27-8.

9. Ibid., pp. 36-9.

10. Coppens, *Leuven University Library 1425-2000*, p. 190.

11. Mercier, *Pastoral Letters of His Eminence Cardinal Mercer*, pp. 1-2.

12. *Illustrated London News*, 30 de julho de 1921.

13. Guppy, *The Reconstitution of the Library of the University of Louvain*, p. 19.

14. Proctor, *The Louvain Library*, pp. 156-63.

15. Ibid., pp. 163-6.

16. "Nazis Charge, British Set Fire to Library", *New York Times*, 27 de junho de 1940, p. 12.

17. "Librarian of Louvain Tells of War Losses", *New York Times*, 17 de abril de 1941, p. 1.

18. Jones, *Ordeal by Fire*, p. 2.

19. Schivelbusch, *Die Bibliothek von Löwen*, p. 19.

Capítulo 8: A Brigada de Papel

1. Rose, *Introduction*, p. 1.

2. A história da Geniza do Cairo é brilhantemente contada por Adina Hoffman e Peter Cole em *Sacred Trash*. Veja pp. 12-16 para o fenômeno da geniza de modo mais geral.

3. O texto original da carta está no Arquivo Helen Keller, mantido pela Associação Norte-Americana Para os Cegos. Disponível em: https://www.afb.org/HelenKellerArchive?a=d&d=A-HK02-B210-F03-001&e=-------en-20--1--txt--------3-7-6-5-3--------------0-1. Acessado em 10 de abril de 2020.

4. "Mr H. G. Wells on Germany", *The Times*, 22 de setembro de 1933, p. 14.

5. Von Merveldt, *Books Cannot Be Killed By Fire*, pp. 523-7.

6. Ibid., p. 528. As coleções da Biblioteca Norte-Americana de Livros Banidos agora estão preservadas na Biblioteca do Seminário Teológico Judaico em Nova York.

7. Hill, *The Nazi Attack on "Un-German Literature"*.

8. Ibid., p. 32.

9. Ibid., pp. 12-14.

10. Lustig, *Who Are to Be the Successors of European Jewry?*, p. 523.

11. Piper, *Alfred Rosenberg*, pp. 462-508.

12. Sutter, *The Lost Jewish Libraries of Vilna*, pp. 220-3.

13. Hill, *The Nazi Attack on "Un-German Literature"*, pp. 29-32.

14. Steinweis, *Studying the Jew*, pp. 115-16.

15. Ibid., p. 117.

16. Matthäus, *Nazi Genocides*, pp. 167-73.

17. Van Boxel, *Robert Bellarmine Reads Rashi: Rabbinic Bible Commentaries and the Burning of the Talmud*, pp. 121-3.

18. Grendler, *The Roman Inquisition and the Venetian Press, 1540-1605*, pp. 93-102.

19. Beit-Arié, *Hebrew Manuscripts of East and West*, pp. 9-10.

20. Shamir, *Johannes Pfefferkorn and the Dual Form of the Confiscation Campaign*.

21. Goodman, *A History of Judaism*, p. 440.

22. Kuznitz, *Yivo and the Making of Modern Jewish Culture*, p. 3.

23. Ibid., p. 18; Fishman, *Embers Plucked From the Fire*, pp. 66-8.

24. Kuznitz, *Yivo and the Making of Modern Jewish Culture*, p. 51.

25. Goodman, *A History of Judaism*, pp. 387-9.

26. Para o relato da Brigada de Papel em Vilna, tenho uma dívida com a obra, a generosidade e os conselhos de David Fishman; Fishman, em especial seu livro *The Book Smugglers*, pp. 13-22.

27. Ibid., p. 17.

28. A história de Strashun é contada brilhantemente em Dan Rabinowitz, *The Lost Library*.

29. Sutter, *The Lost Jewish Libraries of Vilna*, p. 224.

30. Fishman, *The Book Smugglers*, p. 21.

31. Kuznitz, *Yivo and the Making of Modern Jewish Culture*, pp. 73-6.

32. Ibid., pp. 182-5.

33. O relato é detalhado em Sutter, *The Lost Jewish Libraries of Vilna*, pp. 224-5, e Fishman, *The Book Smugglers*, pp. 25-30.

34. Fishman, *The Book Smugglers*, pp. 55, 61-3, 71.

35. Fishman, *Embers Plucked from the Fire*, pp. 69-70.

36. Ibid., p. 69.

37. Sutter, *The Lost Jewish Libraries of Vilna*, p. 228.

38. Fishman, *Embers Plucked from the Fire*, p. 70.

39. Ibid., p. 71; Fishman, *The Book Smugglers*, p. 97.

40. Fishman, *The Book Smugglers*, p. 114.

41. A história do Gueto de Vilna é contada pela própria Dina Abramowicz em *The Library in the Vilna Ghetto*, e por Herman Kruk, *Library and Reading Room in the Vilna Ghetto, Strashun Street 6*.

42. Em Nova York, o Yivo foi uma das organizações a divulgar a catástrofe ao público norte--americano, publicando um relato do Gueto de Varsóvia, em 1940, e uma brochura sobre o levante, quatro anos depois.

43. Roskies (org.), *Voices from the Warsaw Ghetto*, pp. 62-3.

44. Ibid., p. xxv.

45. Citado em Fishman, *The Book Smugglers*, pp. 138-9.

46. Ibid., pp. 65 (detalhes biográficos), 140.

47. Ibid., pp. 145-52. Fishman, *Embers Plucked From the Fire*, p. 73.

48. O melhor relato em língua inglesa é o de Fishman em *The Book Smugglers*, pp. 244-8, mas a história merece ser contada em profundidade ainda maior.

49. Goodman, *A History of Judaism*, pp. 387-9.

50. Disponível em https://vilnacollections.yivo.org/Discovery-Press-Release. Acessado em 25 de janeiro 2021.

51. O processo de devolver livros e documentos saqueados foi extensamente estudado, mais notavelmente por Patricia Kennedy Grimsted, acadêmica de Harvard. Seu artigo "The Postwar Fate of Einstatztab Reichsleiter Rosenberg Archival and Library Plunder, and the Dispersal of ERR Records" é um bom ponto de partida.

52. A visitante foi Lucy Dawidowicz, citada em Gallas, *"Das Leichenhaus der Bücher": Kultur-restitution und Jüdisches Geschichtsdenken Nach 1945*, pp. 11-14.

53. Ibid., pp. 60-4; Lustig, *Who Are to Be the Successors of European Jewry?*, p. 537.

54. Esterow, *The Hunt for the Nazi Loot Still Sitting on Library Shelves*.

55. *Trial of the Major War Criminals Before the International Military Tribunal, Nuremberg, 14 November 1945-1 October 1946*, vol. 1, pp. 293-6, vol. 11, pp. 493, 585.

Capítulo 9: Queimado sem ler

1. Larkin, *Letters to Monica* (22 de maio de 1964), p. 335.

2. Larkin, *A Neglected Responsibility*, p. 99.

3. Motion, *Philip Larkin*, pp. XV-XVIII.

4. Ibid., p. 522.

5. Ibid., pp. 522, 552.

6. Larkin, *Letters to Monica*, pp. 278-83.

7. Larkin, *Selected Letters of Philip Larkin*, p. 600.

8. Diversas coletâneas foram publicadas, como a de Philip Larkin, *Letters Home 1936-1977*.

9. Bate, *Ted Hughes*, p. 385.

10. Brain, *Sylvia Plath's Letters and Journals*, p. 141. O arquivo de Sylvia Plath agora está disperso entre vários repositórios na América do Norte: a Coleção de Obras Raras Mortimer, na Biblioteca Neilsen Library, da Smith College (*Alma Mater* de Plath); a Biblioteca Lilly, que concentra as coleções especiais da Universidade de Indiana em Bloomington; e alguns materiais mantidos no Arquivo Ted Hughes, na Biblioteca de Manuscritos, Arquivos e Livros Raros Stuart A. Rose da Universidade de Emory em Atlanta, Georgia. A maioria dos diários de Plath está entre os Plath Papers na Smith College e foi meticulosamente editada por Karen Kukil, antiga arquivista da Smith.

11. Veja a introdução de Frieda Hughes à edição restaurada da coletânea de Plath, *Ariel* (2004). Em uma carta a Andrew Motion, Ted Hughes disse:

> O maior problema com os biógrafos de S.P. é que eles deixam de perceber que a coisa mais interessante e dramática da vida dela é apenas ½ S.P. — a outra ½ sou *eu*. Eles podem fazer uma caricatura e reconstruir S.P. à imagem de suas tolas fantasias e se safarem disso — e acreditarem, de maneira idiota, que é perfeitamente OK dar a mim o mesmo tratamento, aparentemente se esquecendo de que eu ainda estou aqui para verificar o que escrevem e que não tenho intenção de me entregar às suas análises e me submeter a suas reconstituições, caso possa evitar. (Citado em Malcolm, *The Silent Woman*, p. 201).

12. *Journals of Sylvia Plath*, p. XI.

13. Brain, *Sylvia Plath's Letters and Journals*, p. 144. Esses diários foram publicados em 2000 por Karen Kukil em sua edição de *The Unabridged Journals of Sylvia Plath 1950-1962*. Foi um feito acadêmico prodigioso, uma vez que esses escritos eram de natureza altamente variada. Alguns estavam na forma de cadernos de brochura ou espiral; outros, datilografados ou escritos em folhas individuais. Alguns eram apenas rascunhos, muitos difíceis de se datar.

14. Ted Hughes, *Winter Pollen*.

15. Erica Wagner, "Ted Hughes Archive Opened at Emory University", *The Times*, 10 de abril de 2000, consultado na versão disponível em http://ericawagner.co.uk/ted-hughess-archive--opened-at-emory-university/. Acessado em 10 de novembro de 2019.

16. Citado por Brain, *Sylvia Plath's Letters and Journals*, p. 154.

17. Bate, *Ted Hughes*, pp. 305-6.

18. Read, *Letters of Ted Hughes*, pp. 366-7.

19. Brain, *Sylvia Plath's Letters and Journals*, p. 152.

Capítulo 10: Sarajevo, Mon Amour

1. Kalender, *In Memoriam: Aida (Fadila) Buturovic (1959-1992)*, p. 73.

2. Riedlmayer, *Convivencia Under Fire*, p. 274.

3. Citado em Huseinovic e Arbutina, *Burned Library Symbolizes Multiethnic Sarajevo*.

4. Donia, *Sarajevo*, pp. 72, 314.

5. O melhor resumo do pano de fundo político, religioso e cultural para os eventos descritos neste capítulo pode ser encontrado em Noel Malcolm, *Bosnia*, pp. 213-33.

6. Dunford, *Yugoslavia: The Rough Guide*, p. VII.

7. Citado em ibid., p. 257.

8. Para um panorama da riqueza das bibliotecas e arquivos da Bósnia, veja Riedlmayer, *Convivencia Under Fire*; Riedlmayer, *The Bosnian Manuscript Ingathering Project*; e Stipčević, *The Oriental Books and Libraries in Bosnia During the War, 1992-1994*.

9. Schork, "Jewel of a City Destroyed by Fire", *The Times*, 27 de agosto de 1992, p. 10.

10. "A joia de uma cidade é destruída pelo fogo", dizia a manchete do *Times*, em 27 de agosto de 1992 em uma matéria assinada por Kurt Schork. Um artigo maior, escrito por Roger Boyes e intitulado "Isso é genocídio cultural", publicado em 28 de agosto, acabou revelando as implicações mais amplas do ataque.

11. Riedlmayer, *Convivencia Under Fire*, pp. 289-90.

12. Malcolm, "Prefácio". In: Koller; Karpat (org.), *Ottoman Bosnia*, p. VII.

13. Riedlmayer, *Destruction of Cultural Heritage in Bosnia-Herzegovina, 1992-1996*, p. 18.

14. Riedlmayer, *Convivencia Under Fire*, p. 274.

15. Riedlmayer, *Crimes of War, Crimes of Peace*, p. 114.

16. Riedlmayer, *Convivencia Under Fire*, p. 276

17. Wasalek, *Domains of Restoration*, p. 72.

18. Ibid., p. 212.

19. Riedlmayer, *Convivencia Under Fire*, p. 274.

20. Riedlmayer, *Foundations of the Ottoman Period in the Balkan Wars of the 1990s*, p. 91.

21. Walasek, *Cultural Heritage, the Search for Justice and Human Rights*, p. 313.

22. Correspondência pessoal, agosto de 2019.

23. Veja Walasek, *Cultural Heritage, the Search for Justice and Human Rights*.

24. *The Prosecutor vs. Ratko Mladić: "Prosecution Submission of the Fourth Amended Indictment and Schedule of Incidents"*.

25. Citado por Riedlmayer, *Convivencia Under Fire*, p. 274.

26. Ibid., p. 276

27. Veja ibid.

28. Sambandan, *The Story of the Jaffna Public Library*.

29. Wheen, *The Burning of Paradise*.

30. Moldrich, *Tamils Accuse Police of Cultural Genocide*.

31. Sahner, *Yemen's Threatened Cultural Heritage*.

32. Riedlmayer, *The Bosnian Manuscript Ingathering Project*.

33. Ahmed, *Saving Yemen's Heritage'*; Schmidtke, *The History of Zaydī Atudies*, p. 189.

Capítulo 11: Chamas do Império

1. Veja especialmente *Report on the Restitution of African Cultural Heritage*, de Savoy e Sarr.

2. Os melhores relatos são de Purcell em *Warfare and Collection-Building* e Pogson em *A Grand Inquisitor and His Books*.

3. Philip, *The Bodleian Library in the Seventeenth and Eighteenth Centuries*, p. 9-10.

4. Ovenden, *Catalogues of the Bodleian Library and Other Collections*, p. 283.

5. Mittler (org.), *Bibliotheca Palatina*, p. 459.

6. Engelhart, *How Britain Might Have Deliberately Concealed Evidence of Imperial Crimes*.

7. Veja Banton, *Record-Keeping for Good Governance and Accountability in the Colonial Office*, pp. 76-81.

8. Hampshire, *Apply the Flame More Searingly*, p. 337.

9. W. J. Watts, "Ministry of External Defence, to Private Secretary to High Commissioner", julho de 1956, fólio 2, FCO 141/7524, Arquivos Nacionais; veja Hampshire, p. 337.

10. Hampshire, *Apply the Flame More Searingly'*, p. 340.

11. Ibid., p. 341.

12. Anderson, *Deceit, Denial, and the Discovery of Kenya's "Migrated Archive"*, p. 143.

13. Ibid., p. 146.

14. Karabinos, *Displaced Archives, Displaced History*, p. 279.

15. "Archives nationales d'outre-mer: History". Disponível em http://archivesnationales. culture.gouv.fr/anom/en/Presentation/Historique.html. Acesso em 28 de fevereiro de 2020.

16. Shepard, *Of Sovereignty*, pp. 871-2.

17. McDougall, *A History of Algeria*, pp. 224-31.

18. Shepard, *Of Sovereignty*, pp. 875-6.

19. Ibid., p. 873.

20. Chifamba, *Rhodesian Army Secrets Kept Safe in the* UK.

21. Matthies, *The Siege of Magdala*, p. 129.

22. Conduzido pela dra. Mai Musié, agora gerente de Engajamento Público da Bodleiana.

23. Gnisci (org.), *Treasures of Ethiopia and Eritrea in the Bodleian Library*.

Capítulo 12: Uma obsessão com arquivos

1. Esse relato baseia-se fortemente na obra de Joseph Sassoon, especialmente seu magistral *Saddam Hussein's Ba'ath Party*.

2. Veja Sassoon, *The East German* Ministry *for State Security and Iraq, 1968-1989*, e Dimitrov e Sassoon, *State Security, Information, and Repression*.

3. Sassoon, *The East German Ministry for State Security and Iraq, 1968-1989*, p. 7.

4. Tripp, *A History of Iraq*, p. 239-45.

5. Veja o Auxílio de Busca de Arquivos da Instituição Hoover, Registro do Hiẓb al-Ba'th al-'Arabī al-Ishtirākī in Iraq [Partido Socialista Ba'ath do Iraque], disponível em http://oac. cdlib.org/findaid/ark:/13030/c84j0cg3. Acesso em 3 de junho de 2019.

6. Citado em Makiya, *Republic of Fear*, p. 22.

7. Sou grato a Kanan Makiya por me conceder uma longa entrevista.

8. Filkins, *Regrets Only?*.

9. Roberts relata esse período e a descoberta dos arquivos em uma entrevista concedida a Stephen Talbot: "Saddam's Road to Hell'", PBS 24 de janeiro de 2006. Disponível em https://www.pbs.org/frontlineworld/stories/iraq501/audio_index.html. Acessado em 24 de novembro de 2019.

10. Gellman; Randal, U.S. *to Airlift Archive of Atrocities out of Iraq*.

11. Veja Montgomery, *The Iraqi Secret Police Files*, pp. 77-9.

12. Uma transcrição da entrevista de Kanan Makiya por Bill Moyers, PBS: *Now Special Edition*, 17 de março de 2003. Disponível em https://www.pbs.org/now/transcript/ transcript031703_full.html. Acessado em 17 de março de 2019. Veja também Filkins, *Regrets Only?*.

13. Gravois, *A Tug of War for Iraq's Memory*.

14. Burkeman, "Ancient Archive Lost in Baghdad Library Blaze', *Guardian*, 15 de abril de 2003.

15. Salam Pax, "The Baghdad Blogger", 19 mar. 2003. Disponível em https://salampax. wordpress. com/page/22/. Acessado em 17 de março de. 2019; Tripp, *A History of Iraq*, pp. 267-76.

16. Makiya, *A Model for Post-Saddam Iraq*, p. 5.

17. Gravois, *A Tug of War for Iraq's Memory*.

18. O tamanho exato do arquivo varia de acordo com os relatos. Uma declaração da Sociedade de Arquivistas Americanos, citando o site IMF em abril de 2008, descreve o arquivo como tendo 3 milhões de páginas. Disponível em https://www2.archivists.org/statements/acasaa-joint-statement-on-iraqi-records. Acessado em 28 de fevereiro de 2020.

19. Montgomery, *Immortality in the Secret Police Files*, pp. 316-17.

20. Citado por Caswell, *Thank You Very Much, Now Give Them Back*, p. 231.

21. Montgomery, *The Iraqi Secret Police Files*, pp. 69-99.

22. Montgomery e Brill, *The Ghosts of Past Wars Live on in a Critical Archive*.

23. Entrevista com Kanan Makiya, junho de 2019.

24. Makiya, *A Personal Note*, p. 317.

25. Garton Ash, "Trials, Purges and History Lessons", in *History of the Present*, p. 294.

26. Gauck, *State Security Files*, p. 72.

27. Tucker; Brand, *Acquisition and Unethical Use of Documents Removed from Iraq by New York Times Journalist Rukmini Callimachi*.

Capítulo 13: O dilúvio digital

1. Rosenzweig, *Scarcity or Abundance?*.

2. Desjardins, *What Happens in an Internet Minute in 2019*.

3. Halvarsson, *Over 20 Years of Digitization at the Bodleian Libraries*.

4. See Binns et al., *Third Party Tracking in the Mobile Ecosystem*.

5. Garton Ash, *Free Speech*, p. 47.

6. Veja especialmente Zuboff, *The Age of Surveillance Capitalism*.

7. Hern, *Flickr to Delete Millions of Photos as it Reduces Allowance for Free Users*.

8. Hill, *Silicon Valley Can't Be Trusted with Our History*.

9. Para mais exemplos, veja SalahEldeen e Nelson, *Losing My Revolution*.

10. Bruns, *The Library of Congress Twitter Archive*.

11. Esse agrupamento inclui a Bodleiana, a Biblioteca Britânica, as Bibliotecas Nacionais da Escócia e do País de Gales, a Biblioteca da Universidade de Cambridge e a Biblioteca do Trinity College, em Dublin.

12. Veja Feather, *Publishing, Piracy and Politics*.

13. No espírito de total transparência, devo revelar que, como bibliotecário da Bodleiana, sou parte da estrutura de governança desse sistema, posicionado no Grupo de Diretores de Depósito Legal e no Comitê de Depósito Legal (junto a outros diretores de biblioteca e representantes da indústria de publicações). Desde 2014, também dirijo o grupo encarregado da implementação do sistema de depósito digital legal.

14. Sou particularmente grato a Andy Jackson da Biblioteca Britânica por compartilhar seu profundo conhecimento e experiência em arquivo de rede.

15. Zittrain; Kendra; Lessig, *Perma*, pp. 88-99.

16. *Internet Archive is Suffering from a DDoS attack*; Jeong, *Anti-Isis Hacktivists are Attacking the Internet Archive*.

17. Conforme citado em https://factba.se/Trump. Acessado em 28 de fevereiro de 2020.

18. Casa Branca. "Memorando para toda a equipe...".

19. McClanahan, *Trump and the Demise of the Presidential Records Honor System*.

20. Os sites relevantes podem ser encontrados em https://factba.se/ e http://trumptwitterarchive.com/

21. Sherwood, *Led By Donkeys Reveal Their Faces at Last*.

22. Wright, *Lobbying Company Tried to Wipe Out "Wife Beater" Beer References*.

23. Riley-Smith, *Expenses and Sex Scandal Deleted from* MPS' *Wikipedia Pages by Computers Inside Parliament*.

24. Woodward, *Huge Number of Maine Public Records Have Likely Been Destroyed*.

25. Murgia, *Microsoft Quietly Deletes Largest Public Face Recognition Data Set*.

26. Harvey, https://megapixels.cc/; Vincent, *Transgender Youtubers Had Their Videos Grabbed to Train Facial Recognition Software*.

27. Coulter; Shubber, *Equifax to Pay Almost $800m in* US *Settlement Over Data Breach*.

28. https://twitter.com/carolecadwalla/status/1166486817882947586?s=20. Acessado em: 28 de agosto de 2019.

29. Moran, *Is Your Facebook Account an Archive of the Future?*.

30. Citado em Zuboff, *The Age of Surveillance Capitalism*, p. 191.

31. Ibid.

32. Disponível em: https://www.pewresearch.org/fact-tank/2017/08/30/most-americans-especially-millennials-say-libraries-can-help-them-find-reliable-trustworthy-information/. Acessado em 29 de fevereiro de 2020.

33. Talvez mediante a emenda a leis britânicas como o Ato de Registros Públicos de 1958 ou o Ato de Bibliotecas e Museus Públicos de 1964.

34. Ovenden, *Virtual Memory*.

35. Sir Nigel Shadbolt contemplou uma tática diferente de governança e rede, que descreve como "arquiteturas para autonomia".

36. Sou grato a sir Nigel Shadbolt por sua sugestão.

Capítulo 14: Paraíso perdido?

1. Veja Wood, *Life and Times of Anthony Wood, Antiquary, of Oxford, 1632-1695*, I, p. 319.

2. Philip, *The Bodleian Library*, pp. 42-3.

3. Este pedido permanece preservado: MS. Clarendon 91, fol. 18.

4. Esse ato de desafio posteriormente iria inspirar uma tocante passagem no romance *La Belle Sauvage* (2017), de Philip Pullman, em que o bibliotecário da Bodleiana do mundo fictício do autor se recusa a entregar o aletiômetro à Corte de Disciplina Consistorial, chegando ao ponto de se deparar com um pelotão de fuzilamento: "O bibliotecário se recusou, dizendo que não havia assumido seu posto para entregar conteúdos da biblioteca e que tinha o dever sagrado de conservá-los e protegê-los para o estudo". Pullman, *La Belle Sauvage*, pp. 62-3.

5. A cópia da edição de 1645 dos *Poemas*, de Milton, com sua dedicatória pessoal a Rous, agora está catalogado: Arch.G.e.44(1). Veja também Achinstein, *Citizen Milton*, pp. 5-7.

6. Derrida, *Archive Fever*, p. 4.

7. George Orwell, *1984*, p. 103.

8. A frase foi popularizada por Scott Walter e depois na comunidade bibliotecária por Lorcan Dempsey. Disponível em http://orweblog.oclc.org/The-service-turn/. Acessado em 5 de janeiro de 2020.

9. Klinenberg, *Palaces for the People*, p. 32.

10. Naudé, *Advice on Establishing a Library*, p. 63.

11. Alston, *Statement on a Visit to the United Kingdom*.

12. Veja Ovenden, *Catalogues of the Bodleian Library*.

13. Para mais informações, veja: https://www.clockss.org.

14. *Letters of sir Thomas Bodley to the University of Oxford 1598-1611*, p. 4.

15. Kenosi, *Preserving and Accessing the South African Truth and Reconciliation Commission Records*.

16. Ojo, *National Archives in a "Very Sorry State"*.

17. Koslowski, *National Archives May Not Survive Unless Funding Doubles, Warns Council*.

18. Ibid.

19. Veja Ovenden, *Virtual Memory and 'We Must Fight to Preserve Digital Information*.

Conclusão: Por que sempre precisaremos de bibliotecas e de arquivos

1. *Cipfa Annual Library Survey*, 2017-18.

2. Labbé et al., *The Longest Homogeneous Series of Grape Harvest Dates*.

3. Mill, *On Liberty*, p. 47.

4. Hamilton, *The Learned Press*, pp. 406-7; Carter, *A History of the Oxford University Press*, pp. 240-3.

5. Doyle, *Imminent Threat to Guatemala's Historical Archive of the National Police*.

6. Aston, *Muniment Rooms*, p. 235.

7. Gauck; Fry, *Dealing with a Stasi Past*, pp. 271-80; Maddrell, *The Revolution Made Law*, p. 153.

8. Com exceção dos arquivos do Ministério do Exterior. Garton Ash coloca que isso se dá porque eles revelariam "conversas servis" entre os líderes da Alemanha Oriental e da Alemanha Ocidental. Consequentemente, "os políticos da Alemanha Ocidental destemidamente não pouparam ninguém — exceto a si mesmos". Garton Ash, "Trials, Purges and History Lessons", em *History of the Present*, p. 309.

9. Gauck; Fry, *Dealing with a Stasi Past*, p. 281.

10. Orwell, *1984, p. 197*.

11. *Time to Press Ahead with Archive Law*.

12. Hoof et al., *Fake Science and the Knowledge Crisis*, p. 4.

13. Citado em Hampshire, *Apply the Flame More Searingly*, p. 343.

14. Savoy; Sarr, *Report on the Restitution of African Cultural Heritage*, pp. 42-3.

Bibliografia

Abramowicz, Dina. "The Library in the Vilna Ghetto". In: Rose, Jonathan (org.). *The Holocaust and the Book: Destruction and Preservation*. Amherst: University of Massachusetts Press, 2001, pp. 165-70.

Achinstein, Sharon. *Citizen Milton*. Oxford: Bodleian Library, 2007.

Affleck, Michael. "Priests, Patrons, and Playwrights: Libraries in Rome Before 168 bc". In: König, Jason; Oikonomopolou, Katerina; Woolf, Greg (org.). *Ancient Libraries*. Cambridge: Cambridge University Press, 2013, pp. 124-36.

Ahmed, Amel, "Saving Yemen's Heritage, 'Heart and Soul of Classical Islamic Tradition'", *Al Jazeera America*, 5 de fevereiro de 2016. Disponível em http://america.aljazeera.com/articles/2016/2/5/american-professor-in-race-to-save-yemens-cultural-heritage.html. Acessado em 17 de novembro de 2019.

Allen, P. S. "Books Brought from Spain in 1596". *English Historical Review*, nº 31, pp. 606-8, 1916.

Alsop, Ben. "Suffrage Objects in the British Museum". Blog do Museu Britânico, 23 de fevereiro de 2018. Disponível em https://blog.britishmuseum.org/suffrage-objects-in-the-british-museum/. Acessado em 17 de setembro de 2019.

Alston, Philip. "Statement on Visit to the United Kingdom, by Professor Philip Alston, United Nations Special Rapporteur on Extreme Poverty and Human Rights", 17 de novembro de 2018. Disponível em https://www.ohchr.org/Documents/Issues/Poverty/EOM_GB_16Nov2018.pdf. Acessado em 3 de setembro de 2019.

AMIANO, Marcelino. *History*. ROLFE, John Carew (org.). Harvard: Harvard University Press, 1986. 3 vols.

ANDERSON, David M. "Deceit, Denial, and the Discovery of Kenya's "Migrated Archive". *History Workshop Journal*, nº 80, pp. 142-60, 2015.

ANNUAL *Report of the Librarian of Congress for the Fiscal Year Ended June 30, 1940*. Washington: United States Government Printing Office, 1941.

ARCHI, Alfonso. "Archival Record-Keeping at Ebla 2400-2350 BC". In: BROSIUS, Maria (org.). *Ancient Archives and Archival Traditions: Concepts of Record-Keeping in the Ancient World*. Oxford: Oxford University Press, 2003, pp. 17-26.

ASHER-SCHAPIRO, Avi. "Who gets to tell Iraq's history?". Blog da LRB, 15 jun. 2018. Disponível em https://www.lrb.co.uk/blog/2018/06/15/avi-asher-schapiro/who-gets-to-tell-iraqs-history/. Acessado em 22 de janeiro de 2021.

ASMAL, Kaider; ASMAL, Louise; ROBERTS, Ronald Suresh. *Reconciliation Through Truth: A Reckoning of Apartheid's Criminal governance*, 2ª ed. Cidade do Cabo: David Philip Publishers, 1997.

ASTON, Trevor. "Muniment Rooms and Their Fittings in Medieval and Early Modern England". In: EVANS, Ralph (org.). *Lordship and Learning: Studies in Memory of Trevor Aston*. Woodbridge: Boydell Press, 2004, pp. 235-47.

AL-TIKRITI, Nabil. "Stuff happens: A Brief Overview of the 2003 Destruction of Iraqi Manuscript Collections, Archives and Libraries". *Library Trends*, pp. 730-45, 2007.

BAGNALL, Roger S. "Alexandria: Library of Dreams". *Proceedings of the American Philosophical Society*, nº 146, pp. 348-62, 2002.

BALINT, Benjamin. *Kafka's Last Trial: The Case of a Literary Legacy*. Londres: Picador, 2018.

BANTON, Mandy. "Destroy? Migrate? Conceal?" British Strategies for the Disposal of Sensitive Records of Colonial Administrations at Independence', *Journal of Imperial and Commonwealth History*, nº 40, pp. 321-35, 2012.

BANTON, Mandy. "Record-Keeping for Good Governance and Accountability in the Colonial Office: An Historical Sketch'". In: LOWRY, James; WAMUKOYA, Justus (org.). *Integrity in Government Through Records Management: Essays in Honour of Anne Thurston*. Surrey: Routledge, 2014, pp. 73-84.

BARKER-BENFIELD, B. C. (org.). *St Augustine's Abbey, Canterbury (corpus of British Medieval Library Catalogues 13)*. Londres: British Library/British Academy, 2008, 3 vols.

BARNARD, John. "Politics, Profits and Idealism: John Norton, the Stationers' Company and Sir Thomas Bodley". *Bodleian Library Record*, nº 17, pp. 385-408, 2002.

BARNES, Robert. "Cloistered Bookworms in the Chicken-Coop of the Muses: The Ancient Library of Alexandria". In: MACLEOD, Roy (org.). *The Library of Alexandria: Centre of Learning in the Ancient World*. Londres: I. B. Tauris, 2000, pp. 61-77.

BATE, Jonathan. *Ted Hughes: The Unauthorised Life*. Londres: William Collins, 2015.

BAUER, Heiker. *The Hirschfeld Archives: Violence, Death and Modern Queer Culture*. Filadélfia: Temple University Press, 2017.

BEALES, Ross W.; GREEN, James N. "Libraries and Their Users's". In: AMORY, Hugh; HALL, David D. (org.). *A History of the Book in America*, vol. 1: *The Colonial Book in the Atlantic World*. Cambridge: Cambridge University Press/American Antiquarian Society, 2000, pp. 399-403.

BEIT-ARIÉ, Malachi. *Hebrew Manuscripts of East and West: Towards a Comparative Codicology*. Londres: British Library, 1993.

BÉLIS, Mireille. "In search of the Qumran Library". *Near Eastern Archaeology*, nº 63, pp. 121-3, 2000.

BEPLER, Jill. "The Herzog August Library in Wolfenbüttel: Foundations for the Future', em *A Treasure House of Books: The Library of Duke August of Brunswick-Wolfenbüttel*. Wiesbaden: Harrasowitz, 1998, pp. 17-28.

BEPLER, Jill. "Vicissitudo Temporum: Some Sidelights on Book Collecting in the Thirty Years War". *Sixteenth Century Journal*, nº 32, pp. 953-68, 2001.

BIBLIOTHÈQUE *de Louvain: séance commémorative du 4ᵉ anniversaire de l'incendie, La*. Paris: Librairie Académique, 1919.

BINNS, Reuben; LYNGS, Ulrik; VAN KLEEK, Max; ZHAO, Jun; LIBERT, Timothy; SHADBOLT, Nigel. "Third Party Tracking in the Mobile Ecosystem". *WebSci 18: proceedings of the 10th ACM Conference on Web Science*, maio de 2018, pp. 23-31. Disponível em https://doi.org/10.1145/3201064.3201089. Acessado em 25 de janeiro de 2021.

BIRAN, Michal. "Libraries, Books and Transmission of Knowledge in Ilkhanid Baghdad". *Journal of the Economic and Social History of the Orient*, nº 62, pp. 464-502, 2019.

BLACK, Alistair; HOARE, Peter (org.). *The Cambridge History of Libraries in Britain and Ireland*, vol. III: *1850-2000*. Cambridge: Cambridge University Press, 2006, pp. 24-39.

BLOOM, Jonathan M. *Paper Before Print: The History and Impact of Paper in the Islamic World*. New Haven: Yale University Press, 2001.

BODLEY, Thomas. *The Life of Sir Thomas Bodley, The Honourable Founder of the Publique Library in the University of Oxford*. Oxford: Henry Hall, 1647.

BODLEY, Thomas. *Reliquiae bodleianae*. Londres: John Hartley, 1703.

Bond, W. H.; Amory, Hugh (org.). *The Printed Catalogues of the Harvard College Library 1723-1790*. Boston: Colonial Society of Massachusetts, 1996.

Boraine, Alex. "Truth and reconciliation commission in South Africa Amnesty: The price of Peace" em Jon Elster (org.), *Retribution and Repatriation in the Transition to Democracy*. Cambridge: Cambridge University Press, 2006, pp. 299-316.

Boxel, Piet van. "Robert Bellarmine Reads Rashi: Rabbinic Bible Commentaries and the Burning of the Talmud'". In: Hacker, Joseph R.; Shear, Adam (org.). *The Hebrew Book in Early Modern Italy*. Filadélfia: University of Pennsylvania Press, 2011, pp. 121-32.

Boyes, Roger. "This is Cultural Genocide". *The Times*, 28 ago. 1992, p. 12.

Brain, Tracy. "Sylvia Plath's Letters and Journals". In: Gill, Jo (org.). *Cambridge Companion to Sylvia Plath*. Cambridge: Cambridge University Press, 2006, pp. 139-55.

Brammertz, S. et al. "Attacks on Cultural Heritage as a Weapon of War'". *Journal of International Criminal Justice*, nº 14, pp. 1.143-74, 2016.

Braunfels, Wolfgang. Introdução em *The Lorsch Gospels*. Nova York: George Braziller, 1967.

Breay, Claire; Harrison, Julian (org.). *Magna Carta: Law, Liberty, Legacy* Londres: British Library, 2015.

Breay, Claire; Story, Joanna (org.). *Anglo-Saxon Kingdoms: Art, Word, War*. Londres: British Library, 2018.

Brent, Jonathan. "The Last Books". *Jewish Ideas Daily*, 1º de maio de 2013. Disponível em http://www.jewishideasdaily.com/6413/features/the-last-books/. Acessado em 22 de janeiro de 2021.

Brosius, Maria (org.). *Ancient Archives and Archival Traditions: Concepts of Record-Keeping in the Ancient World*. Oxford: Oxford University Press, 2003.

Bruns, Axel. "The Library of Congress Twitter Archive: A Failure of Historic Proportions". *Medium.com*, 2 de janeiro de 2018. Disponível em https://medium.com/dmrc-at-large/the--library-of-congress-twitter-archive-a-failure-of-historic-proportions-6dc1c3bc9e2c. Acessado em 2 de setembro de 2019.

Bryce, Trevor. *Life and Society in the Hittite World*. Oxford: Oxford University Press, 2002.

Buck, Peter. "Seventeenth-Century Political Arithmetic: Civil Strife and Vital Statistics'", *Isis*, nº 68, pp. 67-84, 1977.

Buckingham, James Silk. *Travels in Mesopotamia*. Londres: Henry Colburn, 1827. 2 vols.

Burke, Peter. *A Social History of Knowledge* II: *From the Encyclopédie to Wikipedia*. Cambridge: Polity, 2012.

Burkeman, Oliver. "Ancient Archive Lost in Baghdad Library Blaze", *Guardian*, 15 de abril de 2003. Disponível em https://www.theguardian.com/world/2003/apr/15/education.books. Acessado em 12 de junho de 2019.

Burnett, Charles. "The Coherence of the Arabic-Latin Translation Program in Toledo in the Twelfth Century'", *Science in Context*, nº 14, pp. 249-88, 2001.

Busby, Eleanor. "Nearly 800 Public Libraries Closed Since Austerity Launched in 2010", *Independent*, 6 de dezembro de 2019. Disponível em https://www.independent.co.uk/news/uk/home-news/library-closure-austerity-funding-cuts-conservative-government-a9235561.html. Acessado em 4 de abril de 2020.

"Cardinal Mercier in Ann Arbor". *Michigan Alumnu* , pp. 64-6, novembro de 1919.

Carley, James P. "John Leland and the Contents of English Pre-Dissolution Libraries: The Cambridge Friars". *Transactions of the Cambridge Bibliographical Society*, nº 9, pp. 90-100, 1986.

Carley, James P. "John Leland and the Contents of English Pre-Dissolution Libraries: Glastonbury Abbey". *Scriptorium*, nº 40, pp. 107-20, 1986.

Carley, James P. "The Dispersal of the Monastic Libraries and the Salvaging of the Spoils". In: Leedham-Green, Elisabeth; Webber, Teresa (org.). *The Cambridge History of Libraries in Britain and Ireland, vol. 1: to 1640*. Cambridge: Cambridge University Press, 2006, pp. 265-91.

Carpenter, Humphrey. *The Seven Lives of John Murray: The Story of a Publishing Dynasty 1768-2002*. Londres: John Murray, 2008.

Carpenter, Kenneth E. "Libraries". In: *A History of the Book in America*, vol. 2: *Print, Culture, and Society in the New Nation, 1790-1840*. Chapel: University of North Carolina Press/American Antiquarian Society, 2010, pp. 273-86.

Carter, Harry. *A History of the Oxford University Press*, vol. 1: *To the Year 1780*. Oxford: Clarendon Press, 1975.

Casa Branca. "Memorandum for All Personnel, Through Donald F. McGahan II. Subject: Presidential Records Act Obligations", 22 de fevereiro de 2017. Disponível em https://www.archives.go'v/files/foia/Memo%20to%20WH%20Staff%20Re%20Presidential%20Records%20Act%20(Trump,%2002-22-17)_redacted%20(1).pdf. Acessado em 15 de fevereiro de 2020.

Casson, Lionel. *Libraries in the Ancient World*. New Haven: Yale University Press, 2001.

Caswell, Michelle. "Thank You Very Much, Now Give them Back: Cultural Property and the Fight over the Iraqi Baath Party Records", *American Archivist*, nº 74, pp. 211-40, 2011.

Chifamba, Sarudzayi. "Rhodesian Army Secrets Kept Safe in UK', *Patriot*, 5 de dezembro de 2013. Disponível em https://www.thepatriot.co.zw/old_posts/rhodesian-army-secrets-kept-safe-in-the-uk/. Acessado em 8 de fevereiro de 2020.

CHOI, David. "Trump Deletes Tweet after Flubbing Congressional Procedure After Disaster Relief Bill Passes in the House". *Business Insider*, 4 de junho de 2019. Disponível em https://www.businessinsider.com/trump-mistakes-congress-disaster-aid-bill-tweet--20196?r=US&IR=T. Acessado em 9 de setembro de 2019.

CLAPINSON, Mary. *A Brief History of the Bodleian Library*. Oxford: Bodleian Library, 2015.

CLARK, Allen C. "Sketch of Elias Boudinot Caldwell", *Records of the Columbia Historical Society, Washington, D.C.*, nº 24, pp. 204-13, 1992.

CLARK, John Willis. *The Care of Books: An Essay on the Development of Libraries and Their Fittings, From the Earliest Times to the End of the Eighteenth Century*. Cambridge: Cambridge University Press, 1909.

CLENNELL, William. "The Bodleian Declaration: A History". *Bodleian Library Record*, nº 20 (2007), pp. 47-60.

CONAWAY, James. *America's Library: The Story of the Library of Congress 1800-2000*. New Haven: Yale University Press, 2000.

CONWAY, Paul. "Preserving Imperfection: Assessing the Incidence of Digital Imaging Error in HathiTrust". *Digital Technology and Culture*, nº 42, pp. 17-30, 2013. Disponível em https://deepblue.lib.umich.edu/bitstream/handle/2027.42/99522/J23%20Conway%20Preserving%20 Imperfection%202013.pdf;sequence=1. Acessado em 3 de setembro de 2019.

COPPENS, Chris; DEREZ, Mark; ROEGIERS, Jan (org.). *Leuven University Library 1425-2000*. Lovaina: Leuven University Press, 2005.

COQUEUGNIOT, Gaëlle. "Where was the Royal Library at Pergamum?: An Institution Lost and Found Again'". In: KÖNIG, Jason; OIKONOMOPOLOU, Katerina; WOOLF, Greg (org.). *Ancient Libraries*. Cambridge: Cambridge University Press, 2013, pp. 109-23.

COULTER, Martin; SHUBBER, Kadhim. "Equifax to Pay almost $800m in US Settlement Over Data Breach'". *Financial Times*, 22 de julho de 2019. Disponível em https:// www.ft.com/content/dd98b94e-ac62-11e9-8030-530adfa879c2. Acesso em 15 de abril de 2020.

COX, Joseph. "These Bots Tweet When Government Officials Edit Wikipedia". *Vice*, 10 jul. 2014. Disponível em https://www.vice.com/en_us/ article/pgaka8/these-bots-tweet-when-government-officials-edit-wikipedia. Acessado em 30 de agosto de 2019.

CRAIG, Barbara. *Archival Appraisal: Theory and Practice* Munich: K.G. Sauer, 2014.

CUNEIFORM *Texts from Babylonian Tablets &c., in the British Museum*. Londres: British Museum, 1896-.

DARNTON, Robert. "The Great Book Massacre". *New York Review of Books*, 26 de abril de 2001, pp. 16-19.

DAVISON, Phil. "Ancient treasures destroyed". *Independent*, 27 ago. 1992. Disponível em https://www.independent.co.uk/news/world/europe/ancient-treasures-destroyed-1542650.html. Acessado em 18 de fevereiro de 2020.

DE LE COURT, J. (org.), *Recueil des ordonnances des Pays-Bas autrichiens. Troisième série: 1700-1794*. Bruxelas, 1894.

DEGUARA, Brittney. "National Library Creates Facebook Time Capsule to Document New Zealand's History". *Stuff*, 5 de setembro de. 2019. Disponível em https://www.stuff.co.nz/national/115494638/national-library-creates-facebook-time-capsule-to-document-new-zealands-history. Acessado em 6 setembro de 2019.

DERRIDA, Jacques. *Archive Fever: A Freudian Impression*. Chicago: University of Chicago Press, 1998.

DESJARDINS, Jeff. "What Happens in an Internet Minute in 2019". *Visualcapitalist.com*, 13 de março de 2019. Disponível em https://www.visualcapitalist.com/what-happens-in-an-internet-minute-in-2019/. Acessado em 5 de junho de 2019.

DIMITROV, Martin K.; SASSOON, Joseph. "State Security, Information, and Repression: A Comparison of Communist Bulgaria and Ba'thist Iraq". *Journal of Cold War Studies*, nº 16, pp. 3-31, 2014.

DIXON, C. Scott, "The Sense of the Past t in Reformation Germany: Part II". *German History*, nº 30, pp. 175-98, 2012.

DOLSTEN, Josefin, '5 Amazing Discoveries from a Hidden Trove', *Washington Jewish Week*, pp. 10-11, 30 de novembro de 2017.

DONIA, Robert J. *Sarajevo: A Biography*. Londres: Hurst & Co., 2006.

DOYLE, Kate (ed.). "Imminent Threat to Guatemala's Historical Archive of the National Police (AHPN)". *National Security Archive*, 30 de maio de 2019. Disponível em https://nsarchive.gwu.edu/news/guatemala/2019-05-30/imminent-threat-guatemalas-historical-archive-national-police-ahpn. Acessado em 2 de junho de 2019.

DUFFY, Eamon. *The Stripping of the Altars: Traditional Religion in England c.1400-c.1580*. New Haven: Yale University Press, 1992.

Duke Humfrey's Library & the Divinity School, 1488-1988: An Exhibition at the Bodleian Library June-August 1988. Oxford: Bodleian Library, 1988.

DUNFORD, Martin. *Yugoslavia: The Rough Guide*. Londres: Harrop Columbus, 1990.

ENGELHART, Katie. "How Britain Might Have Deliberately Concealed Evidence of Imperial Crimes", *Vice*, 6 de setembro de 2014. Disponível em https://www.vice.com/en_us/article/kz55yv/how-britain-might-have-deliberately-concealed-evidence-of-imperial-crimes. Acessado em 28 de fevereiro de 2020.

ESTEROW, Milton. "The Hunt for the Nazi Loot Still Sitting on Library Shelves". *New York Times*, 14 de janeiro de 2019. Disponível em https://www.nytimes.com/2019/01/14/arts/nazi-loot-on-library-shelves.html. Acessado em 12 de fevereiro de 2020.

FEATHER, John, *Publishing, Piracy and Politics: An Historical Study of Copyright in Britain*. Londres: Mansell, 1994.

FEINGOLD, Mordechai. "Oriental Studies". In: TYACKE, Nicholas (org.). *The History of the University of Oxford, 4: Seventeenth Century Oxford*. Oxford: Claredon Press, 1997, pp. 449-504.

FILKINS, Dexter. "Regrets only?". *New York Times Magazine*, 7 de outubro de 2007. Disponível em https://www.nytimes.com/2007/10/07/magazine/07MAKIYA-t.html. Acessado em 16 de abril de 2019.

FINKEL, Irving. "Ashurbanipal's Library: Contents and Significance'". In: BRERETON, Gareth (org.). *I am Ashurbanipal King of the World, King of Assyria*. Londres: Thames & Hudson/ British Museum, 2018, pp. 88-97.

FISHMAN, David E. "Embers Plucked from the Fire: The Rescue of Jewish Cultural Treasures at Vilna". In: ROSE, Jonathan (org.). *The Holocaust and the Book: Destruction and Preservation*. Amherst: University of Massachusetts Press, 2001, pp. 66-78.

FISHMAN, David E. *The Book Smugglers: Partisans, Poets, and the Race to Save Jewish Treasures from the Nazis*. Nova York: Foredge, 2017.

FLEMING, Patricia; GALLICHAN, Gilles; LAMONDE, Yves (org.). *History of the Book in Canada: Volume One. Beginnings to 1840*. Toronto: University of Toronto Press, 2004.

FLOOD, Alison. "Turkish Government Destroys More Than 300,000 books". *Guardian*, 6 de agosto de 2019.

FOX, Peter. *Trinity College Library Dublin: A History* Cambridge: Cambridge University Press, 2014.

FRAME, Grant; GEORGE, A. R. "The Royal Libraries of Nineveh: New Evidence for King Ashurbanipal's Tablet Collecting". *Iraq*, nº 67, pp. 265-84, 2005.

GALLAS, Elisabeth. *"Das Leichenhaus der Bücher"*: Kulturrestitution und jüdisches Geschichtsdenken nach 1945. Göttingen: Vandenhoeck & Ruprecht, 2016.

GAMESON, Richard. *The Earliest Books of Canterbury Cathedral: Manuscripts and Fragments to c. 1200*. Londres: Bibliographical Society/ British Library/ Dean and Chapter of Canterbury, 2008.

GAMESON, Richard. "From Vindolanda to Domesday: The Book in Britain from the Romans to the Normans". In: GAMESON, Richard (org.). *The Cambridge History of the Book in Britain, vol. 1: c. 400-1100*. Cambridge: Cambridge University Press, 2012, pp. 1-12.

GANZ, David. "Anglo-Saxon England". In: LEEDHAM-GREEN, Elisabeth; WEBBER, Teresa (org.). *The Cambridge History of Libraries s in Britain and Ireland*, vol. 1: *to 1640*. Cambridge: Cambridge University Press, 2006, p. 91-108.

GARCÍA-ARENAL, Mercedes; RODRÍGUEZ MEDIANO, Fernando. "Sacred History, Sacred Languages: The Question of Arabic in Early Modern Spain". In: LOOP, Jan et al. (org.). *The Teaching and Learning of Arabic in Early Modern Europe*. Leiden: Brill, 2017, p. 133-62.

GARTON ASH, Timothy. *The File*. Londres: Atlantic Books, 1997.

GARTON ASH, Timothy. "True Confessions'". *New York Review of Books*, 17 jul. 1997.

GARTON ASH, Timothy. *History of the Present: Essays, Sketches and Dispatches from Europe in the 1990s*. Londres: Allen Lane, 1999.

GARTON ASH, Timothy. *Free Speech: Ten Principles for a Connected World*. Londres: Atlantic Books, 2016.

GAUCK, Joachim. "State security files". In: BORAINE, Alex; LEVY, Janet; SHEFFE, Ronel (org.). *Dealing with the Past: Truth and Reconciliation in South Africa*. Cidade do Cabo: Institute for Democracy in South Africa, 1994, p. 71-5.

GAUCK, Joachim. FRY, Martin. "Dealing with a Stasi Past". *Daedalus*, nº 123, p. 277-84, 1994.

GELLMAN, Barton; RANDAL, Jonathan C. "US to Airlift Archive of Atrocities out of Iraq". *Washington Post*, 19 de maio deio 1992, p. A12.

GENTLEMAN, Amelia. "Home Office Destroyed Windrush Landing Cards Says Ex-Staffer". *Guardian*, 17 de abril de 2018. Disponível em https://www.theguardian.com/uk-news/2018/apr/17/home-office-destroyed-windrush-landing-cards-says-ex-staffer. Acessado em 3 de setembro de 2019.

GIBBON, Edward. *The History of the Decline and Fall of the Roman Empire*. WOMERSELY, David (org.). Londres: Penguin Books, 1994-5. 3 vols.

GLEIG, George Robert. *A Narrative of the Campaigns of the British Army at Washington and New Orleans, Under Generals Ross, Pakenham, and Lambert, in 1814 and 1815*. Londres: John Murray, 1821.

GNISCI, Jacopo (org.). *Treasures of Ethiopia and Eritrea in the Bodleian Library, Oxford*. Oxford: Mana al-Athar, 2019.

GOLDRING, Elizabeth. *Nicholas Hilliard: Life of an Artist* New Haven: Paul Mellon Center for British Art/ Yale University Press, 2019.

GOODMAN, Martin. *A History of Judaism*. Londres: Allen Lane, 2017.

GORDON, Martin K. "Patrick Magruder: Citizen, Congressman, Librarian of Congress". *Quarterly Journal of the Library of Congress*, nº 32, pp. 153-71, 1975.

GRAVOIS, John. "A Tug of War for Iraq's Memory". *Chronicle of Higher Education*, nº 54, pp. 7-10, 8 de fevereiro de 2008.

GRENDLER, Paul F. *The Roman Inquisition and the Venetian Press, 1540-1605*. Princeton: Princeton University Press, 1977.

GRENDLER, Paul F. "The Destruction of Hebrew Books in Venice in 1568". *Proceedings of the American Academy for Jewish Research*, nº 45, p. 103-30, 1978.

GRIERSON, Jamie; MARSH, Sarah. "Vital immigration Papers Lost by UK Home Office". *Guardian*, 31 de maio de 2018. Disponível em https://www.theguardian.com/uk-news/2018/may/31/vital-immigration-papers-lost-by-uk-home-office. Acessado em 31 de maio de 2018.

GRIEVE, Dominic, MP. "Humble ddress"'. *House of Commons Hansard*, 9 setembro de 2019, cols. 556-559. Disponível em https://hansard.parliament.uk/Commons/2019-09-09/debates/ACF1C7B2-087F-46D2-AB69-3520C0675BC8/Prorogation(Disclosure Of Communications). Acessado em 10 de setembro de 2019.

GRIMSTED, Patricia Kennedy. "Displaced Archives and Restitution Problems on the Eastern Front in the Aftermath of the Second World War". *Contemporary European History*, nº 6, pp. 27-74, 1997.

GRIMSTED, Patricia Kennedy. *Trophies of War and Empire: The Archival Heritage of Ukraine, World War II and the International Politics of Restitution* Cambridge: Harvard Ukrainian Research Institute, 2001.

GRIMSTED, Patricia Kennedy. "The Postwar Fate of Einsatzstab Reichsleiter Rosenberg Archival and Library Plunder, and the Dispersal of ERR Records". *Holocaust and Genocide Studies*, vol. 20, 2ª ed., pp. 278-308, 2006.

GROSS, Robert; KELLEY, Mary (org.). *A History of the Book in America*, vol. 2: *An Extensive Republic: Print, Culture & Society in the New Nation 1790-1840*. Chapel Hill: American Antiquarian Society and the University of North Carolina Press, 2010.

GUPPY, Henry. *The Reconstitution of the Library of the University of Louvain: Great Britain's contribution 1914-1925*. Manchester: Manchester University Press, 1926.

GUTAS, Dimitri. *Greek Thought, Arabic Culture: The Graeco-Arabic Translation Movement in Baghdad and Early Abbasid Society (2nd-4th/8th-10th centuries)*. Londres: Routledge, 2012.

HACKER, Joseph R. "Sixteenth-Century Jewish Internal Censorship of Hebrew Books". In: HACKER, Joseph R.; SHEAR, Adam (org.). *The Hebrew Book in Early Modern Italy*. Filadélfia: University of Pennsylvania Press, 2011, p. 109-20.

HALVARSSON, Edith. "Over 20 Years of Digitization at the Bodleian Libraries". *Digital Preservation at Oxford and Cambridge*, 9 de maio de 2017. Disponível em http://www. dpoc.

ac.uk/2017/05/09/over-20-years-of-digitization-at-the-bodleian-libraries/. Acessado em 21 de dezembro de 2019.

HAMEL, Christopher de. *Syon Abbey: The Library of the Bridgettine Nuns and Their Peregrinations After the Reformation*. Otley: Roxburghe Club, 1991.

HAMEL, Christopher de. "The Dispersal of the Library of Christ Church Canterbury from the Fourteenth to the Sixteenth century". In: CARLEY, James P.; TITE, Colin C. G. (org.). *Books and Collectors 1200-1700: Essays Presented to Andrew Watson*. Londres: British Library, 1997, pp. 263-79.

HAMILTON, Alastair. "The Learned Press: Oriental Languages'". In: GADD, Ian (org.). *The history of Oxford University Press, vol. 1: Beginnings to 1780*. Oxford: Oxford University Press, 2013, pp. 399-417.

HAMPSHIRE, Edward. "Apply the Flame More Searingly: The Destruction and Migration of the Archives of British Colonial Administration: A Southeast Asia Case Study". *Journal of Imperial and Contemporary History*, nº 41, pp. 334-52, 2013.

HANDIS, Michael W. "Myth and History: Galen and the Alexandrian Library". In: KÖNIG, Jason; OIKONOMOPOLOU, Katerina; WOOLF, Greg (org.). *Ancient Libraries*. Cambridge: Cambridge University Press, 2013, pp. 364-76.

HARRIS, Oliver. "Motheaten, Mouldye, e Rotten: The Early Custodial History and Dissemination of John Leland's Manuscript Remains'". *Bodleian Library Record*, nº 18, pp. 460-501, 2005.

HARRIS, P. R. *A History of the British Museum Library 1753-1973*. Londres: British Library, 1998.

HARRISON, William; EDELEN, George. *The Description of England: The Classic Contemporary Account of Tudor Social Life*. Washington, D.C.: Folger Library e Dover Publications, 1994.

HARVEY, Adam. "MegaPixels". Disponível em https://megapixels.cc/. Acessado em 2 de setembro de 2019.

HATZIMICHALI, Myrto. "Ashes to Ashes? The Library of Alexandria after 48 BC". In: KÖNIG, Jason; OIKONOMOPOLOU, Katerina; WOOLF, Greg (org.). *Ancient Libraries*. Cambridge: Cambridge University Press, 2013, pp. 167-82.

HAUPT, P. "Xenophon's Account of the Fall of Nineveh". *Journal of the American Oriental Society*, nº 28, pp. 99-107, 1907.

HAYNER, Priscilla B. *Unspeakable Truths: Transitional Justice and the Challenge of Truth Commissions*, 2ª ed. Nova York: Routledge, 2011.

HEBRON, Stephen. *Marks of Genius: Masterpieces from the Collections of the Bodleian Libraries*. Oxford: Bodleian Library, 2014.

QUEIMANDO LIVROS 275

HEBRON, Stephen. DENLIGER, Elizabeth C. *Shelley's Ghost: Reshaping the Image of a Literary Family*. Oxford: Bodleian Library, 2010.

HERN, Alex. "Flickr to Delete Millions of Photos as it Reduces Allowance for Free Users, *The Guardian*, 18 de novembro de 2018. Disponível em https://www.theguardian.com/technology/2018/nov/02/flickr-delete-millions-photos-reduce-allowance-free-users. Acessado em 2 de junho de 2019.

HILL, Evan. "Silicon Valley Can't Be Trusted with Our history". *Buzzfeednews. com*, 29 de abril de 2018. Disponível em: https://www.buzzfeednews.com/article/evanhill/silicon-valley-cant-be-trusted-with-our-history. Acessado em 1º. de julho de 2019.

HILL, Leonidas E. "The Nazi Attack on "Un-German" Literature, 1933-1945". In: JONATHAN, Rose (org.). *The Holocaust and the Book: Destruction and Preservation*. Amherst: University of Massachusetts Press, 2001, pp. 9-46.

HIRSCHLER, Konrad. *The Written Word in the Medieval Arabic Lands: A Social and Cultural History of Reading Practices* Edimburgo: Edinburgh University Press, 2012.

HIRSCHLER, Konrad. *Medieval Damascus: Plurality and Diversity in an Arabic Library: The Ashrafiyya Library Catalogue*. Edimburgo: Edinburgh University Press, 2016.

HOFFMAN, Adina; COLE, Peter. *Sacred Trash: The Lost and Found World of the Cairo Genizah*. Nova York: Schocken, 2011.

HOPF, Henning; KRIEF, Alain; MEHTA, Goverdhan; MATLIN, Stephen A. "Fake Science and the Knowledge Crisis: Ignorance Can Be Fatal". *Royal Society Open Science*, nº 6, pp. 1-7, 2019. Disponível em: https://doi.org/10.1098/ rsos.190161. Acessado em 12 de setembro de 2019.

HORRIGAN, John B. *Libraries 2016*, Centro de Pesquisas Pew, Washington, D.C., setembro de 2016. Disponível em https://www.pewinternet.org/2016/09/09/libraries-2016/. Acessado em 8 de setembro de 2019.

HOUSTON, George W. "The Non-Philodemus Book Collection in the Villa of the Papyri". In: KÖNIG, Jason; OIKONOMOPOLOU, Katerina; WOOLF, Greg (org.). *Ancient Libraries*. Cambridge: Cambridge University Press, 2013, pp. 183-208.

HUGHES, Ted. *Winter Pollen: Occasional Prose*. SCAMMELL, William (org.). Londres: Faber & Faber, 1994.

HUNT, R. W. (org.). *A Summary Catalogue of Western Manuscripts in the Bodleian Library at Oxford*, vol 1: *Historical Introduction and Conspectus of Shelf-Marks*. Oxford: Clarendon Press, 1953.

HUSEINOVIC, Samir; ARBUTINA, Zoran. "Burned Library Symobolizes Multiethnic Sarajevo". *Dw.com*, 25 ago. 2012. Disponível em https://p.dw.com/p/15wWr. Acessado em 18 de fevereiro de 2020.

"Internet Archive is Suffering from a DDoS Attack". *Hacker News*, 15 de junho de 2016. Disponível em https://news.ycombinator.com/item?id=11911926. Acessado em 2 de junho de 2019.

"*Irish Times* View: Neglect of the National Archives, The". *Irish Times*, 31 de dezembro de 2019. Disponível em https://www.irishtimes.com/opinion/editorial/the-irish-times-viewneglect-of-the-national-archives-1.4127639. Acessado em 31 de dezembro de 2019.

JACOB, Christian. "Fragments of a History of Ancient Libraries". In: KÖNIG, Jason; OIKONOMOPOLOU, Katerina; WOOLF, Greg (org.). *Ancient Libraries*. Cambridge: Cambridge University Press, 2013, pp. 57-81.

JEFFERSON, Thomas para Isaac Macpherson, 13 de agosto de 1813. Documento 12 em Andrew A. Lipscomb e Albert Ellery Bergh (org.). *The Writings of Thomas Jefferson*, vol. 13. Washington, D.C.: Thomas Jefferson Memorial Association, 1905, pp. 333-5.

JENKINSON, Hilary; BELL, H. E., *Italian Archives During the War and at its Close* Londres: H. M. Stationery Office, 1947.

JEONG, Sarah. "Anti-ISIS Hacktivists are Attacking the Internet Archive" *Tech by Vice: Motherboard*, 15 de junho de 2016. Disponível em https://web.archive.org/web/20190523193053/https://www.vice.com/en_us/article/3davzn/anti-isis-hacktivists-are-attacking-the-internet-archive. Acessado em 1º setembro de 2019.

JOHNSTON, William Dawson. *History of the Library of Congress*, vol. 1: *1800-1864*. Washington, D.C.: Government Printing Office, 1904.

JONES, Emyrs. "Ordeal by Fire", *Daily Mail,* 31 de dezembro de 1940, p. 2.

JONES, Meg Leta, *Ctrl + Z: the right to be forgotten*. Nova York: New York University Press, 2016.

Julgamento dos principais criminosos de guerra diante do tribunal militar, Nuremberg, 14 de novembro de 1945, 1º de outubro de 1946, 42 vols. Nuremberg: Tribunal Internacional Militar, 1947-9.

KALENDER, Fahrudin. "In memoriam: Aida (Fadila) Buturovic (1959-1992)". *Bibliotekarstvo: godišnjak Društva bibliotekara Bosne i Hercegovine*, nº 37-41, 1992-6, p. 73.

KARABINOS, Michael Joseph. "Displaced Archives, Displaced History: Recovering the Seized Archives of Indonesia". *Bijdragen tot de Taal-, Land-en Volkenkunde*, 169, 2013, pp. 279-94.

KENOSI, Lekoko. "Preserving and Accessing the South African Truth and Reconciliation Commission Records". In: LOWRY, James; WAMUKOYA, Justus (org.). *Integrity in Government Through Records Management: Essays in Honour of Anne Thurston*. Londres: Routledge, 2014, pp. 111-23.

KER, Neil R. *Pastedowns in Oxford Bindings With a Survey of Oxford Binding c. 1515-1620*. Oxford: Oxford Bibliographical Society Publications, New Series 5, 1954.

KER, Neil R. "Cardinal Cervini's Manuscripts from the Cambridge Friars". In: WATSON, Andrew G. (org.). *Books, Collectors and Libraries: Studies in the Medieval Heritage*. Londres: Hambledon Press, 1985, pp. 437-58.

KER, Neil R. "Oxford College Libraries Before 1500". In: WATSON, Andrew G. (org.). *Books, Collectors and Libraries: Studies in the Medieval Heritage*. Londres: Hambledon Press, 1985, pp. 301-20.

KIRBY, John L. "The Archives of Angevin Naples – A Reconstruction". *Journal of the Society of Archivists*, nº 3, 1966, pp. 192-4.

KLINENBERG, Eric. *Palaces for the People: How to Build a More Equal and United Society*. Londres: Bodley Head, 2018.

KNOWLES, David. *The Religious Orders in England, vol. 3, The Tudor Age*. Cambridge: Cambridge University Press, 1959.

KNUTH, Rebecca. *Libricide: The Regime-Sponsored Destruction of Books and Libraries in the Twentieth Century*. Westport: Praeger, 2003.

KNUTH, Rebecca. *Burning Books and Levelling Libraries: Extremist Violence and Cultural Destruction*. Westport: Praeger, 2006.

KOMINKO, Maja (org.). *From Dust to Digital: Ten Years of the Endangered Archives Programme*. Cambridge: Open Book Publishers, 2015.

KÖNIG, Jason; OIKONOMOPOLOU, Katerina; WOOLF, Greg (org.). *Ancient Libraries*. Cambridge: Cambridge University Press, 2013.

KOSLOWSKI, Max. "National Archives May Not Survive Unless Funding Doubles, Warns Council', *Canberra Times*, 18 de julho de 2019. Disponível em https://www.canberratimes.com.au/story/6279683/archives-may-not-survive-unless-funding-doubles-warns-council/?cs=14350. Acessado em 11 de setembro de 2019.

KREVANS, Nita. "Bookburning and the Poetic Deathbed: The Legacy of Virgil". In: HARDIE, Philip; MOORE, Helen (org.). *Classical Literary Careers and Their Reception*. Cambridge: Cambridge University Press, 2010, pp. 197-208.

KRUK, Herman. "Library and Reading Room in the Vilna Ghetto, Strashun Street 6". In: ROSE, Jonathan (org.). *The Holocaust and the Book: Destruction and Preservation*. Amherst: University of Massachusetts Press, 2001, pp. 171-200.

KUZNITZ, Cecile Esther. *Yivo and the Making of Modern Jewish Culture: Scholarship for the Yiddish Nation*. Cambridge: Cambridge University Press, 2014.

LABBÉ, Thomas *et al*. "The Longest Homogeneous Series of Grape Harvest Dates, Beaune 1354-2018, and Its Significance for the Understanding of Past and Present Climate". *Climate of the Past*, 15, 2019, pp. 1485-1501. Disponível em https://doi.org/10.5194/cp-15-1485-2019. Acessado em 25 de janeiro de 2021.

LAPIDGE, Michael. *The Anglo-Saxon Library*. Oxford: Oxford University Press, 2008.

LARKIN, Philip. "A Neglected Responsibility: Contemporary Literary Manuscripts", em *Required Writing: Miscellaneous Pieces 1955-1982*. Londres: Faber & Faber, 1983, pp. 98-108.

LARKIN, Philip. *Selected Letters of Philip Larkin 1940-1985*. THWAITE, Anthony (org.). Londres: Faber & Faber, 1992.

LARKIN, Philip. *Letters to Monica*. THWAITE, Anthony (org.). Londres: Faber & Faber/Bodleian Library, 2010.

LARKIN, Philip. *Complete Poems*. BURNETT, Archie (org.). New York: Farrar, Straus & Giroux, 2012.

LARKIN, Philip. *Letters Home 1936-1977*. BOOTH, James (org.). Londres: Faber & Faber, 2018.

LAYARD, Austen H., *Discoveries in the Ruins of Nineveh and Babylon*. Londres: John Murray, 1853.

Led By Donkeys: How Four Friends with a Ladder Took on Brexit. Londres: Atlantic Books, 2019.

LELAND, John. *The laboryouse journey & serche... for Englandes antiquitees...* BALE, John (org.). Londres: S. Mierdman, 1549.

LELAND, John. *The Itinerary of John Leland*. SMITH, Lucy Toulmin (org.). Londres: Centaur Press, 1964. 5 vols.

LELAND, John. *De uiris illustribus. On famous men*. CARLEY, James P. (org.). Toronto: Pontifical Institute of Medieval Studies/Oxford: Bodleian Library, 2010.

"Librarian of Louvain Tells of War Losses". *The New York Times*, 17 de abril de 1941, p. 1.

LIBRARIES CONNECTED. "Value of Libraries". Disponível em https://www.librariesconnected. org.uk/page/value-of-libraries. Acessado em 25 de agosto de 2019.

LIBRARIES of King Henry VIII, The. CARLEY, James P. (org.). *Corpus of British Medieval Library Catalogues* 7. Londres: British Library/British Academy, 2000.

LIEBERMAN, S. J. "Canonical and Official Cuneiform Texts: Towards an Understanding of Assurbanipal's Personal Tablet Collection". In: ABUSCH, Tzvi; HUEHNERGARD, John; STEINKELLER, Piotr (org.). *Lingering Over Words: Studies in Ancient Near Eastern Literature in Honor of William L. Moran*. Atlanta: Scholars' Press, 1990, pp. 310-11.

LIPSTADT, Deborah. *Denying the Holocaust: The Growing Assault on Truth and Memory*. Nova York: Free Press, 1993.

LLOYD, Seton. *Foundations in the Dust: The Story of Mesopotamian Explorationn*. Londres: Thames and Hudson, 1980.

LOCKER-LAMPSON, Frederick. "Tennyson on the Romantic poets". In: PAGE, Norman (org.). *Tennyson: Interviews and Recollections*. Basingstoke: Macmillan, 1983.

LOR, Peter. "Burning Libraries or the People: Questions and Challenges for the Library Profession in South Africa". *Libri*, 2013, pp. 359-72.

LOWNDES, Susan. *Portugal: A Traveller's Guide*. Londres: Thornton Cox, 1989.

LOWRY, James (org.). *Displaced Archives* Londres: Routledge, 2014.

LUSTIG, Jason. "Who Are to Be the Successors of European Jewry? The Restitution of German Jewish Communal and Cultural Property". *Journal of Contemporary History*, nº 52, 2017, pp. 519-45.

MACCULLOCH, Diarmaid. *Thomas Cromwell: A Life*. Londres: Allen Lane, 2018.

McCLANAHAN, Kel. "Trump and the Demise of the Presidential Records Honor System". *Just Security*, 22 de março de 2019. Disponível em https://www.justsecurity.org/63348/trump-and-the-demise-of-the-presidential-records-honor-system/. Acessado em 13 de agosto de 2019.

McCONICA, James (org.). *The History of the University of Oxford, vol. III: The Collegiate University*. Oxford: Oxford University Press, 1986.

McDOUGALL, James. *A History of Algeria*. Cambridge: Cambridge University Press, 2017.

MACGINNIS, John. "The Fall of Assyria and the Aftermath of the Empire". In: BRERETON, Gareth (org.). *I am Ashurbanipal King of the World, King of Assyria*. Londres: Thames & Hudson/British Museum, 2018, pp. 276-85.

McKENZIE, Judith S.; GIBSON, Sheila; REYES, A. T. "Reconstructing the Serapeum in Alexandria from the Archaeological Evidence". *Journal of Roman Studies*, nº 94, pp.73-121, 2004.

McKITTERICK, David. *Cambridge University Library, A History: The Eighteenth and Nineteenth Centuries*. Cambridge: Cambridge University Press, 1986.

MACLEOD, Roy. "Introduction: Alexandria in History and Myth". In: MACLEOD, Roy (org.). *The Library of Alexandria: Centre of Learning in the Ancient World*. Londres: I. B. Tauris, 2000, pp. 1-15.

MACMILLAN, Margaret. *The War That Ended Peace: How Europe Abandoned Peace for the First World War*. Londres: Profile, 2013.

Macray, William Dunn. *Annals of the Bodleian Library Oxford, 2. ed. Enlarged and Continued from 1868 to 1880*. Oxford: Clarendon Press, 1890.

Maddrell, Paul. "The Revolution Made Law: The Work Since 2001 of the Federal Commissioner for the Records of the State Security Service of the Former German Democratic Republic". *Cold War History*, nº 4, pp. 153-62, 2004.

Madison, James. *The Papers of James Madison*. Gilpin, Henry (org.). Nova York: J. & H. G. Langley, 1841.

Makiya, Kanan. *Republic of Fear: The Politics of Modern Iraq*. Berkeley: University of California Press, 1998.

Makiya, Kanan. "A Model for Post-Saddam Iraq". *Journal of Democracy*, nº 14, 2003, pp. 5-12.

Makiya, Kanan. "A Personal Note". In: *The Rope*. Nova York: Pantheon, 2016, pp. 297-319.

Malcolm, Janet. *The Silent Woman: Sylvia Plath and Ted Hughes*. Nova York: Knopf, 1994.

Malcolm, Noel. *Bosnia: A Short History*. Londres: Macmillan, 1994.

Malcolm, Noel. "Prefácio". In: Koller, Markus; Karpat, Kemal H. (org.). *Ottoman Bosnia: A History in Peril*. Madison: Publication of the Center for Turkish Studies, University of Wisconsin, 2004, pp. vii-viii.

Matthies, Volker. *The Siege of Magdala: The British Empire Against the Emperor of Ethiopia*. Princeton: Markus Wiener, 2012.

Matthäus, Jürgen. "Nazi genocides". In: Bosworth, Richard J.; Maiolo, Joseph A. (org.). *The Cambridge History of the Second World War, vol. 2: Politics and Ideology*. Cambridge: Cambridge University Press, 2015, pp. 162-80.

Max, Stanley M. "Tory Reaction to the Public Libraries Bill, 1850". *Journal of Library History*, nº 19, 1974-1987, pp. 504-24.

Mayer-Schönberger, Viktor. *Delete: The Virtue of Forgetting in the Digital Age*. Princeton: Princeton University Press, 2009.

Meehan, Bernard. *The Book of Kells*. Londres: Thames and Hudson, 2012.

Mercier, Désiré-Félicien-François-Joseph. *Pastoral Letter of his Eminence Cardinal Mercier Archbishop of Malines Primate of Belgium Christmas 1914*. Londres: Burns & Oates Ltd., 1914.

Mill, John Stuart. *On Liberty, Utilitarianism, and Other Essays* Philp, Mark; Rosen, Frederick (org.). Oxford: Oxford University Press, 2015.

Ministério da Justiça da Bélgica. *War Crimes Committed During the Invasion of the National Territory, May, 1940: The Destruction of the Library of the University of Louvain*. Liège, 1946.

MITTLER, Elmar (org.). *Bibliotheca Palatina: Katalog zur Austellung vom. 8 Juli bis 2. Nov 1986, Heideliggeitskirche Heidelberg*. Heidelberg: Braus, 1986.

MOLDRICH, Donovan "Tamils Accuse Police of Cultural Genocide", *The Times*, 8 de setembro de 1984.

MONTAGNE, Renée. "Iraq's Memory Foundation: Context in Culture". *Morning Edition* (NPR), 22 mar. 2005. Disponível em https://www.npr.org/templates/story/story.php?storyId=4554528. Acessado em 16 de abril de 2019.

MONTGOMERY, Bruce P. "The Iraqi Secret Police Files: A Documentary Record of the Anfal Genocide". *Archivaria*, nº 52, 2001, p. 69-99.

MONTGOMERY, Bruce P. "Immortality in the ecret Police Files: The Iraq Memory Foundation and the Baath Party Archive". *International Journal of Cultural Property*, nº 18, 2011, pp. 309-36.

MONTGOMERY, Bruce P. "US Seizure, Exploitation, and Restitution of Saddam Hussein's Archive of Atrocity". *Journal of American Studies*, nº 48, 2014, pp. 559-93.

MONTGOMERY, Bruce P. BRILL, Michael P. "The Ghosts of Past Wars Live on in a Critical Archive". *War on the Rocks*, 11 de setembro de 2019. Disponível em https://warontherocks.com/2019/09/the-ghosts-of-past-wars-live-on-in-a-critical-archive/. Acessado em 3 de outubro de 2019.

MORAN, Jessica. "Is Your Facebook Account an Archive of the Future?". *National Library of New Zealand Blog*, 30 de agosto de 2019. Disponível em https://natlib. govt.nz/blog/posts/is-your-facebook-account-an-archive-of-the-future. Acessado em 6 de setembro de 2019.

MOTION, Andrew. *Philip Larkin: A Writer's Life*. Londres: Faber & Faber, 1993.

MURGIA, Madhumita. "Microsoft Quietly Deletes Largest Public Face Recognition Data Set". *Financial Times*, 6 de junho de 2019. Disponível em https://www.ft.com/content/7d3e0d6a-87a0-11e9-a028-86cea8523dc2. Acessado em 2 de setembro de 2019.

MURRAY, Nicholas. *Kafka*. Londres: Little Brown, 2004.

MYRES, J. N. L. "Recent Discoveries in the Bodleian Library". *Archaeologia*, nº 101, 1967, pp. 151-68.

NAISBITT, John. *Megatrends*. Londres: Futura, 1984.

NAUDÉ, Gabriel. *Advice on Establishing a Library*. Introdução: Archer Taylor. Berkeley: University of California Press, 1950.

"Nazis Charge, British Set Fire to Library'". *The New York Times*, 27 de junho de 1940, p. 12.

NEWMAN, Stephanie. "In Hungary, an Online Photo Archive Fights Revisionist History". *Hyperallergic*, 2 de julho de 2019. Disponível em https://hyperallergic.com/504429/forte-pan-hungarian-photo-archive/. Acessado em 10 de setembro de 2019.

"News Reel Shows Nazi Bombing". *Daily Mail*, 28 de maio de 1940, p. 3.

Now Special Edition, 17 de maio de 2003. Transcrição disponível em https://www.pbs.org/now/transcript/transcript031703_full.html. Acessado em 17 de março de 2019.

OATES, Joan; OATES, David. *Nimrud: An Assyrian Imperial City Revealed*. Londres: British School of Archaeology in Iraq, 2001.

O'BRIEN, Hettie. "Spy Stories: How Privacy is Informed by the Past". *Times Literary Supplement*, 16 de agosto de 2019, p. 11

O'DELL, Eoin. "Not Archiving the .ie Domain, and the Death of New Politics', *Cearta.ie: the Irish for Rights*, 17 de maio de 2019. Disponível em http://www.cearta.ie/2019/05/not-archiving-the-ie-domain-and-the-death-of-new-politics/. Acessado em 18 de maio de 2019.

OJO, Oluseye. "National Archives 'in a Very Sorry State', Historians Warn", *Sunnewsonline*, 1º de setembro de 2019. Disponível em https://www.sunnewsonline.com/national-archives-in-very-sorry-state-historians-warn/. Acessado em 10 de setembro de 2019.

ORWELL, George. *1984*. Rio de Janeiro: Biblioteca Azul, 2021.

OSTROWSKI, Carl. *Books, Maps, and Politics: A Cultural History of the Library of Congress 1783-1861*. Amherst: University of Massachusetts Press, 2004.

OVENDEN, Richard. "Scipio Le-Squyer and the Fate of Monastic Cartularies in the Early Seventeenth Century". *The Library*, 6th series, nº 13, 1991, pp. 323-37.

OVENDEN, Richard. "The Libraries of the Antiquaries, 1580-1640 and the Idea of a National Collection". In: LEEDHAM-GREEN, Elisabeth; WEBBER, Teresa (org.). *The Cambridge History of Libraries in Britain and Ireland, 1: to 1640*. Cambridge: Cambridge University Press, 2006, pp. 527-61.

OVENDEN, Richard. "Catalogues of the Bodleian Library and Other Collections". In: GADD, Ian (org.). *The history of Oxford University Press, vol. 1: Beginnings to 1780*. Oxford: Oxford University Press, 2013, pp. 278-92.

OVENDEN, Richard. "Virtual Memory: The Race to Save the Information Age". *Financial Times Weekend*, 21-22 maio 2016. Disponível em https://www.ft.com/content/907fe3a6--1ce3-11e6-b286-cddde55ca122. Acessado em 22 de novembro de 2018.

OVENDEN, Richard. "The Manuscript Library of Lord William Howard of Naworth (1563-1640)". In: WILLOUGHBY, James; CATTO, Jeremy (org.). *Books and Bookmen in Early Modern Britain: Essays Presented to James P. Carley*. Toronto: Pontifical Institute of Medieval Studies, 2018, pp. 278-318.

OVENDEN, Richard. "The Windrush Scandal Reminds Us of the Value of Archives". *Financial Times*, 25 de abril de 2018. Disponível em https://www.ft.com/content/5cc54f2a-4882-11e8-8c77-ff51caedcde6. Acessado em 22 de novembro de 2018.

OVENDEN, Richard. "We Must Fight to Preserve Digital Information". *The Economist*, 21 de fevereiro de 2019. Disponível em https://www.economist.com/open-future/2019/02/21/we-must-fight-to-preserve-digital-information. Acessado em 26 de janeiro de 2020.

PANKHURST, Richard. "The Removal and Restitution of the Third World's Historical and Cultural Objects: The Case of Ethiopia". *Development Dialogue*, nº 1-2, 1982, pp. 134-40.

PANKHURST, Rita. "The Library of Emperor Tewodros II at Maqdala". *Bulletin of the School of Oriental and African Studies*, nº 36, 1973, pp. 14-42.

PARKES, M. B. "The Provision of Books". In: CATTO, J. I.; EVANS, Ralph (org.). *A History of the University of Oxford, vol. 2: Late Medieval Oxford*. Oxford: Clarendon Press, 1992, pp. 407-84.

PARPOLA, Simo. "Assyrian Library Records". *Journal of Near Eastern Studies*, nº 42, 1983, pp. 1-23.

PARPOLA, Simo. 'Library of Assurbanipal". In: BAGNALL, Roger S. et al. (org.). *The Encyclopedia of Ancient History*. Oxford: Wiley-Blackwell, 2010.

PEARSON, David. *Oxford Bookbinding 1500-1640*. Oxford: Oxford Bibliographical Society Publications, 2000, 3ª ed.

PEDERSEN, Olof. *Archives and Libraries in the Ancient Near East 1500-300 BC*. Bethesda: CDL Press, 1998.

PEPYS, Samuel. *The Diary of Samuel Pepys*. LATHAM, Robert; MATTHEWS, William (org.). Londres: G. Bell and Sons, 1970-83, 11 vols.

PETERSON, William S. *The Kelmscott Press: A History of William Morris's Typographical Adventure*. Oxford: Oxford University Press, 1991.

PFEIFFER, Judith (org.). *Politics, Patronage and the Transmission of Knowledge in 13th-15th Centuries Tabriz*. Leiden: Brill, 2013.

PHILIP, Ian. *The Bodleian Library in the Seventeenth and Eighteenth Centuries*. Oxford: Clarendon Press, 1983.

PIPER, Ernst. *Alfred Rosenberg: Hitler's Chefideologe*. Munique: Karl Blessing Verlag, 2005.

PLATH, Sylvia. *The Journals of Sylvia Plath*. Prefácio: Ted Hughes. Nova York: Ballantine Books, 1983.

PLATH, Sylvia. *The Unabridged Journals of Sylvia Plath: 1950-1962*. KUKIL, Karen V (org.). Nova York: Anchor, 2000.

POGSON, K. M. "A Grand Inquisitor and His Books". *Bodleian Quarterly Record*, nº 3, 1920, pp. 239-44.

POOLE, Reginald Lane. *A Lecture on the History of the University Archives*. Oxford: Clarendon Press, 1912.

POSNER, Ernst. "The Effect of Changes in Sovereignty on Archives". *American Archivist*, nº 5, 1942, pp. 141-55.

POSNER, Ernst. *Archives & the Public Interest: Selected essays by Ernst Posner*. MUNDEN, Ken (org.). Washington DC: Public Affairs, 1967.

POSNER, Ernst. *Archives in the Ancient World*. Cambridge: Harvard University Press, 1972.

POTTS, D. T. "Before Alexandria: Libraries in the Ancient Near East". In: MACLEOD, Roy (org.). *The Library of Alexandria: Centre of Learning in the Ancient World*. Londres: I. B. Tauris, 2000, pp. 19-33.

PREST, Wilfred, *William Blackstone: Law and Letters in the Eighteenth Century*. Oxford: Oxford University Press, 2008.

PRICE, David H. *Johannes Reuchlin and the Campaign to Destroy Jewish Books*. Oxford: Oxford University Press, 2010.

PROCTOR, Tammy M. "The Louvain Library and US Ambition in Interwar Belgium". *Journal of Contemporary History*, nº 50, 2015, pp. 147-67.

PULLMAN, Phillip. *The Book of Dust, vol. 1, La Belle Sauvage*. Londres: David Fickling/ Penguin, 2017.

PURCELL, Mark. "Warfare and Collection-Building: The Faro Raid of 1596". *Library History*, nº 18, 2013, pp. 17-24.

RABINOWITZ, Dan. *The Lost Library: The Legacy of Vilna's Strashun Library in the Aftermath of the Holocaust*. Waltham: Brandeis University Press, 2019.

RAJAK, Tessa. *Translation and Survival: The Greek Bible of the Ancient Jewish Diaspora*. Oxford: Oxford University Press, 2009.

RANKOVIC, Did. "The Internet Archive Risks Being Blocked in Russia Over Copyright Suits". *Reclaimthenet.org*, 24 de agosto de 2019. Disponível em https://reclaimthenet.org/the-internet-archive-risks-blocked-isps/. Acessado em 30 de agosto de 2019.

RAVEN, James (org.). *Lost Libraries: The Destruction of Great Book Collections Since Antiquity*. Londres: Palgrave Macmillan, 2004.

RAVEN, James. "The Resonances of Loss". In *Lost Libraries: The Destruction of Great Book Collections Since Antiquity*. Londres: Palgrave Macmillan, 2004, pp. 1-40.

READ, Christopher (org.). *Letters of Ted Hughes*. Londres: Faber & Faber, 2007.

READE, Julian. "Archaeology and the Kuyunjik Archives". In: Klaas R. VEENHOF (org.). *Cuneiform Archives and Libraries: Papers Read at the 30e Rencontre Assyriologique Internationale, Leiden, 3-8 July 1983*. Istambul: Nederlands Historisch-Archaeologisch Instituut te Istanbul, 1986, pp. 213-22.

READE, Julian. "Hormuzd Rassam and His Discoveries", *Iraq*, nº 5, 1993, pp. 39-62.

REYNOLDS, L. D.; WILSON, N. G. *Scribes & Scholars: A Guide to the Transmission of the Greek & Latin Literature*, 3ª ed. Oxford: Clarendon Press, 1991.

RICH, Claudius James. *Narrative of a Residence in Koordistan, and on the Site of Ancient Nineveh*. Londres: James Duncan, 1836.

RIEDLMAYER, András. "*Convivencia* Under Fire: Genocide and Book Burning in Bosnia". In: ROSE, Jonathan (org.). *The Holocaust and the Book: Destruction and Preservation*. Amherst: University of Massachusetts Press, 2001, pp. 266-91.

RIEDLMAYER, András. "The Bosnian Manuscript Ingathering Project". In: KOLLER, Markus; KARPAT, Kemal (org.). *Ottoman Bosnia: A History in Peril*. Madison: University of Wisconsin Press, 2004, pp. 27-38.

RIEDLMAYER, András. *Destruction of Cultural Heritage in Bosnia-Herzegovina, 1992–1996: A Post-War Survey of Selected Municipalities* (Caso Milošević nº IT-02-54, exibição P486, data: 8 de julho de 2003, e Caso Krajišnik nº IT-00-39, exibição P732, data: 23 de maio de 2005).

RIEDLMAYER, András. "Crimes of War, Crimes of Peace: Destruction of Libraries During and After the Balkan Wars of the 1990s". In: CLOONAN, Michèle; HARVEY, Ross (org.). *Preserving Cultural Heritage, Library Trends*, nº 56, 2007, pp. 107-32.

RIEDLMAYER, András. "Foundations of the Ottoman Period in the Balkan Wars of the 1990s". In: KURTOĞLU, Mehmet (org.). *Balkan'larda Osmanlı Vakıfları ve Eserleri Uluslararası Sempozyumu, İstanbul-Edirne 9-10-11 Mayıs 2012*. Ankara: T. C. Başbakanlık Vakıflar Genel Müdürlüğü, 2012, pp. 89-110.

RILEY-SMITH, Ben. "Expenses and Sex Scandal Deleted from MPs' Wikipedia Pages by Computers Inside Parliament", *Daily Telegraph*, 26 de maio de 2015. Disponível em https://www.telegraph.co.uk/news/general-election-2015/11574217/Expenses-and-sex-scandal-deleted-from-MPs-Wikipedia-pages-by-computers-inside-Parliament.html. Acessado em 29 de agosto de 2019.

RITCHIE, J. C. "The Nazi Book-Burning'". *Modern Language Review*, nº 83, 1988, p. 627-43.

ROBERTSON, J. C. "Reckoning with London: Interpreting the *Bills of Mortality* Before John Graunt". *Urban History*, nº 23, 1996, p. 325-50.

ROBSON, Ann. "The Intellectual Background to the Public Library Movement in Britain". *Journal of Library History*, nº 11, 1976, p. 187-205.

ROBSON, Eleanor. "The Clay Tablet Book in Sumer, Assyria, and Babylonia". In: ELIOT, Simon; ROSE, Jonathan (org.). *A Companion to the History of the Book* Malden: Blackwell Publishing, 2009, pp. 67-83.

ROBSON, Eleanor. STEVENS, K. "Scholarly ablet Collections in First-Millennium Assyria and Babylonia, c.700-200 BCE". In: BARJAMOVIC, Gojko; RYHOLT, Kim (org.). *Libraries Before Alexandria: Near Eastern Traditions* Oxford: Oxford University Press, 2019, pp. 319-66.

ROSE, Jonathan. "Introduction". In: ROSE, Jonathan. (org.). *The Holocaust and the Book: Destruction and Preservation*. Amherst: University of Massachusetts Press, 2001, pp. 1-6.

ROSENBACH, A. S. W. *A Book Hunter's Holiday: Adventures With Books and Manuscripts*. Boston: Houghton Mifflin, 1936.

ROSENZWEIG, Roy. "Scarcity or Abundance? Preserving the Past in a Digital Era". *American Historical Review*, nº 108, 2003, pp. 735-62.

ROSKIES, David G. (org.). *Voices from the Warsaw Ghetto: Writing Our History* New Haven: Yale University Press, 2019.

ROSSI, Valentina Sagaria; SCHMIDTKE, Sabine. "The Zaydi Manuscript Tradition (ZMT) Project: Digitizing the Collections of Yemeni Manuscripts in Italian Libraries". *Comst Bulletin*, nº 5/1, 2019, pp. 43-59.

ROZENBERG, Joshua. "Magna Carta in the Modern Age". In: BREAY, Claire; HARRISON, Julian (org.). *Magna Carta:Law, Liberty, Legacy*. Londres: British Library, 2015, pp. 209-57.

RUNDLE, David. "Habits of Manuscript-Collecting: The Dispersals of the Library of Humfrey, Duke of Gloucester". In: RAVEN, James (org.). *Lost Libraries: The Destruction of Great Book Collections Since Antiquity* Londres: Palgrave Macmillan, 2004, pp. 106-24.

RYDELL, Anders. *The Book Thieves: The Nazi Looting of Europe's Libraries and the Race to Return a Literary Inheritancee*. Nova York: Viking, 2017.

SAHNER, Christian C. "Yemen's Threatened Cultural Heritage". *Wall Street Journal*, 26 de dezembro de 2018. Disponível em: https://www.wsj.com/articles/yemens-threatened-cultural-heritage-11545739200. Acessado em 4 de janeiro de 2019.

SALAHELDEEN, Hany M.; NELSON, Michael L. "Losing My Revolution: How Many Resources Shared on Social Media Have Been Lost?". In: ZAPHIRIS, Panayiotis; BUCHANAN, George; RASMUSSEN, Edie; LOIZIDES, Fernando (org.). *Theory and Practice of Digital Libraries: Second International Conference, TPDL 2012, Paphos, Cyprus, September 23-27, 2012. Proceedings*. Berlim: Springer, 2012, pp. 125-37.

SALEH, Maryam. "Protection or Plunder: A U.S. Journalist Took Thousands of ISIS Files Out of Iraq, Reigniting a Bitter Dispute Over the Theft of Iraqi History'". *Intercept*, 23 de maio de 2018. Disponível em https://theintercept.com/2018/05/23/isis-files-podcast-new-york-times-iraq/. Acessado em 26 de janeiro de 2021.

SAMBANDAN, V. S. "The Story of the Jaffna Public Library". *Frontline*, 20, 15-28 de março de 2003. Disponível em https://frontline.thehindu.com/magazine/archive. Acessado em 13 de abril de 2019.

SASSOON, Joseph. *Saddam Hussein's Ba'ath Party: Inside an Authoritarian Regime*. Cambridge: Cambridge University Press, 2012.

SASSOON, Joseph. "The East German Ministry for State Security and Iraq, 1968-1989". *Journal of Cold War Studies*, nº 16, 2014, pp. 4-23.

SASSOON, Joseph. *Anatomy of Authoritarianism in the Arab Republics*. Cambridge: Cambridge University Press, 2016.

SAVOY, Bénédicte; SARR, Felwine. *Report on the Restitution of African Cultural Heritage, Toward a New Relational Ethics*. Paris: Ministère de la Culture/CRNS-ENS Paris Saclay Université Paris Nanterre, 2018. Disponível em http://restitutionreport2018.com/sarr_savoy_en.pdf. Acessado em 12 de janeiro de 2019.

SCHIPPER, Friedrich T.; FRANK, Erich. "A Concise Legal History of the Protection of Cultural Property in the Event of Armed Conflict and a Comparative Analysis of the 1935 Roerich Pact and the 1954 Hague Convention in the Context of the Law of War". *Archaeologies: Journal of the World Archaeological Congress*, nº 9, 2013, pp. 13-28.

SCHIVELBUSCH, Wolfgang. *Die Bibliothek von Löwen: eine Episode aus der Zeit der Weltkriege*. Munique: Carl Henser Verlag, 1988.

SCHMIDT-GLINTZER, Helwig; ARNOLD, Helwig (org.). *A Treasure House of Books: The Library of Duke August of Brunswick-Wolfenbüttel*. Weisbaden: Harrassowitz, 1998.

SCHMIDTKE, Sabine. "The History of Zaydī Studies: An Introduction". *Arabica*, nº 59, pp. 85-199, 2012.

SCHMIDTKE, Sabine. "The Zaydi Manuscript Tradition: Preserving, Studying, and Democratizing Access to the World Heritage of Islamic Manuscripts". IAS *The Institute Letter*, primavera de 2017, pp. 14-15.

SCHORK, Kurt. "Jewel of a City Destroyed by Fire'". *The Times*, p. 10, 27 de agosto de 1992.

SHAMIR, Avner. "Johannes Pfefferkorn and the Dual Form of the Confiscation Campaign". In: ADAMS, Jonathan; HESS, Cordelia (org.). *Revealing the Secrets of the Jews: Johannes Pfefferkorn and Christian Writings About Jewish Life and Literature in Early Modern Europe*. Munique: De Gruyter, 2017, pp. 61-76.

SHELLEY, Percy Bysshe. *Letters of Percy Bysshe Shelley*. JONES, F. L. (org.). Oxford: Clarendon Press, 1964, 2 vols.

SHEPARD, Todd. "'Of Sovereignty': Disputed Archives, 'Wholly Modern' Archives, and the Post-Decolonisation French and Algerian Republics, 1962-2012". *American Historical Review*, 2015, pp. 869-83.

SHERWOOD, Harriet. "Led by Donkeys Reveal Their Faces at Last: 'No One Knew It Was Us'". *Observer*, 25 de maio de 2019. Disponível em https://www. theguardian.com/politics/2019/may/25/led-by-donkeys-reveal-identities-brexit-billboards-posters. Acessado em 24 de janeiro 2021.

SIDER, Sandra. "Herculaneum's Library in AD 79: the Villa of the Papyri". *Libraries & Culture*, 1990, pp. 534-42.

SLACK, Paul. "Government and Information in Seventeenth-Century England". *Past & Present*, nº 184, 2004, pp. 33-68.

SLACK, Paul. *The Invention of Improvement: Information and Material Progress in Seventeenth--Century England*. Oxford: Oxford University Press, 2015.

SMITH, David (org.). *The Heads of Religious Houses, England and Wales, vol. III: 1377-1540*. Cambridge: Cambridge University Press, 2008.

SMITH Rumsey, Abbey. *When We Are No More: How Digital Memory is Shaping Our Future*. Nova York: Bloomsbury, 2016.

SOUTHERN, R. W. "From Schools to University". In: CATTO, J. I. (org.). *The History of the University of Oxford, vol. 1: the Early Oxford Schools*. Oxford: Clarendon Press, 1984, pp. 1-36.

SROKA, Marek. "The Destruction of Jewish Libraries and Archives in Cracow during World War II". *Libraries & Culture*, nº 28, 2003, pp. 147-65.

STACH, Reiner, *Kafka: The Years of Insight*. Princeton: Princeton University Press, 2008.

STEINWEIS, Alan E. *Studying the Jew: Scholarly Antisemitism in Nazi Germany*. Cambridge: Harvard University Press, 2006.

STEVENSON, Tom. "How to Run a Caliphate". *London Review of Books*, 20 jun. 2019, pp. 9-10.

STIPČ EVIĆ, Aleksandar. "The Oriental Books and Libraries in Bosnia during the War, 1992-1994". *Libraries & Culture*, nº 33, 1998, pp. 277-82.

STROUMSA, Sarah. "Between 'canon' and Library in Medieval Jewish Philosophical Thought". *Intellectual History of the Islamicate World*, nº 5, 2017, pp. 28-54.

SUETONIUS. *Lives of the Caesars*. ROLFE, John Carew (org.). Cambridge: Harvard University Press, 2014, 2 vols.

SUTTER, Sem C. "The Lost Jewish Libraries of Vilna and the Frankfurt Institut zur Erforschung der Jedenfrage', em James Raven (org.), *Lost Libraries: The Destruction of Great Book Collections Since Antiquity*. Londres: Palgrave MacMillan, 2004, pp. 219-35.

SWENEY, Mark. "Amazon Halved Corporation Tax Bill Despite UK Profits Tripling". *Guardian*, 3 de agosto de 2018. Disponível em https://www.theguardian.com/technology/2018/aug/02/amazon-halved-uk-corporation-tax-bill-to-45m-last-year. Acessado em 11 de setembro de 2019.

TALBOT, Stephen. "Saddam's Road to Hell: Interview with the Filmmaker". *pbs.org*, 24 de janeiro de 2006. Disponível em: https://www.pbs.org/frontlineworld/stories/iraq501/audio_index.html. Acessado em 24 de novembro de 2019.

THIELMAN, Sam. "You Are Not What You Read: Librarians Purge User Data to Protect Privacy". *Guardian*, 13 de janeiro de 2016. Disponível em: https://www.theguardian.com/us-news/2016/jan/13/us-library-records-purged-data-privacy. Acessado em: 21 de dezembro de 2019.

THOMSON, Rodney. "Identifiable Books from the Pre-Conquest Library of Malmesbury Abbey". *Anglo-Saxon England*, nº 10, 1981, pp. 1-19.

"Time to Press Ahead with Archive Law", *South China Morning Post*, 30 de abril de 2019. Disponível em https://www.scmp.com/comment/insight-opinion/article/3008341/time-press-ahead-archive-law. Acessado em 12 de julho de 2019.

"To Repair a War Crime: Louvain's Future Library". *Illustrated London News*, 30 de julho de 1921, p. 145-6.

TOYNBEE, Arnold J. *The German Terror in Belgium*. Londres: Hodder & Stoughton, 1917.

TRAVERS, Tony. "Local Government: Margaret Thatcher's 11 Year War". *Guardian*, 9 de abril de 2013. Disponível em https://www.theguardian.com/local-government-network/2013/apr/09/local-government-margaret-thatcher-war-politics. Acessado em 18 de janeiro de 2020.

Trecentale Bodleianum: A Memorial Volume for the Three Hundredth Anniversary of the Public Funeral of Sir Thomas Bodley March 29 1613. Oxford: Clarendon Press, 1913.

Tribunal internacional para o indiciamento de pessoas responsáveis por violações severas aos direitos humanos cometidos no território da ex-Iugoslávia desde 1991. A acusação versus Ratko Mladić: envio do processo após a quarta correção do indiciamento e da ordem dos incidentes, caso nº IT-09-92-PT, 16 de dezembro de 2011. Disponível em https://heritage.sense-agency.com/assets/sarajevo-national-library/sg-3-02-mladic-indictment-g-en.pdf. Acessado em 17 de fevereiro de 2020.

TRIPP, Charles. *A History of Iraq*, 3ª ed. Cambridge: Cambridge University Press, 2007.

"Truth and Reconciliation Commission of South Africa". *Final Report*, 1998. Disponível em http://www.justice.gov.za/trc/report/finalreport/Volume%201.pdf. Acessado em 21 de setembro de 2019.

TUCCI, Pier Luigi. "Galen's Storeroom, Rome's Libraries, and the Fire of A. D. 192". *Journal of Roman Archaeology*, nº 21, 2008, pp. 133-49.

TUCKER, Judith E; BRAND, Laurie A. "Acquisition and Unethical Use of Documents Removed from Iraq by *New York Times* Journalist Ruikmini Callimachi". Communication from Academic Freedom Committee of the Middle Eastern Studies Association of North America, 2 de maio de 2018. Disponível em https://mesana.org/advocacy/committee-on-academic-freedom/2018/05/02/acquisition-and-unethical-use-of-documents-removed-from-iraq-by-rukmini-callimachi. Acessado em 17 de março de 2019.

TYACKE, Sarah. "Archives in a Wider World: The Culture and Politics of Archives". In: KIRSOP, Wallace (org.). *The Commonwealth of Books: Essays and Studies in Honour of Ian Willison*. Monash: Centre for the Book, 2007, p. 209-26.

VAISEY, David. *Bodleian Library Treasures*. Oxford: Bodleian Library, 2015.

VARRY, Dominique. "Revolutionary Seizures and Their Consequences for French Library History". In: RAVEN, James (org.). *Lost Libraries: The Destruction of Great Book Collections Since Antiquity*. Londres: Palgrave Macmillan, 2004, pp. 181-96.

VINCENT, James. "Transgender YouTubers had Their Videos Grabbed to Train Facial Recognition Software". *Verge*, 22 de agosto de 2017. Disponível em https://www.theverge.com/2017/8/22/16180080/transgender-youtubers-ai-facial-recognition-dataset. Acessado em 28 de fevereiro de 2020.

VINCENT, Nicholas. *The Magna Carta*. Nova York: Sotheby's, 2007.

VOGEL, Steve. "'Mr. Madison Will Have to Put on His Armor": Cockburn and the Capture of Washington". In: *America Under Fire: Mr. Madison's War & the Burning of Washington City*. Washington, DC: David M. Rubinstein National Center for White House History, 2014, pp. 137-46.

VON MERVELDT, Nikola. "Books Cannot Be Killed By Fire: The German Freedom Library and the American Library of Nazi-Banned Books as Agents of Cultural Memory". *Library Trends*, nº 55, 2007, pp. 523-35.

WALSHAM, Alexandra; PETERS, Kate; CORENS, Liesbeth. "Archives and Information in the Early Modern World". *Past & Present*, 2018, pp. 1-26.

WALASEK, Helen. "Cultural Heritage, the Search for Justice, and Human Rights". In: WALASEK, Helen (org.). *Bosnia and the Destruction of Cultural Heritage*. Farnham: Ashgate, 2015, pp. 307-22.

WALASEK, Helen. "Domains of Restoration: Actors and Agendas in Post-Conflict Bosnia-Herzegovina". In: WALASEK, Helen (org.). *Bosnia and the Destruction of Cultural Heritage*. Farnham: Ashgate, 2015. pp. 205-58.

WATSON, Andrew G. "Thomas Allen of Oxford and His Manuscripts". In: PARKES, M.B.; WATSON, Andrew G. (org.). *Medieval Scribes, Manuscripts & Libraries: Essays Presented to N. R. Ker*. Londres: Scolar Press, 1978, pp. 279-313.

WATSON, Andrew G. *A Descriptive Catalogue of the Medieval Manuscripts of All Souls College Oxford*. Oxford: Oxford University Press, 1997.

WEBSTER, Charles. *The Great Instauration: Science, Medicine, and Reform 1626-1660*, 2ª ed. Oxford: Peter Lang, 2002.

WEISS, Rachel. "Learning From Loss: Digitally-Reconstructing the Trésor des Chartes at the Sainte-Chapelle", dissertação de mestrado apresentada na Universidade da Califórnia, Los Angeles, 2016. Ann Arbor: Proquest Dissertations Publishing, 2016.

WHEELER, G. W. *Letters of sir Thomas Bodley to the University of Oxford 1598-1611*. Oxford: Oxford University Press, 1927, impresso para circulação privada.

WHEEN, Francis. "The Burning of Paradise". *New Statesman*, 102, 17 jul. 1981, p. 13.

WINTERS, Jane; PRESCOTT, Andrew. "Negotiating the Born-Digital: A Problem of Search". *Archives and Manuscripts*, nº 47, 2019, pp. 391-403.

WOOD, Anthony. *The Life of Anthony à Wood from 1632 to 1672, Written by Himself*. Oxford: Clarendon Press, 1772.

WOOD, Anthony. *The History and Antiquities of the University of Oxford*. GUTCH, John. Oxford: Printed for the Editor, 1792-96, 2 vols.

WOOD, Anthony. *The Life and Times of Anthony Wood, Antiquary of Oxford, 1632-1695, Described by Himself*, (org.) CLARK, Andrew. Oxford: Oxford Historical Society, 1891-1900, 5 vols.

WOOD, Anthony. *The Life and Times of Anthony Wood in His Own Words*. KIESSLING, Nicolas K. (org.). Oxford: Bodleian Library, 2009.

WOODWARD, Colin. "Huge Number of Maine Public Records Have Likely Been Destroyed'". *Pressandherald.com*, 30 de dezembro de 2018. Disponível em https://www.pressherald. com/2018/12/30/huge-number-of-maine-public-records-have-likely-been-destroyed/. Acessado em 17 de setembro de 2019.

WRIGHT, C. E. "The Dispersal of the Libraries in the Sixteenth Century". In: WORMALD, Francis; WRIGHT, C. E. (org.). *The English Library Before 1700*. Londres: Athlone Press, 1958, pp. 148-75.

WRIGHT, Oliver. "Lobbying Company Tried to Wipe Out "Wife Beater" Beer References". *Independent*, 4 de janeiro de 2012. Disponível em https://www.independent.co.uk/news/ uk/politics/lobbying-company-tried-to-wipe-out-wife-beater-beer-references-6284622. html. Acessado em 29 de agosto de 2019.

WRIGHT, Robert; COCCO, Federica; FORD, Jonathan. "'Windrush Migrants' Cases Backed by Records in National Archives". *Financial Times Weekend*, 21-2 de abril de 2018, p. 1.

XENOPOHON, *Anabasis*. BROWNSON, Carleton L.; DILLERY, John (org.). Cambridge: Harvard University Press, 2001.

ZGONJANIN, Sanja. "The Prosecution of War Crimes for the Destruction of Libraries and Archives During Times of Armed Conflict'". *Libraries & Culture*, 2005, p. 128-87.

ZITTRAIN, Jonathan; KENDRA, Albert; LESSIG, Lawrenc. "Perma: Scoping and Addressing the Problem of Link and Reference Rot in Legal Citations". *Legal Information Management*, nº 88, 2014, p. 88-99.

ZUBOFF, Shoshana. *A era do capitalismo de vigilância: A luta por um futuro humano na nova fronteira do poder*. Rio de Janeiro: Intrínseca, 2021.

ESTE LIVRO, COMPOSTO NA FONTE FAIRFIELD,
FOI IMPRESSO EM PAPEL NATURAL 70G/M² NA ESKENAZI,
SÃO PAULO, SETEMBRO DE 2022.